QUIRGUIZ

VOCABULÁRIO

PALAVRAS MAIS ÚTEIS

PORTUGUÊS
QUIRGUIZ

Para alargar o seu léxico e apurar
as suas competências linguísticas

9000 palavras

Vocabulário Português-Quirguiz - 9000 palavras

Por Andrey Taranov

Os vocabulários da T&P Books destinam-se a ajudar a aprender, a memorizar, e a rever palavras estrangeiras. O dicionário é dividido em temas, cobrindo todas as principais esferas de atividades quotidianas, negócios, ciência, cultura, etc.

O processo de aprendizagem, utilizando os dicionários baseados em temáticas da T&P Books dá-lhe as seguintes vantagens:

- Informação de origem corretamente agrupada predetermina o sucesso em fases subsequentes da memorização de palavras
- Disponibilização de palavras derivadas da mesma raiz, o que permite a memorização de unidades de texto (em vez de palavras separadas)
- Pequenas unidades de palavras facilitam o processo de estabelecimento de vínculos associativos necessários para a consolidação do vocabulário
- O nível de conhecimento da língua pode ser estimado pelo número de palavras aprendidas

T&P Books Publishing
www.tpbooks.com

ISBN: 978-1-78767-046-4

Este livro também está disponível em formato E-book.
Por favor visite www.tpbooks.com ou as principais livrarias on-line.

VOCABULÁRIO QUIRGUIZ
palavras mais úteis

Os vocabulários da T&P Books destinam-se a ajudar a aprender, a memorizar, e a rever palavras estrangeiras. O vocabulário contém mais de 9000 palavras de uso comum organizadas tematicamente.

O vocabulário contém as palavras mais comummente usadas
Recomendado como adicional para qualquer curso de línguas
Satisfaz as necessidades dos iniciados e dos alunos avançados de línguas estrangeiras
Conveniente para o uso diário, sessões de revisão e atividades de auto-teste
Permite avaliar o seu vocabulário

Características especias do vocabulário

- As palavras estão organizadas de acordo com o seu significado, e não por ordem alfabética
- As palavras são apresentadas em três colunas para facilitar os processos de revisão e auto-teste
- As palavras compostas são divididas em pequenos blocos para facilitar o processo de aprendizagem
- O vocabulário oferece uma transcrição simples e adequada de cada palavra estrangeira

O vocabulário contém 256 tópicos incluindo:

Conceitos básicos, Números, Cores, Meses, Estações do ano, Unidades de medida, Roupas & Acessórios, Alimentos & Nutrição, Restaurante, Membros da Família, Parentes, Caráter, Sentimentos, Emoções, Doenças, Cidade, Passeios, Compras, Dinheiro, Casa, Lar, Escritório, Trabalho no Escritório, Importação & Exportação, Marketing, Pesquisa de Emprego, Desportos, Educação, Computador, Internet, Ferramentas, Natureza, Países, Nacionalidades e muito mais ...

TABELA DE CONTEÚDOS

GUIA DE PRONUNCIAÇÃO

Alfabeto fonético T&P	Exemplo quirguiz	Exemplo Português
[a]	манжа [mandʒa]	chamar
[e]	келечек [keletʃek]	metal
[i]	жигит [dʒigit]	sinónimo
[ı]	кубаныч [kubanıtʃ]	sinónimo
[o]	мактоо [maktoo]	lobo
[u]	узундук [uzunduk]	bonita
[ʉ]	алюминий [alʉminij]	nacional
[y]	түнкү [tynky]	questionar
[b]	ашкабак [aʃkabak]	barril
[d]	адам [adam]	dentista
[dʒ]	жыгач [dʒɪgatʃ]	adjetivo
[f]	флейта [flejta]	safári
[g]	тегерек [tegerek]	gosto
[j]	бөйрөк [bøjrøk]	géiser
[k]	карапа [karapa]	kiwi
[l]	алтын [altın]	libra
[m]	бешмант [beʃmant]	magnólia
[n]	найза [najza]	natureza
[ŋ]	булуң [buluŋ]	alcançar
[p]	пайдубал [pajdubal]	presente
[r]	рахмат [raχmat]	riscar
[s]	сагызган [sagızgan]	sanita
[ʃ]	бурулуш [buruluʃ]	mês
[t]	түтүн [tytyn]	tulipa
[χ]	пахтадан [paχtadan]	spagnolo - Juan
[ts]	шприц [ʃprits]	tsé-tsé
[tʃ]	биринчи [birintʃi]	Tchau!
[v]	квартал [kvartal]	fava
[z]	казуу [kazuu]	sésamo
[ʲ]	руль, актёр [rulʲ, aktʲor]	sinal de palatalização
[ʰ]	объектив [obʰjektiv]	sinal forte

ABREVIATURAS
usadas no vocabulário

Abreviaturas do Português

adj	-	adjetivo
adv	-	advérbio
anim.	-	animado
conj.	-	conjunção
desp.	-	desporto
etc.	-	etecetra
ex.	-	por exemplo
f	-	nome feminino
f pl	-	feminino plural
fem.	-	feminino
inanim.	-	inanimado
m	-	nome masculino
m pl	-	masculino plural
m, f	-	masculino, feminino
masc.	-	masculino
mat.	-	matemática
mil.	-	militar
pl	-	plural
prep.	-	preposição
pron.	-	pronome
sb.	-	sobre
sing.	-	singular
v aux	-	verbo auxiliar
vi	-	verbo intransitivo
vi, vt	-	verbo intransitivo, transitivo
vr	-	verbo reflexivo
vt	-	verbo transitivo

CONCEITOS BÁSICOS

Conceitos básicos. Parte 1

1. Pronomes

eu	мен, мага	men, maga
tu	сен	sen
ele, ela	ал	al
eles, elas	алар	alar

2. Cumprimentos. Saudações. Despedidas

Olá!	Салам!	salam!
Bom dia! (formal)	Саламатсызбы!	salamatsızbı!
Bom dia! (de manhã)	Кутман таңыңыз менен!	kutman taŋıŋız menen!
Boa tarde!	Кутман күнүңүз менен!	kutman kynyŋyz menen!
Boa noite!	Кутман кечиңиз менен!	kutman ketʃiŋiz menen!
cumprimentar (vt)	учурашуу	utʃuraʃuu
Olá!	Кандай!	kandaj!
saudação (f)	салам	salam
saudar (vt)	саламдашуу	salamdaʃuu
Como vai?	Иштериңиз кандай?	iʃteriŋiz kandaj?
Como vais?	Иштер кандай?	iʃter kandaj?
O que há de novo?	Эмне жаңылык?	emne dʒaŋılık?
Até à vista!	Көрүшкөнчө!	køryʃkøntʃø!
Até breve!	Эмки жолукканга чейин!	emki dʒolukkanga tʃejin!
Adeus! (sing.)	Кош бол!	koʃ bol!
Adeus! (pl)	Кош болуңуз!	koʃ boluŋuz!
despedir-se (vr)	коштошуу	koʃtoʃuu
Até logo!	Жакшы кал!	dʒakʃı kal!
Obrigado! -a!	Рахмат!	raχmat!
Muito obrigado! -a!	Чоң рахмат!	tʃoŋ raχmat!
De nada	Эч нерсе эмес	etʃ nerse emes
Não tem de quê	Алкышка арзыбайт	alkıʃka arzıbajt
De nada	Эчтеке эмес.	etʃteke emes
Desculpa!	Кечир!	ketʃir!
Desculpe!	Кечирип коюнузчу!	ketʃirip kojuŋuztʃu!
desculpar (vt)	кечирүү	ketʃiryy
desculpar-se (vr)	кечирим суроо	ketʃirim suroo
As minhas desculpas	Кечирим сурайм.	ketʃirim surajm
Desculpe!	Кечиресиз!	ketʃiresiz!

perdoar (vt)	кечирүү	ketʃiryy
Não faz mal	Эч капачылык жок.	etʃ kapatʃılık dʒok
por favor	суранам	suranam

Não se esqueça!	Унутуп калбаңыз!	unutup kalbaŋız!
Certamente! Claro!	Албетте!	albette!
Claro que não!	Албетте жок!	albette dʒok!
Está bem! De acordo!	Макул!	makul!
Basta!	Жетишет!	dʒetiʃet!

3. Como se dirigir a alguém

Desculpe (para chamar a atenção)	Кечиресиз!	ketʃiresiz!
senhor	мырза	mırza
senhora	айым	ajım
rapariga	чоң кыз	tʃoŋ kız
rapaz	чоң жигит	tʃoŋ dʒigit
menino	жаш бала	dʒaʃ bala
menina	кызым	kızım

4. Números cardinais. Parte 1

zero	нөл	nøl
um	бир	bir
dois	эки	eki
três	үч	ytʃ
quatro	төрт	tørt

cinco	беш	beʃ
seis	алты	altı
sete	жети	dʒeti
oito	сегиз	segiz
nove	тогуз	toguz

dez	он	on
onze	он бир	on bir
doze	он эки	on eki
treze	он үч	on ytʃ
catorze	он төрт	on tørt

quinze	он беш	on beʃ
dezasseis	он алты	on altı
dezassete	он жети	on dʒeti
dezoito	он сегиз	on segiz
dezanove	он тогуз	on toguz

vinte	жыйырма	dʒıjırma
vinte e um	жыйырма бир	dʒıjırma bir
vinte e dois	жыйырма эки	dʒıjırma eki
vinte e três	жыйырма үч	dʒıjırma ytʃ
trinta	отуз	otuz

trinta e um	отуз бир	otuz bir
trinta e dois	отуз эки	otuz eki
trinta e três	отуз үч	otuz ytʃ

quarenta	кырк	kırk
quarenta e dois	кырк эки	kırk eki
quarenta e três	кырк үч	kırk ytʃ

cinquenta	элүү	elyy
cinquenta e um	элүү бир	elyy bir
cinquenta e dois	элүү эки	elyy eki
cinquenta e três	элүү үч	elyy ytʃ

sessenta	алтымыш	altımıʃ
sessenta e um	алтымыш бир	altımıʃ bir
sessenta e dois	алтымыш эки	altımıʃ eki
sessenta e três	алтымыш үч	altımıʃ ytʃ

setenta	жетимиш	dʒetimiʃ
setenta e um	жетимиш бир	dʒetimiʃ bir
setenta e dois	жетимиш эки	dʒetimiʃ eki
setenta e três	жетимиш үч	dʒetimiʃ ytʃ

oitenta	сексен	seksen
oitenta e um	сексен бир	seksen bir
oitenta e dois	сексен эки	seksen eki
oitenta e três	сексен үч	seksen ytʃ

noventa	токсон	tokson
noventa e um	токсон бир	tokson bir
noventa e dois	токсон эки	tokson eki
noventa e três	токсон үч	tokson ytʃ

5. Números cardinais. Parte 2

cem	бир жүз	bir dʒyz
duzentos	эки жүз	eki dʒyz
trezentos	үч жүз	ytʃ dʒyz
quatrocentos	төрт жүз	tørt dʒyz
quinhentos	беш жүз	beʃ dʒyz

seiscentos	алты жүз	altı dʒyz
setecentos	жети жүз	dʒeti dʒyz
oitocentos	сегиз жүз	segiz dʒyz
novecentos	тогуз жүз	toguz dʒyz

mil	бир миң	bir miŋ
dois mil	эки миң	eki miŋ
De quem são ...?	үч миң	ytʃ miŋ
dez mil	он миң	on miŋ
cem mil	жүз миң	dʒyz miŋ

| um milhão | миллион | million |
| mil milhões | миллиард | milliard |

6. Números ordinais

primeiro	биринчи	birinʧi
segundo	экинчи	ekinʧi
terceiro	үчүнчү	yʧynʧy
quarto	төртүнчү	tørtynʧy
quinto	бешинчи	beʃinʧi

sexto	алтынчы	altınʧı
sétimo	жетинчи	dʒetinʧi
oitavo	сегизинчи	segizinʧi
nono	тогузунчу	toguzunʧu
décimo	онунчу	onunʧu

7. Números. Frações

fração (f)	бөлчөк	bølʧøk
um meio	экиден бир	ekiden bir
um terço	үчтөн бир	yʧtøn bir
um quarto	төрттөн бир	tørttøn bir

um oitavo	сегизден бир	segizden bir
um décimo	тогуздан бир	toguzdan bir
dois terços	үчтөн эки	yʧtøn eki
três quartos	төрттөн үч	tørttøn yʧ

8. Números. Operações básicas

subtração (f)	кемитүү	kemityy
subtrair (vi, vt)	кемитүү	kemityy
divisão (f)	бөлүү	bølyy
dividir (vt)	бөлүү	bølyy

adição (f)	кошуу	koʃuu
somar (vt)	кошуу	koʃuu
adicionar (vt)	кошуу	koʃuu
multiplicação (f)	көбөйтүү	købøjtyy
multiplicar (vt)	көбөйтүү	købøjtyy

9. Números. Diversos

algarismo, dígito (m)	санарип	sanarip
número (m)	сан	san
numeral (m)	сан атооч	san atooʧ
menos (m)	кемитүү	kemityy
mais (m)	плюс	plюs
fórmula (f)	формула	formula
cálculo (m)	эсептөө	eseptøø
contar (vt)	саноо	sanoo

| calcular (vt) | эсептөө | eseptøø |
| comparar (vt) | салыштыруу | salıʃtıruu |

Quanto, -os, -as?	Канча?	kantʃa?
soma (f)	жыйынтык	dʒıjıntık
resultado (m)	натыйжа	natıjdʒa
resto (m)	калдык	kaldık

alguns, algumas ...	бир нече	bir netʃe
um pouco de ...	биртике	bir az
poucos, -as (~ pessoas)	бир аз	bir az
um pouco (~ de vinho)	кичине	kitʃine
resto (m)	калганы	kalganı
um e meio	бир жарым	bir dʒarım
dúzia (f)	он эки даана	on eki daana

ao meio	тең экиге	teŋ ekige
em partes iguais	тең	teŋ
metade (f)	жарым	dʒarım
vez (f)	бир жолу	bir dʒolu

10. Os verbos mais importantes. Parte 1

abrir (vt)	ачуу	atʃuu
acabar, terminar (vt)	бүтүрүү	bytyryy
aconselhar (vt)	кеңеш берүү	keŋeʃ beryy
adivinhar (vt)	жандырмагын табуу	dʒandırmagın tabuu
advertir (vt)	эскертүү	eskertyy

ajudar (vt)	жардам берүү	dʒardam beryy
almoçar (vi)	түштөнүү	tyʃtønyy
alugar (~ um apartamento)	батирге алуу	batirge aluu
amar (vt)	сүйүү	syjyy
ameaçar (vt)	коркутуу	korkutuu

anotar (escrever)	кагазга түшүрүү	kagazga tyʃyryy
apanhar (vt)	кармоо	karmoo
apressar-se (vr)	шашуу	ʃaʃuu
arrepender-se (vr)	өкүнүү	økynyy
assinar (vt)	кол коюу	kol kojʉu

atirar, disparar (vi)	атуу	atuu
brincar (vi)	тамашалоо	tamaʃaloo
brincar, jogar (crianças)	ойноо	ojnoo
buscar (vt)	... издөө	... izdøø
caçar (vi)	аңчылык кылуу	aŋtʃılık kıluu

cair (vi)	жыгылуу	dʒıgıluu
cavar (vt)	казуу	kazuu
cessar (vt)	токтотуу	toktotuu
chamar (~ por socorro)	чакыруу	tʃakıruu
chegar (vi)	келүү	kelyy
chorar (vi)	ыйлоо	ıjloo
começar (vt)	баштоо	baʃtoo

comparar (vt)	салыштыруу	salıʃtıruu
compreender (vt)	түшүнүү	tyʃynyy
concordar (vi)	макул болуу	makul boluu
confiar (vt)	ишенүү	iʃenyy

confundir (equivocar-se)	адаштыруу	adaʃtıruu
conhecer (vt)	таануу	taanuu
contar (fazer contas)	саноо	sanoo
contar com (esperar)	... ишенүү	... iʃenyy
continuar (vt)	улантуу	ulantuu

controlar (vt)	башкаруу	baʃkaruu
convidar (vt)	чакыруу	ʧakıruu
correr (vi)	чуркоо	ʧurkoo
criar (vt)	жаратуу	dʒaratuu
custar (vt)	туруу	turuu

11. Os verbos mais importantes. Parte 2

dar (vt)	берүү	beryy
dar uma dica	четин чыгаруу	ʧetin ʧıgaruu
decorar (enfeitar)	кооздоо	koozdoo
defender (vt)	коргоо	korgoo
deixar cair (vt)	түшүрүп алуу	tyʃyryp aluu

descer (para baixo)	ылдый түшүү	ıldıj tyʃyy
desculpar (vt)	кечирүү	ketʃiryy
desculpar-se (vr)	кечирим суроо	ketʃirim suroo
dirigir (~ uma empresa)	башкаруу	baʃkaruu
discutir (notícias, etc.)	талкуулоо	talkuuloo
dizer (vt)	айтуу	ajtuu

duvidar (vt)	күмөн саноо	kymøn sanoo
encontrar (achar)	таап алуу	taap aluu
enganar (vt)	алдоо	aldoo
entrar (na sala, etc.)	кирүү	kiryy
enviar (uma carta)	жөнөтүү	dʒønøtyy

errar (equivocar-se)	ката кетирүү	kata ketiryy
escolher (vt)	тандоо	tandoo
esconder (vt)	жашыруу	dʒaʃıruu
escrever (vt)	жазуу	dʒazuu
esperar (o autocarro, etc.)	күтүү	kytyy

esperar (ter esperança)	үмүттөнүү	ymyttønyy
esquecer (vt)	унутуу	unutuu
estudar (vt)	окуу	okuu
exigir (vt)	талап кылуу	talap kıluu
existir (vi)	чыгуу	ʧıguu

explicar (vt)	түшүндүрүү	tyʃyndyryy
falar (vi)	сүйлөө	syjløø
faltar (clases, etc.)	калтыруу	kaltıruu
fazer (vt)	кылуу	kıluu

| ficar em silêncio | унчукпоо | untʃukpoo |
| gabar-se, jactar-se (vr) | мактануу | maktanuu |

gostar (apreciar)	жактыруу	dʒaktıruu
gritar (vi)	кыйкыруу	kıjkıruu
guardar (cartas, etc.)	сактоо	saktoo
informar (vt)	маалымат берүү	maalımat beryy
insistir (vi)	көшөрүү	køʃøryy

insultar (vt)	кемсинтүү	kemsintyy
interessar-se (vr)	... кызыгуу	... kızıguu
ir (a pé)	жөө басуу	dʒøø basuu
ir nadar	сууга түшүү	suuga tyʃyy
jantar (vi)	кечки тамакты ичүү	ketʃki tamaktı itʃyy

12. Os verbos mais importantes. Parte 3

ler (vt)	окуу	okuu
libertar (cidade, etc.)	бошотуу	boʃotuu
matar (vt)	өлтүрүү	øltyryy
mencionar (vt)	айтып өтүү	ajtıp øtyy
mostrar (vt)	көрсөтүү	kørsøtyy

mudar (modificar)	өзгөртүү	øzgørtyy
nadar (vi)	сүзүү	syzyy
negar-se a ...	баш тартуу	baʃ tartuu
objetar (vt)	каршы болуу	karʃı boluu

observar (vt)	байкоо салуу	bajkoo
ordenar (mil.)	буйрук кылуу	bujruk kıluu
ouvir (vt)	угуу	uguu
pagar (vt)	төлөө	tøløø
parar (vi)	токтоо	toktoo

participar (vi)	катышуу	katıʃuu
pedir (comida)	буйрутма кылуу	bujrutma kıluu
pedir (um favor, etc.)	суроо	suroo
pegar (tomar)	алуу	aluu
pensar (vt)	ойлоо	ojloo

perceber (ver)	байкоо	bajkoo
perdoar (vt)	кечирүү	ketʃiryy
perguntar (vt)	суроо	suroo
permitir (vt)	уруксат берүү	uruksat beryy
pertencer a ...	таандык болуу	taandık boluu

planear (vt)	пландаштыруу	plandaʃtıruu
poder (vi)	жасай алуу	dʒasaj aluu
possuir (vt)	ээ болуу	ee boluu
preferir (vt)	артык көрүү	artık køryy
preparar (vt)	тамак бышыруу	tamak bıʃıruu

| prever (vt) | күтүү | kytyy |
| prometer (vt) | убада берүү | ubada beryy |

pronunciar (vt)	айтуу	ajtuu
propor (vt)	сунуштоо	sunuʃtoo
punir (castigar)	жазалоо	dʒazaloo

13. Os verbos mais importantes. Parte 4

quebrar (vt)	сындыруу	sındıruu
queixar-se (vr)	арыздануу	arızdanuu
querer (desejar)	каалоо	kaaloo
recomendar (vt)	сунуштоо	sunuʃtoo
repetir (dizer outra vez)	кайталоо	kajtaloo

repreender (vt)	урушуу	uruʃuu
reservar (~ um quarto)	камдык буйрутмалоо	kamdık bujrutmaloo
responder (vt)	жооп берүү	dʒoop beryy
rezar, orar (vi)	дуба кылуу	duba kıluu
rir (vi)	күлүү	kylyy

roubar (vt)	уурдоо	uurdoo
saber (vt)	билүү	bilyy
sair (~ de casa)	чыгуу	tʃıguu
salvar (vt)	куткаруу	kutkaruu
seguir ...	... ээрчүү	... eertʃyy
sentar-se (vr)	отуруу	oturuu
ser necessário	керек болуу	kerek boluu
ser, estar	болуу	boluu
significar (vt)	билдирүү	bildiryy

sorrir (vi)	жылмаюу	dʒılmadʒuu
subestimar (vt)	баалабоо	baalaboo
surpreender-se (vr)	таң калуу	taŋ kaluu
tentar (vt)	аракет кылуу	araket kıluu
ter (vt)	бар болуу	bar boluu
ter fome	ачка болуу	atʃka boluu
ter medo	жазкануу	dʒazkanuu
ter sede	суусап калуу	suusap kaluu

tocar (com as mãos)	тийүү	tijyy
tomar o pequeno-almoço	эртең менен тамактануу	erteŋ menen tamaktanuu
trabalhar (vi)	иштөө	iʃtøø
traduzir (vt)	которуу	kotoruu
unir (vt)	бириктирүү	biriktiryy

vender (vt)	сатуу	satuu
ver (vt)	көрүү	køryy
virar (ex. ~ à direita)	бурулуу	buruluu
voar (vi)	учуу	utʃuu

14. Cores

| cor (f) | түс | tys |
| matiz (m) | кошумча түс | koʃumtʃa tys |

| tom (m) | кубулуу | kubuluu |
| arco-íris (m) | күндүн кулагы | kyndyn kulagı |

branco	ак	ak
preto	кара	kara
cinzento	боз	boz

verde	жашыл	dʒaʃıl
amarelo	сары	sarı
vermelho	кызыл	kızıl

azul	көк	køk
azul claro	көгүлтүр	køgyltyr
rosa	мала	mala
laranja	кызгылт сары	kızgılt sarı
violeta	сыя көк	sıja køk
castanho	күрөң	kyrøŋ

| dourado | алтын түстүү | altın tystyy |
| prateado | күмүш өңдүү | kymyʃ øŋdyy |

bege	сары боз	sarı boz
creme	саргылт	sargılt
turquesa	бирюза	biryza
vermelho cereja	кочкул кызыл	kotʃkul kızıl
lilás	кызгылт көгүш	kızgılt køgyʃ
carmesim	ачык кызыл	atʃık kızıl

claro	ачык	atʃık
escuro	күңүрт	kyŋyrt
vivo	ачык	atʃık

de cor	түстүү	tystyy
a cores	түстүү	tystyy
preto e branco	ак-кара	ak-kara
unicolor	бир өңчөй түстө	bir øŋtʃøj tystø
multicor	ар түрдүү түстө	ar tyrdyy tystø

15. Questões

Quem?	Ким?	kim?
Que?	Эмне?	emne?
Onde?	Каерде?	kaerde?
Para onde?	Каяка?	kajaka?
De onde?	Каяктан?	kajaktan?
Quando?	Качан?	katʃan?
Para quê?	Эмне үчүн?	emne ytʃyn?
Porquê?	Эмнеге?	emnege?

Para quê?	Кайсы керекке?	kajsı kerekke?
Como?	Кандай?	kandaj?
Qual?	Кайсы?	kajsı?
Qual? (entre dois ou mais)	Кайсынысы?	kajsınısı?
A quem?	Кимге?	kimge?

Sobre quem?	Ким жөнүндө?	kim dʒønyndø?
Do quê?	Эмне жөнүндө?	emne dʒønyndø?
Com quem?	Ким менен?	kim menen?

Quanto, -os, -as?	Канча?	kantʃa?
De quem? (masc.)	Кимдики?	kimdiki?
De quem é? (fem.)	Кимдики?	kimdiki?
De quem são? (pl)	Кимдердики?	kimderdiki?

16. Preposições

com (prep.)	менен	menen
sem (prep.)	-сыз, -сиз	-sız, -siz
a, para (exprime lugar)	... көздөй	... køzdøj
sobre (ex. falar ~)	... жөнүндө	... dʒønyndø
antes de ...	... астында	... astında
diante de ...	... алдында	... aldında
sob (debaixo de)	... астында	... astında
sobre (em cima de)	... өйдө	... øjdø
sobre (~ a mesa)	... үстүндө	... ystyndø
de (vir ~ Lisboa)	-дан	-dan
de (feito ~ pedra)	-дан	-dan
dentro de (~ dez minutos)	... ичинде	... itʃinde
por cima de ...	... үстүнөн	... ystynøn

17. Palavras funcionais. Advérbios. Parte 1

Onde?	Каерде?	kaerde?
aqui	бул жерде	bul dʒerde
lá, ali	тээтигил жакта	teetigil dʒakta
em algum lugar	бир жерде	bir dʒerde
em lugar nenhum	эч жакта	etʃ dʒakta
ao pé de ...	... жанында	... dʒanında
ao pé da janela	терезенин жанында	terezenin dʒanında
Para onde?	Каяка?	kajaka?
para cá	бери	beri
para lá	нары	narı
daqui	бул жерден	bul dʒerden
de lá, dali	тигил жерден	tigil dʒerden
perto	жакын	dʒakın
longe	алыс	alıs
perto de ...	... тегерегинде	... tegereginde
ao lado de	жакын арада	dʒakın arada
perto, não fica longe	алыс эмес	alıs emes
esquerdo	сол	sol

Português	Quirguiz	Pronúncia
à esquerda	сол жакта	sol dʒakta
para esquerda	солго	solgo
direito	оң	oŋ
à direita	оң жакта	oŋ dʒakta
para direita	оңго	oŋgo
à frente	астыда	astıda
da frente	алдыңкы	aldıŋkı
em frente (para a frente)	алдыга	aldıga
atrás de ...	артында	artında
por detrás (vir ~)	артынан	artınan
para trás	артка	artka
meio (m), metade (f)	ортосу	ortosu
no meio	ортосунда	ortosunda
de lado	капталында	kaptalında
em todo lugar	бүт жерде	byt dʒerde
ao redor (olhar ~)	айланасында	ajlanasında
de dentro	ичинде	itʃinde
para algum lugar	бир жерде	bir dʒerde
diretamente	түз	tyz
de volta	кайра	kajra
de algum lugar	бир жерден	bir dʒerden
de um lugar	бир жактан	bir dʒaktan
em primeiro lugar	биринчиден	birintʃiden
em segundo lugar	экинчиден	ekintʃiden
em terceiro lugar	үчүнчүдөн	ytʃyntʃydøn
de repente	күтпөгөн жерден	kytpøgøn dʒerden
no início	башында	baʃında
pela primeira vez	биринчи жолу	birintʃi dʒolu
muito antes de ...	... алдында	... aldında
de novo, novamente	башынан	baʃınan
para sempre	түбөлүккө	tybølykkø
nunca	эч качан	etʃ katʃan
de novo	кайра	kajra
agora	эми	emi
frequentemente	көпчүлүк учурда	køptʃylyk utʃurda
então	анда	anda
urgentemente	тезинен	tezinen
usualmente	көбүнчө	købyntʃø
a propósito, ...	баса, ...	basa, ...
é possível	мүмкүн	mymkyn
provavelmente	балким	balkim
talvez	ыктымал	ıktımal
além disso, ...	андан тышкары, ...	andan tıʃkarı, ...
por isso ...	ошондуктан ...	oʃonduktan ...
apesar de ...	... карабастан	... karabastan

graças a ...	... күчү менен	... kytʃy menen
que (pron.)	эмне	emne
que (conj.)	эмне	emne
algo	бир нерсе	bir nerse
alguma coisa	бир нерсе	bir nerse
nada	эч нерсе	etʃ nerse

quem	ким	kim
alguém (~ teve uma ideia ...)	кимдир бирөө	kimdir birøø
alguém	бирөө жарым	birøø dʒarım

ninguém	эч ким	etʃ kim
para lugar nenhum	эч жака	etʃ dʒaka
de ninguém	эч кимдики	etʃ kimdiki
de alguém	бирөөнүкү	birøønyky

tão	эми	emi
também (gostaria ~ de ...)	ошондой эле	oʃondoj ele
também (~ eu)	дагы	dagı

18. Palavras funcionais. Advérbios. Parte 2

Porquê?	Эмнеге?	emnege?
por alguma razão	эмнегедир	emnegedir
porque ...	... себептен	... sebepten
por qualquer razão	эмне үчүндүр	emne ytʃyndyr

e (tu ~ eu)	жана	dʒana
ou (ser ~ não ser)	же	dʒe
mas (porém)	бирок	birok
para (~ a minha mãe)	үчүн	ytʃyn

demasiado, muito	өтө эле	øtø ele
só, somente	азыр эле	azır ele
exatamente	так	tak
cerca de (~ 10 kg)	болжол менен	boldʒol menen

aproximadamente	болжол менен	boldʒol menen
aproximado	болжолдуу	boldʒolduu
quase	дээрлик	deerlik
resto (m)	калганы	kalganı

o outro (segundo)	башка	baʃka
outro	башка бөлөк	baʃka bøløk
cada	ар бири	ar biri
qualquer	баардык	baardık
muito	көп	køp
muitas pessoas	көбү	køby
todos	баары	baarı

em troca de ...	... алмашуу	... almaʃuu
em troca	ордуна	orduna
à mão	колго	kolgo
pouco provável	ишенүүгө болбойт	iʃenyygø bolbojt

provavelmente	балким	balkim
de propósito	атайын	atajın
por acidente	кокустан	kokustan
muito	аябай	ajabaj
por exemplo	мисалы	misalı
entre	ортосунда	ortosunda
entre (no meio de)	арасында	arasında
tanto	ошончо	oʃontʃo
especialmente	өзгөчө	øzgøtʃø

Conceitos básicos. Parte 2

19. Opostos

rico	бай	baj
pobre	кедей	kedej
doente	оорулуу	ooruluu
são	дени сак	deni sak
grande	чоң	ʧoŋ
pequeno	кичине	kiʧine
rapidamente	тез	tez
lentamente	жай	dʒaj
rápido	тез	tez
lento	жай	dʒaj
alegre	шайыр	ʃajır
triste	муңдуу	muŋduu
juntos	бирге	birge
separadamente	өзүнчө	øzynʧø
em voz alta (ler ~)	үн чыгарып	yn ʧıgarıp
para si (em silêncio)	үн чыгарбай	yn ʧıgarbaj
alto	бийик	bijik
baixo	жапыз	dʒapız
profundo	терең	tereŋ
pouco fundo	тайыз	tajız
sim	ооба	ooba
não	жок	dʒok
distante (no espaço)	алыс	alıs
próximo	жакын	dʒakın
longe	алыс	alıs
perto	жакын арада	dʒakın arada
longo	узун	uzun
curto	кыска	kıska
bom, bondoso	кайрымдуу	kajrımduu
mau	каардуу	kaarduu
casado	аялы бар	ajalı bar

solteiro	бойдок	bojdok
proibir (vt)	тыюу салуу	tıjuu saluu
permitir (vt)	уруксат берүү	uruksat beryy
fim (m)	аягы	ajagı
começo (m)	башталыш	baʃtalıʃ
esquerdo	сол	sol
direito	оң	oŋ
primeiro	биринчи	birintʃi
último	акыркы	akırkı
crime (m)	кылмыш	kılmıʃ
castigo (m)	жаза	dʒaza
ordenar (vt)	буйрук кылуу	bujruk kıluu
obedecer (vt)	баш ийүү	baʃ ijyy
reto	түз	tyz
curvo	кыйшак	kıjʃak
paraíso (m)	бейиш	bejiʃ
inferno (m)	тозок	tozok
nascer (vi)	төрөлүү	tørølyy
morrer (vi)	өлүү	ølyy
forte	күчтүү	kytʃtyy
fraco, débil	алсыз	alsız
idoso	эски	eski
jovem	жаш	dʒaʃ
velho	эски	eski
novo	жаңы	dʒaŋı
duro	катуу	katuu
mole	жумшак	dʒumʃak
tépido	жылуу	dʒıluu
frio	муздак	muzdak
gordo	семиз	semiz
magro	арык	arık
estreito	тар	tar
largo	кең	keŋ
bom	жакшы	dʒakʃı
mau	жаман	dʒaman
valente	кайраттуу	kajrattuu
cobarde	суу жүрөк	suu dʒyrøk

20. Dias da semana

segunda-feira (f)	дүйшөмбү	dyjʃømby
terça-feira (f)	шейшемби	ʃejʃembi
quarta-feira (f)	шаршемби	ʃarʃembi
quinta-feira (f)	бейшемби	bejʃembi
sexta-feira (f)	жума	dʒuma
sábado (m)	ишенби	iʃenbi
domingo (m)	жекшемби	dʒekʃembi
hoje	бүгүн	bygyn
amanhã	эртең	erteŋ
depois de amanhã	бирсүгүнү	birsygyny
ontem	кечээ	ketʃee
anteontem	мурда күнү	murda kyny
dia (m)	күн	kyn
dia (m) de trabalho	иш күнү	iʃ kyny
feriado (m)	майрам күнү	majram kyny
dia (m) de folga	дем алыш күн	dem alıʃ kyn
fim (m) de semana	дем алыш күндөр	dem alıʃ kyndør
o dia todo	күнү бою	kyny bojʉ
no dia seguinte	кийинки күнү	kijinki kyny
há dois dias	эки күн мурун	eki kyn murun
na véspera	жакында	dʒakında
diário	күндө	kyndø
todos os dias	күн сайын	kyn sajın
semana (f)	жума	dʒuma
na semana passada	өткөн жумада	øtkøn dʒumada
na próxima semana	келаткан жумада	kelatkan dʒumada
semanal	жума сайын	dʒuma sajın
cada semana	жума сайын	dʒuma sajın
duas vezes por semana	жумасына эки жолу	dʒumasına eki dʒolu
cada terça-feira	ар шейшемби	ar ʃejʃembi

21. Horas. Dia e noite

manhã (f)	таң	taŋ
de manhã	эртең менен	erteŋ menen
meio-dia (m)	жарым күн	dʒarım kyn
à tarde	түштөн кийин	tyʃtøn kijin
noite (f)	кеч	ketʃ
à noite (noitinha)	кечинде	ketʃinde
noite (f)	түн	tyn
à noite	түндө	tyndø
meia-noite (f)	жарым түн	dʒarım tyn
segundo (m)	секунда	sekunda
minuto (m)	мүнөт	mynøt
hora (f)	саат	saat

meia hora (f)	жарым саат	dʒarım saat
quarto (m) de hora	чейрек саат	tʃejrek saat
quinze minutos	он беш мүнөт	on beʃ mynøt
vinte e quatro horas	сутка	sutka

nascer (m) do sol	күндүн чыгышы	kyndyn tʃɪgɪʃɪ
amanhecer (m)	таң агаруу	taŋ agaruu
madrugada (f)	таң эрте	taŋ erte
pôr do sol (m)	күн батуу	kyn batuu

de madrugada	таң эрте	taŋ erte
hoje de manhã	бүгүн эртең менен	bygyn erteŋ menen
amanhã de manhã	эртең эртең менен	erteŋ erteŋ menen

hoje à tarde	күндүзү	kyndyzy
à tarde	түштөн кийин	tyʃtøn kijin
amanhã à tarde	эртең түштөн кийин	erteŋ tyʃtøn kijin

| hoje à noite | бүгүн кечинде | bygyn ketʃinde |
| amanhã à noite | эртең кечинде | erteŋ ketʃinde |

às três horas em ponto	туура саат үчтө	tuura saat ytʃtø
por volta das quatro	болжол менен төрт саат	boldʒol menen tørt saat
às doze	саат он экиде	saat on ekide

dentro de vinte minutos	жыйырма мүнөттөн кийин	dʒɪjɪrma mynøttøn kijin
dentro duma hora	бир сааттан кийин	bir saattan kijin
a tempo	өз убагында	øz ubagında

menos um quarto	... он беш мүнөт калды	... on beʃ mynøt kaldı
durante uma hora	бир сааттын ичинде	bir saattın itʃinde
a cada quinze minutos	он беш мүнөт сайын	on beʃ mynøt sajın
as vinte e quatro horas	бир сутка бою	bir sutka bojʉ

22. Meses. Estações

janeiro (m)	январь	janvarʲ
fevereiro (m)	февраль	fevralʲ
março (m)	март	mart
abril (m)	апрель	aprelʲ
maio (m)	май	maj
junho (m)	июнь	ijʉnʲ

julho (m)	июль	ijʉlʲ
agosto (m)	август	avgust
setembro (m)	сентябрь	sentʲabrʲ
outubro (m)	октябрь	oktʲabrʲ
novembro (m)	ноябрь	nojabrʲ
dezembro (m)	декабрь	dekabrʲ

primavera (f)	жаз	dʒaz
na primavera	жазында	dʒazında
primaveril	жазгы	dʒazgı
verão (m)	жай	dʒaj

| no verão | жайында | dʒajɪnda |
| de verão | жайкы | dʒajkɪ |

outono (m)	күз	kyz
no outono	күзүндө	kyzyndø
outonal	күздүк	kyzdyk

inverno (m)	кыш	kɪʃ
no inverno	кышында	kɪʃɪnda
de inverno	кышкы	kɪʃkɪ
mês (m)	ай	aj
este mês	ушул айда	uʃul ajda
no próximo mês	кийинки айда	kijinki ajda
no mês passado	өткөн айда	øtkøn ajda

há um mês	бир ай мурун	bir aj murun
dentro de um mês	бир айдан кийин	bir ajdan kijin
dentro de dois meses	эки айдан кийин	eki ajdan kijin
todo o mês	ай бою	aj bojʉ
um mês inteiro	толук бир ай	toluk bir aj

mensal	ай сайын	aj sajɪn
mensalmente	ай сайын	aj sajɪn
cada mês	ар бир айда	ar bir ajda
duas vezes por mês	айына эки жолу	ajɪna eki dʒolu

ano (m)	жыл	dʒɪl
este ano	бул жылы	bul dʒɪlɪ
no próximo ano	келаткан жылы	kelatkan dʒɪlɪ
no ano passado	өткөн жылы	øtkøn dʒɪlɪ
há um ano	бир жыл мурун	bir dʒɪl murun
dentro dum ano	бир жылдан кийин	bir dʒɪldan kijin
dentro de 2 anos	эки жылдан кийин	eki dʒɪldan kijin
todo o ano	жыл бою	dʒɪl bodʒʉ
um ano inteiro	толук бир жыл	toluk bir dʒɪl

cada ano	ар жыл сайын	ar dʒɪl sajɪn
anual	жыл сайын	dʒɪl sajɪn
anualmente	жыл сайын	dʒɪl sajɪn
quatro vezes por ano	жылына төрт жолу	dʒɪlɪna tørt dʒolu

data (~ de hoje)	число	tʃislo
data (ex. ~ de nascimento)	күн	kyn
calendário (m)	календарь	kalendarʲ

meio ano	жарым жыл	dʒarɪm dʒɪl
seis meses	жарым чейрек	dʒarɪm tʃejrek
estação (f)	мезгил	mezgil
século (m)	кылым	kɪlɪm

23. Tempo. Diversos

| tempo (m) | убакыт | ubakɪt |
| momento (m) | учур | utʃur |

instante (m)	көз ирмемде	køz irmemde
instantâneo	көз ирмемде	køz irmemde
lapso (m) de tempo	убакыттын бир бөлүгү	ubakıttın bir bølygy
vida (f)	жашоо	dʒaʃoo
eternidade (f)	түбөлүк	tybølyk

época (f)	доор	door
era (f)	заман	zaman
ciclo (m)	мерчим	mertʃim
período (m)	мезгил	mezgil
prazo (m)	мөөнөт	møønøt

futuro (m)	келечек	keletʃek
futuro	келечек	keletʃek
da próxima vez	кийинки жолу	kijinki dʒolu
passado (m)	өткөн	øtkøn
passado	өткөн	øtkøn
na vez passada	өткөндө	øtkøndø
mais tarde	кийнчерээк	kijntʃereek
depois	кийин	kijin
atualmente	азыр, учурда	azır, utʃurda
agora	азыр	azır
imediatamente	тез арада	tez arada
em breve, brevemente	жакында	dʒakında
de antemão	алдын ала	aldın ala

há muito tempo	көп убакыт мурун	køp ubakıt murun
há pouco tempo	жакындан бери	dʒakından beri
destino (m)	тагдыр	tagdır
recordações (f pl)	эсте калганы	este kalganı
arquivo (m)	архив	arχiv
durante ...	... убагында	... ubagında
durante muito tempo	узак	uzak
pouco tempo	узак эмес	uzak emes
cedo (levantar-se ~)	эрте	erte
tarde (deitar-se ~)	кеч	ketʃ

para sempre	түбөлүк	tybølyk
começar (vt)	баштоо	baʃtoo
adiar (vt)	жылдыруу	dʒıldıruu

simultaneamente	бир учурда	bir utʃurda
permanentemente	үзгүлтүксүз	yzgyltyksyz
constante (ruído, etc.)	үзгүлтүксүз	yzgyltyksyz
temporário	убактылуу	ubaktıluu

às vezes	кедээ	kedee
raramente	чанда	tʃanda
frequentemente	көпчүлүк учурда	køptʃylyk utʃurda

24. Linhas e formas

| quadrado (m) | чарчы | tʃartʃı |
| quadrado | чарчы | tʃartʃı |

círculo (m)	тегерек	tegerek
redondo	тегерек	tegerek
triângulo (m)	үч бурчтук	ytʃ burtʃtuk
triangular	үч бурчтуу	ytʃ burtʃtuu

oval (f)	жумуру	dʒumuru
oval	жумуру	dʒumuru
retângulo (m)	тик бурчтук	tik burtʃtuk
retangular	тик бурчтуу	tik burtʃtuu

pirâmide (f)	пирамида	piramida
rombo, losango (m)	ромб	romb
trapézio (m)	трапеция	trapetsija
cubo (m)	куб	kub
prisma (m)	призма	prizma

circunferência (f)	айлана	ajlana
esfera (f)	сфера	sfera
globo (m)	шар	ʃar
diâmetro (m)	диаметр	diametr
raio (m)	радиус	radius
perímetro (m)	периметр	perimetr
centro (m)	борбор	borbor

horizontal	туурасынан	tuurasınan
vertical	тикесинен	tikesinen
paralela (f)	параллель	parallelʲ
paralelo	параллель	parallelʲ

linha (f)	сызык	sızık
traço (m)	сызык	sızık
reta (f)	түз сызык	tyz sızık
curva (f)	кыйшык сызык	kıjʃık sızık
fino (linha ~a)	ичке	itʃke
contorno (m)	караан	karaan

interseção (f)	кесилиш	kesiliʃ
ângulo (m) reto	тик бурч	tik burtʃ
segmento (m)	сегмент	segment
setor (m)	сектор	sektor
lado (de um triângulo, etc.)	каптал	kaptal
ângulo (m)	бурч	burtʃ

25. Unidades de medida

peso (m)	салмак	salmak
comprimento (m)	узундук	uzunduk
largura (f)	жазылык	dʒazılık
altura (f)	бийиктик	bijiktik
profundidade (f)	терендик	terendik
volume (m)	көлөм	køløm
área (f)	аянт	ajant
grama (m)	грамм	gramm
miligrama (m)	миллиграмм	milligramm

quilograma (m)	килограмм	kilogramm
tonelada (f)	тонна	tonna
libra (453,6 gramas)	фунт	funt
onça (f)	унция	untsija

metro (m)	метр	metr
milímetro (m)	миллиметр	millimetr
centímetro (m)	сантиметр	santimetr
quilómetro (m)	километр	kilometr
milha (f)	миля	milʲa

polegada (f)	дюйм	dʉjm
pé (304,74 mm)	фут	fut
jarda (914,383 mm)	ярд	jard

| metro (m) quadrado | квадраттык метр | kvadrattık metr |
| hectare (m) | гектар | gektar |

litro (m)	литр	litr
grau (m)	градус	gradus
volt (m)	вольт	volʲt
ampere (m)	ампер	amper
cavalo-vapor (m)	ат күчү	at kytʃy

quantidade (f)	саны	sanı
um pouco de …	… бир аз	… bir az
metade (f)	жарым	dʒarım
dúzia (f)	он эки даана	on eki daana
peça (f)	даана	daana

| dimensão (f) | чоңдук | tʃoŋduk |
| escala (f) | өлчөмчөн | øltʃømtʃen |

mínimo	минималдуу	minimalduu
menor, mais pequeno	эң кичинекей	eŋ kitʃinekej
médio	орточо	ortotʃo
máximo	максималдуу	maksimalduu
maior, mais grande	эң чоң	eŋ tʃoŋ

26. Recipientes

boião (m) de vidro	банка	banka
lata (~ de cerveja)	банка	banka
balde (m)	чака	tʃaka
barril (m)	бочка	botʃka

bacia (~ de plástico)	дагара	dagara
tanque (m)	бак	bak
cantil (m) de bolso	фляжка	flʲadʒka
bidão (m) de gasolina	канистра	kanistra
cisterna (f)	цистерна	tsısterna

| caneca (f) | кружка | krudʒka |
| chávena (f) | чөйчөк | tʃøjtʃøk |

pires (m)	табак	tabak
copo (m)	ыстакан	ıstakan
taça (f) de vinho	бокал	bokal
panela, caçarola (f)	мискей	miskej

garrafa (f)	бөтөлкө	bøtølkø
gargalo (m)	оозу	oozu

jarro, garrafa (f)	графин	grafin
jarro (m) de barro	кумура	kumura
recipiente (m)	идиш	idiʃ
pote (m)	карапа	karapa
vaso (m)	ваза	vaza

frasco (~ de perfume)	флакон	flakon
frasquinho (ex. ~ de iodo)	кичине бөтөлкө	kitʃine bøtølkø
tubo (~ de pasta dentífrica)	тюбик	tubik

saca (ex. ~ de açúcar)	кап	kap
saco (~ de plástico)	пакет	paket
maço (m)	пачке	patʃke

caixa (~ de sapatos, etc.)	куту	kutu
caixa (~ de madeira)	үкөк	ykøk
cesta (f)	себет	sebet

27. Materiais

material (m)	материал	material
madeira (f)	жыгач	dʒıgatʃ
de madeira	жыгач	dʒıgatʃ

vidro (m)	айнек	ajnek
de vidro	айнек	ajnek

pedra (f)	таш	taʃ
de pedra	таш	taʃ

plástico (m)	пластик	plastik
de plástico	пластик	plastik

borracha (f)	резина	rezina
de borracha	резина	rezina

tecido, pano (m)	кездеме	kezdeme
de tecido	кездеме	kezdeme

papel (m)	кагаз	kagaz
de papel	кагаз	kagaz

cartão (m)	картон	karton
de cartão	картон	karton
polietileno (m)	полиэтилен	polietilen
celofane (m)	целлофан	tsellofan

| linóleo (m) | линолеум | linoleum |
| contraplacado (m) | фанера | fanera |

porcelana (f)	фарфор	farfor
de porcelana	фарфор	farfor
barro (f)	чопо	tʃopo
de barro	чопо	tʃopo
cerâmica (f)	карапа	karapa
de cerâmica	карапа	karapa

28. Metais

metal (m)	металл	metall
metálico	металл	metall
liga (f)	эритме	eritme

ouro (m)	алтын	altın
de ouro	алтын	altın
prata (f)	күмүш	kymyʃ
de prata	күмүш	kymyʃ

ferro (m)	темир	temir
de ferro	темир	temir
aço (m)	болот	bolot
de aço	болот	bolot
cobre (m)	жез	dʒez
de cobre	жез	dʒez

alumínio (m)	алюминий	aluminij
de alumínio	алюминий	aluminij
bronze (m)	коло	kolo
de bronze	коло	kolo

latão (m)	латунь	latunʲ
níquel (m)	никель	nikelʲ
platina (f)	платина	platina
mercúrio (m)	сымап	sımap
estanho (m)	калай	kalaj
chumbo (m)	коргошун	korgoʃun
zinco (m)	цинк	tsınk

O SER HUMANO

O ser humano. O corpo

29. Humanos. Conceitos básicos

ser (m) humano	адам	adam
homem (m)	эркек	erkek
mulher (f)	аял	ajal
criança (f)	бала	bala
menina (f)	кыз бала	kız bala
menino (m)	бала	bala
adolescente (m)	еспүрүм	øspyrym
velho (m)	абышка	abıʃka
velha, anciã (f)	кемпир	kempir

30. Anatomia humana

organismo (m)	организм	organizm
coração (m)	жүрөк	dʒyrøk
sangue (m)	кан	kan
artéria (f)	артерия	arterija
veia (f)	вена	vena
cérebro (m)	мээ	mee
nervo (m)	нерв	nerv
nervos (m pl)	нервдер	nervder
vértebra (f)	омуртка	omurtka
coluna (f) vertebral	кыр арка	kır arka
estômago (m)	ашказан	aʃkazan
intestinos (m pl)	ичеги-карын	itʃegi-karın
intestino (m)	ичеги	itʃegi
fígado (m)	боор	boor
rim (m)	бөйрөк	bøjrøk
osso (m)	сөөк	søøk
esqueleto (m)	скелет	skelet
costela (f)	кабырга	kabırga
crânio (m)	баш сөөгү	baʃ søøgy
músculo (m)	булчуң	bultʃuŋ
bíceps (m)	бицепс	bitseps
tríceps (m)	трицепс	tritseps
tendão (m)	тарамыш	taramıʃ
articulação (f)	муундар	muundar

pulmões (m pl)	өпкө	øpkø
órgãos (m pl) genitais	жан жер	dʒan dʒer
pele (f)	тери	teri

31. Cabeça

cabeça (f)	баш	baʃ
cara (f)	бет	bet
nariz (m)	мурун	murun
boca (f)	ооз	ooz

olho (m)	көз	køz
olhos (m pl)	көздөр	køzdør
pupila (f)	карек	karek
sobrancelha (f)	каш	kaʃ
pestana (f)	кирпик	kirpik
pálpebra (f)	кабак	kabak

língua (f)	тил	til
dente (m)	тиш	tiʃ
lábios (m pl)	эриндер	erinder
maçãs (f pl) do rosto	бет сөөгү	bet søøgy
gengiva (f)	тиш эти	tiʃ eti
palato (m)	таңдай	taŋdaj

narinas (f pl)	мурун тешиги	murun teʃigi
queixo (m)	ээк	eek
mandíbula (f)	жаак	dʒaak
bochecha (f)	бет	bet

testa (f)	чеке	tʃeke
têmpora (f)	чыкый	tʃɪkɪj
orelha (f)	кулак	kulak
nuca (f)	желке	dʒelke
pescoço (m)	моюн	mojʉn
garganta (f)	тамак	tamak

cabelos (m pl)	чач	tʃatʃ
penteado (m)	чач жасоо	tʃatʃ dʒasoo
corte (m) de cabelo	чач кыркуу	tʃatʃ kɪrkuu
peruca (f)	парик	parik

bigode (m)	мурут	murut
barba (f)	сакал	sakal
usar, ter (~ barba, etc.)	мурут коюу	murut kojʉu
trança (f)	өрүм чач	ørym tʃatʃ
suíças (f pl)	бакенбарда	bakenbarda

ruivo	сары	sarı
grisalho	ак чачтуу	ak tʃatʃtuu
calvo	таз	taz
calva (f)	кашка	kaʃka
rabo-de-cavalo (m)	куйрук	kujruk
franja (f)	көкүл	køkyl

32. Corpo humano

| mão (f) | беш манжа | beʃ mandʒa |
| braço (m) | кол | kol |

dedo (m)	манжа	mandʒa
dedo (m) do pé	манжа	mandʒa
polegar (m)	бармак	barmak
dedo (m) mindinho	чыпалак	tʃɪpalak
unha (f)	тырмак	tɪrmak

punho (m)	муштум	muʃtum
palma (f) da mão	алакан	alakan
pulso (m)	билек	bilek
antebraço (m)	каруу	karuu
cotovelo (m)	чыканак	tʃɪkanak
ombro (m)	ийин	ijin

perna (f)	бут	but
pé (m)	таман	taman
joelho (m)	тизе	tize
barriga (f) da perna	балтыр	baltɪr
anca (f)	сан	san
calcanhar (m)	согончок	sogontʃok

corpo (m)	дене	dene
barriga (f)	курсак	kursak
peito (m)	теш	tøʃ
seio (m)	эмчек	emtʃek
lado (m)	каптал	kaptal
costas (f pl)	арка жон	arka dʒon
região (f) lombar	бел	bel
cintura (f)	бел	bel

umbigo (m)	киндик	kindik
nádegas (f pl)	жамбаш	dʒambaʃ
traseiro (m)	кечүк	køtʃyk

sinal (m)	мең	meŋ
sinal (m) de nascença	кал	kal
tatuagem (f)	татуировка	tatuirovka
cicatriz (f)	тырык	tɪrɪk

Vestuário & Acessórios

33. Roupa exterior. Casacos

roupa (f)	кийим	kijim
roupa (f) exterior	үстүнкү кийим	ystyŋky kijim
roupa (f) de inverno	кышкы кийим	kıʃkı kijim
sobretudo (m)	пальто	palʲto
casaco (m) de peles	тон	ton
casaco curto (m) de peles	чолок тон	tʃolok ton
casaco (m) acolchoado	мамык олпок	mamık olpok
casaco, blusão (m)	күрмө	kyrmø
impermeável (m)	плащ	plaʃtʃ
impermeável	суу өткүс	suu øtkys

34. Vestuário de homem & mulher

camisa (f)	көйнөк	køjnøk
calças (f pl)	шым	ʃım
calças (f pl) de ganga	джинсы	dʒinsı
casaco (m) de fato	бешмант	beʃmant
fato (m)	костюм	kostɵm
vestido (ex. ~ vermelho)	көйнөк	køjnøk
saia (f)	юбка	jɵbka
blusa (f)	блузка	bluzka
casaco (m) de malha	кофта	kofta
casaco, blazer (m)	кыска бешмант	kıska beʃmant
T-shirt, camiseta (f)	футболка	futbolka
calções (Bermudas, etc.)	чолок шым	tʃolok ʃım
fato (m) de treino	спорт кийими	sport kijimi
roupão (m) de banho	халат	χalat
pijama (m)	пижама	pidʒama
suéter (m)	свитер	sviter
pulôver (m)	пуловер	pulover
colete (m)	жилет	dʒilet
fraque (m)	фрак	frak
smoking (m)	смокинг	smoking
uniforme (m)	форма	forma
roupa (f) de trabalho	жумуш кийим	dʒumuʃ kijim
fato-macaco (m)	комбинезон	kombinezon
bata (~ branca, etc.)	халат	χalat

35.   Vestuário. Roupa interior

roupa (f) interior	ич кийим	itʃ kijim
cuecas boxer (f pl)	эркектер чолок дамбалы	erkekter tʃolok dambalı
cuecas (f pl)	аялдар трусиги	ajaldar trusigi
camisola (f) interior	майка	majka
peúgas (f pl)	байпак	bajpak
camisa (f) de noite	жатаарда кийүүчү көйнөк	dʒataarda kijyytʃy køjnøk
sutiã (m)	бюстгальтер	bustgalʲter
meias longas (f pl)	гольфы	golʲfı
meia-calça (f)	колготки	kolgotki
meias (f pl)	байпак	bajpak
fato (m) de banho	купальник	kupalʲnik

36.   Adereços de cabeça

chapéu (m)	топу	topu
chapéu (m) de feltro	шляпа	ʃlʲapa
boné (m) de beisebol	бейсболка	bejsbolka
boné (m)	кепка	kepka
boina (f)	берет	beret
capuz (m)	капюшон	kapuʃon
panamá (m)	панамка	panamka
gorro (m) de malha	токулган шапка	tokulgan ʃapka
lenço (m)	жоолук	dʒooluk
chapéu (m) de mulher	шляпа	ʃlʲapa
capacete (m) de proteção	каска	kaska
bibico (m)	пилотка	pilotka
capacete (m)	шлем	ʃlem
chapéu-coco (m)	котелок	kotelok
chapéu (m) alto	цилиндр	tsılindr

37.   Calçado

calçado (m)	бут кийим	but kijim
botinas (f pl)	ботинка	botinka
sapatos (de salto alto, etc.)	туфли	tufli
botas (f pl)	өтүк	øtyk
pantufas (f pl)	тапочка	tapotʃka
ténis (m pl)	кроссовка	krossovka
sapatilhas (f pl)	кеды	kedı
sandálias (f pl)	сандалии	sandalii
sapateiro (m)	өтүкчү	øtyktʃy
salto (m)	така	taka

par (m)	түгөй	tygøj
atacador (m)	боо	boo
apertar os atacadores	боолоо	booloo
calçadeira (f)	кашык	kaʃık
graxa (f) para calçado	өтүк май	øtyk maj

38. Têxtil. Tecidos

algodão (m)	пахта	paχta
de algodão	пахтадан	paχtadan
linho (m)	зыгыр	zıgır
de linho	зыгырдан	zıgırdan
seda (f)	жибек	dʒibek
de seda	жибек	dʒibek
lã (f)	жүн	dʒyn
de lã	жүндөн	dʒyndøn
veludo (m)	баркыт	barkıt
camurça (f)	күдөрү	kydøry
bombazina (f)	чий баркыт	ʧij barkıt
náilon (m)	нейлон	nejlon
de náilon	нейлон	nejlon
poliéster (m)	полиэстер	poliester
de poliéster	полиэстер	poliester
couro (m)	булгаары	bulgaarı
de couro	булгаары	bulgaarı
pele (f)	тери	teri
de peles, de pele	тери	teri

39. Acessórios pessoais

luvas (f pl)	колкап	kolkap
mitenes (f pl)	мээлей	meelej
cachecol (m)	моюн орогуч	mojun oroguʧ
óculos (m pl)	көз айнек	køz ajnek
armação (f) de óculos	алкак	alkak
guarda-chuva (m)	чатырча	ʧatırʧa
bengala (f)	аса таяк	asa tajak
escova (f) para o cabelo	тарак	tarak
leque (m)	желпингич	dʒelpingiʧ
gravata (f)	галстук	galstuk
gravata-borboleta (f)	галстук-бабочка	galstuk-babotʃka
suspensórios (m pl)	шым тарткыч	ʃım tartkıʧ
lenço (m)	бетаарчы	betaarʧı
pente (m)	тарак	tarak
travessão (m)	чачсайгы	ʧaʧsajgı

| gancho (m) de cabelo | шпилька | ʃpilʲka |
| fivela (f) | таралга | taralga |

| cinto (m) | кайыш кур | kajɪʃ kur |
| correia (f) | илгич | ilgitʃ |

mala (f)	колбаштык	kolbaʃtık
mala (f) de senhora	кичине колбаштык	kitʃine kolbaʃtık
mochila (f)	жонбаштык	dʒonbaʃtık

40. Vestuário. Diversos

moda (f)	мода	moda
na moda	саркеч	sarketʃ
estilista (m)	модельер	modeljer

colarinho (m), gola (f)	жака	dʒaka
bolso (m)	чөнтөк	tʃøntøk
de bolso	чөнтөк	tʃøntøk
manga (f)	жең	dʒeŋ
alcinha (f)	илгич	ilgitʃ
braguilha (f)	ширинка	ʃirinka

fecho (m) de correr	молния	molnija
fecho (m), colchete (m)	топчулук	toptʃuluk
botão (m)	топчу	toptʃu
casa (f) de botão	илмек	ilmek
soltar-se (vr)	үзүлүү	yzylyy

coser, costurar (vi)	тигүү	tigyy
bordar (vt)	сайма саюу	sajma sajuu
bordado (m)	сайма	sajma
agulha (f)	ийне	ijne
fio (m)	жип	dʒip
costura (f)	тигиш	tigiʃ

sujar-se (vr)	булгап алуу	bulgap aluu
mancha (f)	так	tak
engelhar-se (vr)	бырышып калуу	bırıʃıp kaluu
rasgar (vt)	айрылуу	ajrıluu
traça (f)	күбө	kybø

41. Cuidados pessoais. Cosméticos

pasta (f) de dentes	тиш пастасы	tiʃ pastası
escova (f) de dentes	тиш щёткасы	tiʃ ʃtʃotkası
escovar os dentes	тиш жуу	tiʃ dʒuu

máquina (f) de barbear	устара	ustara
creme (m) de barbear	кырынуу үчүн көбүк	kırınuu ytʃyn købyk
barbear-se (vr)	кырынуу	kırınuu
sabonete (m)	самын	samın

champô (m)	шампунь	ʃampunʲ
tesoura (f)	кайчы	kajtʃɪ
lima (f) de unhas	тырмак өгөө	tırmak øgøø
corta-unhas (m)	тырмак кычкачы	tırmak kɪtʃkatʃɪ
pinça (f)	искек	iskek

cosméticos (m pl)	упа-эндик	upa-endik
máscara (f) facial	маска	maska
manicura (f)	маникюр	manikʉr
fazer a manicura	маникюр жасоо	manikdʒʉr dʒasoo
pedicure (f)	педикюр	pedikʉr

mala (f) de maquilhagem	косметичка	kosmetitʃka
pó (m)	упа	upa
caixa (f) de pó	упа кутусу	upa kutusu
blush (m)	эндик	endik

perfume (m)	атыр	atır
água (f) de toilette	туалет атыр суусу	tualet atır suusu
loção (f)	лосьон	losʲon
água-de-colónia (f)	одеколон	odekolon

sombra (f) de olhos	көз боёгу	køz bojogu
lápis (m) delineador	көз карандашы	køz karandaʃɪ
máscara (f), rímel (m)	кирпик үчүн боек	kirpik ytʃyn boek

batom (m)	эрин помадасы	erin pomadası
verniz (m) de unhas	тырмак үчүн лак	tırmak ytʃyn lak
laca (f) para cabelos	чач үчүн лак	tʃatʃ ytʃyn lak
desodorizante (m)	дезодорант	dezodorant

creme (m)	крем	krem
creme (m) de rosto	бетмай	betmaj
creme (m) de mãos	кол үчүн май	kol ytʃyn maj
creme (m) antirrugas	бырыштарга каршы бет май	bırıʃtarga karʃɪ bet maj
creme (m) de dia	күндүзгү бет май	kyndyzgy bet maj
creme (m) de noite	түнкү бет май	tynky bet maj
de dia	күндүзгү	kyndyzgy
da noite	түнкү	tynky

tampão (m)	тампон	tampon
papel (m) higiénico	даарат кагазы	daarat kagazı
secador (m) elétrico	фен	fen

42. Joalheria

joias (f pl)	зер буюмдар	zer bujʉmdar
precioso	баалуу	baaluu
marca (f) de contraste	проба	proba

anel (m)	шакек	ʃakek
aliança (f)	нике шакеги	nike ʃakegi
pulseira (f)	билерик	bilerik

brincos (m pl)	сөйкө	søjkø
colar (m)	шуру	ʃuru
coroa (f)	таажы	taadʒɪ
colar (m) de contas	мончок	montʃok

diamante (m)	бриллиант	brilliant
esmeralda (f)	зымырыт	zɪmɪrɪt
rubi (m)	лаал	laal
safira (f)	сапфир	sapfir
pérola (f)	бермет	bermet
âmbar (m)	янтарь	jantarʲ

43. Relógios de pulso. Relógios

relógio (m) de pulso	кол саат	kol saat
mostrador (m)	циферблат	tsɪferblat
ponteiro (m)	жебе	dʒebe
bracelete (f) em aço	браслет	braslet
bracelete (f) em couro	кайыш кур	kajɪʃ kur

pilha (f)	батарейка	batarejka
descarregar-se	зарядканын түгөнүүсү	zarʲadkanın tygønyysy
trocar a pilha	батарейка алмаштыруу	batarejka almaʃtıruu
estar adiantado	алдыга кетүү	aldıga ketyy
estar atrasado	калуу	kaluu

relógio (m) de parede	дубалга тагуучу саат	dubalga taguutʃu saat
ampulheta (f)	кум саат	kum saat
relógio (m) de sol	күн саат	kyn saat
despertador (m)	ойготкуч саат	ojgotkutʃ saat
relojoeiro (m)	саат устасы	saat ustası
reparar (vt)	ондоо	oŋdoo

Alimentação. Nutrição

44. Comida

carne (f)	эт	et
galinha (f)	тоок	took
frango (m)	балапан	balapan
pato (m)	өрдөк	ørdøk
ganso (m)	каз	kaz
caça (f)	илбээсин	ilbeesin
peru (m)	күрп	kyrp
carne (f) de porco	чочко эти	tʃotʃko eti
carne (f) de vitela	торпок эти	torpok eti
carne (f) de carneiro	кой эти	koj eti
carne (f) de vaca	уй эти	uj eti
carne (f) de coelho	коен	koen
chouriço, salsichão (m)	колбаса	kolbasa
salsicha (f)	сосиска	sosiska
bacon (m)	бекон	bekon
fiambre (f)	ветчина	vettʃina
presunto (m)	сан эт	san et
patê (m)	паштет	paʃtet
fígado (m)	боор	boor
carne (f) moída	фарш	farʃ
língua (f)	тил	til
ovo (m)	жумуртка	dʒumurtka
ovos (m pl)	жумурткалар	dʒumurtkalar
clara (f) do ovo	жумурттанын агы	dʒumurtkanın agı
gema (f) do ovo	жумурттанын сарысы	dʒumurtkanın sarısı
peixe (m)	балык	balık
mariscos (m pl)	деңиз азыктары	deŋiz azıktarı
crustáceos (m pl)	рак сыяктуулар	rak sıjaktuular
caviar (m)	урук	uruk
caranguejo (m)	краб	krab
camarão (m)	креветка	krevetka
ostra (f)	устрица	ustritsa
lagosta (f)	лангуст	langust
polvo (m)	сегиз бут	segiz but
lula (f)	кальмар	kalʲmar
esturjão (m)	осетрина	osetrina
salmão (m)	лосось	lososʲ
halibute (m)	палтус	paltus
bacalhau (m)	треска	treska

cavala, sarda (f)	скумбрия	skumbrija
atum (m)	тунец	tunets
enguia (f)	угорь	ugorʲ

truta (f)	форель	forelʲ
sardinha (f)	сардина	sardina
lúcio (m)	чортон	tʃorton
arenque (m)	сельдь	selʲdʲ

pão (m)	нан	nan
queijo (m)	сыр	sır
açúcar (m)	кум шекер	kum-ʃeker
sal (m)	туз	tuz

arroz (m)	күрүч	kyrytʃ
massas (f pl)	макарон	makaron
talharim (m)	кесме	kesme

manteiga (f)	ак май	ak maj
óleo (m) vegetal	өсүмдүк майы	øsymdyk majı
óleo (m) de girassol	күн карама майы	kyn karama majı
margarina (f)	маргарин	margarin

| azeitonas (f pl) | зайтун | zajtun |
| azeite (m) | зайтун майы | zajtun majı |

leite (m)	сүт	syt
leite (m) condensado	коютулган сүт	kojutulgan syt
iogurte (m)	йогурт	jogurt
nata (f) azeda	сметана	smetana
nata (f) do leite	каймак	kajmak

| maionese (f) | майонез | majonez |
| creme (m) | крем | krem |

grãos (m pl) de cereais	акшак	akʃak
farinha (f)	ун	un
enlatados (m pl)	консерва	konserva

flocos (m pl) de milho	жарылган жүгөрү	dʒarılgan dʒygøry
mel (m)	бал	bal
doce (m)	джем, конфитюр	dʒem, konfitʉr
pastilha (f) elástica	сагыз	sagız

45. Bebidas

água (f)	суу	suu
água (f) potável	ичүүчү суу	itʃyytʃy suu
água (f) mineral	минерал суусу	mineral suusu

sem gás	газсыз	gazsız
gaseificada	газдалган	gazdalgan
com gás	газы менен	gazı menen
gelo (m)	муз	muz

com gelo	музу менен	muzu menen
sem álcool	алкоголсуз	alkogolsuz
bebida (f) sem álcool	алкоголсуз ичимдик	alkogolsuz itʃimdik
refresco (m)	суусундук	suusunduk
limonada (f)	лимонад	limonad

bebidas (f pl) alcoólicas	спирт ичимдиктери	spirt itʃimdikteri
vinho (m)	шарап	ʃarap
vinho (m) branco	ак шарап	ak ʃarap
vinho (m) tinto	кызыл шарап	kızıl ʃarap

licor (m)	ликёр	likʲor
champanhe (m)	шампан	ʃampan
vermute (m)	вермут	vermut

uísque (m)	виски	viski
vodka (f)	арак	arak
gim (m)	джин	dʒin
conhaque (m)	коньяк	konjak
rum (m)	ром	rom

café (m)	кофе	kofe
café (m) puro	кара кофе	kara kofe
café (m) com leite	сүттөлгөн кофе	syttølgøn kofe
cappuccino (m)	капучино	kaputʃino
café (m) solúvel	эрүүчү кофе	eryytʃy kofe

leite (m)	сүт	syt
coquetel (m)	коктейль	koktejlʲ
batido (m) de leite	сүт коктейли	syt koktejli

sumo (m)	шире	ʃire
sumo (m) de tomate	томат ширеси	tomat ʃiresi
sumo (m) de laranja	апельсин ширеси	apelʲsin ʃiresi
sumo (m) fresco	түз сыгылып алынган шире	tyz sıgılıp alıngan ʃire

cerveja (f)	сыра	sıra
cerveja (f) clara	ачык сыра	atʃık sıra
cerveja (f) preta	коңур сыра	koŋur sıra

chá (m)	чай	tʃaj
chá (m) preto	кара чай	kara tʃaj
chá (m) verde	жашыл чай	dʒaʃıl tʃaj

46. Vegetais

| legumes (m pl) | жашылча | dʒaʃıltʃa |
| verduras (f pl) | көк чеп | køk tʃøp |

tomate (m)	помидор	pomidor
pepino (m)	бадыраң	badıraŋ
cenoura (f)	сабиз	sabiz
batata (f)	картошка	kartoʃka

| cebola (f) | пияз | pijaz |
| alho (m) | сарымсак | sarımsak |

couve (f)	капуста	kapusta
couve-flor (f)	гүлдүү капуста	gyldyy kapusta
couve-de-bruxelas (f)	брюссель капустасы	brusselʲ kapustası
brócolos (m pl)	брокколи капустасы	brokkoli kapustası

beterraba (f)	кызылча	kızıltʃa
beringela (f)	баклажан	bakladʒan
curgete (f)	кабачок	kabatʃok
abóbora (f)	ашкабак	aʃkabak
nabo (m)	шалгам	ʃalgam

salsa (f)	петрушка	petruʃka
funcho, endro (m)	укроп	ukrop
alface (f)	салат	salat
aipo (m)	сельдерей	selʲderej
espargo (m)	спаржа	spardʒa
espinafre (m)	шпинат	ʃpinat

ervilha (f)	нокот	nokot
fava (f)	буурчак	buurtʃak
milho (m)	жүгөрү	dʒygøry
feijão (m)	төө буурчак	tøø buurtʃak

pimentão (m)	таттуу перец	tattuu perets
rabanete (m)	шалгам	ʃalgam
alcachofra (f)	артишок	artiʃok

47. Frutos. Nozes

fruta (f)	мөмө	mømø
maçã (f)	алма	alma
pera (f)	алмурут	almurut
limão (m)	лимон	limon
laranja (f)	апельсин	apelʲsin
morango (m)	кулпунай	kulpunaj

tangerina (f)	мандарин	mandarin
ameixa (f)	кара өрүк	kara øryk
pêssego (m)	шабдаалы	ʃabdaalı
damasco (m)	өрүк	øryk
framboesa (f)	дан куурай	dan kuuraj
ananás (m)	ананас	ananas

banana (f)	банан	banan
melancia (f)	арбуз	arbuz
uva (f)	жүзүм	dʒyzym
ginja (f)	алча	altʃa
cereja (f)	гилас	gilas
meloa (f)	коон	koon
toranja (f)	грейпфрут	grejpfrut
abacate (m)	авокадо	avokado

Português	Quirguiz	Transcrição
papaia (f)	папайя	papaja
manga (f)	манго	mango
romã (f)	анар	anar
groselha (f) vermelha	кызыл карагат	kızıl karagat
groselha (f) preta	кара карагат	kara karagat
groselha (f) espinhosa	крыжовник	krıdʒovnik
mirtilo (m)	кара моюл	kara mojʉl
amora silvestre (f)	кара бүлдүркөн	kara byldyrkøn
uvas (f pl) passas	мейиз	mejiz
figo (m)	анжир	andʒir
tâmara (f)	курма	kurma
amendoim (m)	арахис	araχis
amêndoa (f)	бадам	badam
noz (f)	жаңгак	dʒaŋgak
avelã (f)	токой жаңгагы	tokoj dʒaŋgagı
coco (m)	кокос жаңгагы	kokos dʒaŋgagı
pistáchios (m pl)	мисте	miste

48. Pão. Bolaria

Português	Quirguiz	Transcrição
pastelaria (f)	кондитер азыктары	konditer azıktarı
pão (m)	нан	nan
bolacha (f)	печенье	petʃenje
chocolate (m)	шоколад	ʃokolad
de chocolate	шоколаддан	ʃokoladdan
rebuçado (m)	конфета	konfeta
bolo (cupcake, etc.)	пирожное	pirodʒnoe
bolo (m) de aniversário	торт	tort
tarte (~ de maçã)	пирог	pirog
recheio (m)	начинка	natʃinka
doce (m)	кыям	kıjam
geleia (f) de frutas	мармелад	marmelad
waffle (m)	вафли	vafli
gelado (m)	бал муздак	bal muzdak
pudim (m)	пудинг	puding

49. Pratos cozinhados

Português	Quirguiz	Transcrição
prato (m)	тамак	tamak
cozinha (~ portuguesa)	даам	daam
receita (f)	тамак жасоо ыкмасы	tamak dʒasoo ıkması
porção (f)	порция	portsija
salada (f)	салат	salat
sopa (f)	сорпо	sorpo
caldo (m)	ынак сорпо	ınak sorpo

| sandes (f) | бутерброд | buterbrod |
| ovos (m pl) estrelados | куурулган жумуртка | kuurulgan dʒumurtka |

| hambúrguer (m) | гамбургер | gamburger |
| bife (m) | бифштекс | bifʃteks |

conduto (m)	гарнир	garnir
espaguete (m)	спагетти	spagetti
puré (m) de batata	эзилген картошка	ezilgen kartoʃka
pizza (f)	пицца	pitsa
papa (f)	ботко	botko
omelete (f)	омлет	omlet

cozido em água	сууга бышырылган	suuga bıʃırılgan
fumado	ышталган	ıʃtalgan
frito	куурулган	kuurulgan
seco	кургатылган	kurgatılgan
congelado	тоңдурулган	toŋdurulgan
em conserva	маринаддагы	marinaddagı

doce (açucarado)	таттуу	tattuu
salgado	туздуу	tuzduu
frio	муздак	muzdak
quente	ысык	ısık
amargo	ачуу	atʃuu
gostoso	даамдуу	daamduu

cozinhar (em água a ferver)	кайнатуу	kajnatuu
fazer, preparar (vt)	тамак бышыруу	tamak bıʃıruu
fritar (vt)	кууруу	kuuruu
aquecer (vt)	жылытуу	dʒılıtuu

salgar (vt)	туздоо	tuzdoo
apimentar (vt)	калемпир кошуу	kalempir koʃuu
ralar (vt)	сүргүлөө	syrgyløø
casca (f)	сырты	sırtı
descascar (vt)	тазалоо	tazaloo

50. Especiarias

sal (m)	туз	tuz
salgado	туздуу	tuzduu
salgar (vt)	туздоо	tuzdoo

pimenta (f) preta	кара мурч	kara murtʃ
pimenta (f) vermelha	кызыл калемпир	kızıl kalempir
mostarda (f)	горчица	gortʃitsa
raiz-forte (f)	хрен	χren

condimento (m)	татымал	tatımal
especiaria (f)	татымал	tatımal
molho (m)	соус	sous
vinagre (m)	уксус	uksus
anis (m)	анис	anis

manjericão (m)	райхон	rajχon
cravo (m)	гвоздика	gvozdika
gengibre (m)	имбирь	imbirʲ
coentro (m)	кориандр	koriandr
canela (f)	корица	koritsa

sésamo (m)	кунжут	kundʒut
folhas (f pl) de louro	лавр жалбырагы	lavr dʒalbıragı
páprica (f)	паприка	paprika
cominho (m)	зира	zira
açafrão (m)	заапаран	zaaparan

51. Refeições

| comida (f) | тамак | tamak |
| comer (vt) | тамактануу | tamaktanuu |

pequeno-almoço (m)	таңкы тамак	taŋkı tamak
tomar o pequeno-almoço	эртең менен тамактануу	erteŋ menen tamaktanuu
almoço (m)	түшкү тамак	tyʃky tamak
almoçar (vi)	түштөнүү	tyʃtønyy
jantar (m)	кечки тамак	ketʃki tamak
jantar (vi)	кечки тамакты ичүү	ketʃki tamaktı itʃyy

| apetite (m) | табит | tabit |
| Bom apetite! | Тамагыңыз таттуу болсун! | tamagıŋız tattuu bolsun! |

abrir (~ uma lata, etc.)	ачуу	atʃuu
derramar (vt)	төгүп алуу	tøgyp aluu
derramar-se (vr)	төгүлүү	tøgylyy
ferver (vi)	кайноо	kajnoo
ferver (vt)	кайнатуу	kajnatuu
fervido	кайнатылган	kajnatılgan
arrefecer (vt)	суутуу	suutuu
arrefecer-se (vr)	сууп туруу	suup turuu

| sabor, gosto (m) | даам | daam |
| gostinho (m) | даамдануу | daamdanuu |

fazer dieta	арыктоо	arıktoo
dieta (f)	мүнөз тамак	mynøz tamak
vitamina (f)	витамин	vitamin
caloria (f)	калория	kalorija
vegetariano (m)	эттен чанган	etten tʃangan
vegetariano	этсиз даярдалган	etsiz dajardalgan

gorduras (f pl)	майлар	majlar
proteínas (f pl)	белоктор	beloktor
carboidratos (m pl)	көмүрсуулар	kømyrsuular

fatia (~ de limão, etc.)	кесим	kesim
pedaço (~ de bolo)	бөлүк	bølyk
migalha (f)	күкүм	kykym

52. Por a mesa

colher (f)	кашык	kaʃık
faca (f)	бычак	bıʧak
garfo (m)	вилка	vilka
chávena (f)	чейчек	ʧøjʧøk
prato (m)	табак	tabak
pires (m)	табак	tabak
guardanapo (m)	майлык	majlık
palito (m)	тиш чукугуч	tiʃ ʧukuguʧ

53. Restaurante

restaurante (m)	ресторан	restoran
café (m)	кофекана	kofekana
bar (m), cervejaria (f)	бар	bar
salão (m) de chá	чай салону	ʧaj salonu
empregado (m) de mesa	официант	ofitsiant
empregada (f) de mesa	официант кыз	ofitsiant kız
barman (m)	бармен	barmen
ementa (f)	меню	menü
lista (f) de vinhos	шарап картасы	ʃarap kartası
reservar uma mesa	столду камдык буйрутмалоо	stoldu kamdık bujrutmaloo
prato (m)	тамак	tamak
pedir (vt)	буйрутма кылуу	bujrutma kıluu
fazer o pedido	буйрутма берүү	bujrutma beryy
aperitivo (m)	аперитив	aperitiv
entrada (f)	ысылык	ısılık
sobremesa (f)	десерт	desert
conta (f)	эсеп	esep
pagar a conta	эсеп төлөө	esep tøløø
dar o troco	майда акчаны кайтаруу	majda akʧanı kajtaruu
gorjeta (f)	чайпул	ʧajpul

Família, parentes e amigos

54. Informação pessoal. Formulários

nome (m)	аты	atı
apelido (m)	фамилиясы	familijası
data (f) de nascimento	төрөлгөн күнү	tørølgøn kyny
local (m) de nascimento	туулган жери	tuulgan dʒeri
nacionalidade (f)	улуту	ulutu
lugar (m) de residência	жашаган жери	dʒaʃagan dʒeri
país (m)	өлкө	ølkø
profissão (f)	кесиби	kesibi
sexo (m)	жынысы	dʒınısı
estatura (f)	бою	bojʉ
peso (m)	салмак	salmak

55. Membros da família. Parentes

mãe (f)	эне	ene
pai (m)	ата	ata
filho (m)	уул	uul
filha (f)	кыз	kız
filha (f) mais nova	кичүү кыз	kitʃyy kız
filho (m) mais novo	кичүү уул	kitʃyy uul
filha (f) mais velha	улуу кыз	uluu kız
filho (m) mais velho	улуу уул	uluu uul
irmão (m)	бир тууган	bir tuugan
irmão (m) mais velho	байке	bajke
irmão (m) mais novo	ини	ini
irmã (f)	бир тууган	bir tuugan
irmã (f) mais velha	эже	edʒe
irmã (f) mais nova	синди	siŋdi
primo (m)	атасы же энеси	atası dʒe enesi
	бир тууган	bir tuugan
prima (f)	атасы же энеси	atası dʒe enesi
	бир тууган	bir tuugan
mamã (f)	апа	apa
papá (m)	ата	ata
pais (pl)	ата-эне	ata-ene
criança (f)	бала	bala
crianças (f pl)	балдар	baldar
avó (f)	чоң апа	tʃoŋ apa

avô (m)	чоң ата	tʃoŋ ata
neto (m)	небере бала	nebere bala
neta (f)	небере кыз	nebere kız
netos (pl)	неберелер	nebereler

tio (m)	таяке	tajake
tia (f)	таяже	tajadʒe
sobrinho (m)	ини	ini
sobrinha (f)	жээн	dʒeen

sogra (f)	кайын эне	kajın ene
sogro (m)	кайын ата	kajın ata
genro (m)	күйөө бала	kyjøø bala
madrasta (f)	өгөй эне	øgøj ene
padrasto (m)	өгөй ата	øgøj ata

criança (f) de colo	эмчектеги бала	emtʃektegi bala
bebé (m)	ымыркай	ımırkaj
menino (m)	бөбөк	bøbøk

mulher (f)	аял	ajal
marido (m)	эр	er
esposo (m)	күйөө	kyjøø
esposa (f)	зайып	zajıp

casado	аялы бар	ajalı bar
casada	күйөөдө	kyjøødø
solteiro	бойдок	bojdok
solteirão (m)	бойдок	bojdok
divorciado	ажырашкан	adʒıraʃkan
viúva (f)	жесир	dʒesir
viúvo (m)	жесир	dʒesir

parente (m)	тууган	tuugan
parente (m) próximo	жакын тууган	dʒakın tuugan
parente (m) distante	алыс тууган	alıs tuugan
parentes (m pl)	бир тууган	bir tuugan

órfão (m), órfã (f)	жетим	dʒetim
tutor (m)	камкорчу	kamkortʃu
adotar (um filho)	уул кылып асырап алуу	uul kılıp asırap aluu
adotar (uma filha)	кыз кылып асырап алуу	kız kılıp asırap aluu

56. Amigos. Colegas de trabalho

amigo (m)	дос	dos
amiga (f)	курбу	kurbu
amizade (f)	достук	dostuk
ser amigos	достошуу	dostoʃuu

amigo (m)	шерик	ʃerik
amiga (f)	шерик кыз	ʃerik kız
parceiro (m)	өнөктөш	ønøktøʃ
chefe (m)	башчы	baʃtʃı

superior (m)	башчы	baʃʧı
proprietário (m)	кожоюн	kodʒodʒun
subordinado (m)	кол астындагы	kol astındagı
colega (m)	кесиптеш	kesipteʃ

conhecido (m)	тааныш	taanıʃ
companheiro (m) de viagem	жолдош	dʒoldoʃ
colega (m) de classe	классташ	klasstaʃ

vizinho (m)	кошуна	koʃuna
vizinha (f)	кошуна	koʃuna
vizinhos (pl)	кошуналар	koʃunalar

57. Homem. Mulher

mulher (f)	аял	ajal
rapariga (f)	кыз	kız
noiva (f)	колукту	koluktu

bonita	сулуу	suluu
alta	бою узун	boju uzun
esbelta	сымбаттуу	sımbattuu
de estatura média	орто бойлуу	orto bojluu

| loura (f) | ак саргыл чачтуу | ak sargıl ʧatʧtuu |
| morena (f) | кара чачтуу | kara ʧatʧtuu |

de senhora	аялдардын	ajaldardın
virgem (f)	эркек көрө элек кыз	erkek kørø elek kız
grávida	кош бойлуу	koʃ bojluu

homem (m)	эркек	erkek
louro (m)	ак саргыл чачтуу	ak sargıl ʧatʧtuu
moreno (m)	кара чачтуу	kara ʧatʧtuu
alto	бийик бойлуу	bijik bojluu
de estatura média	орто бойлуу	orto bojluu

rude	орой	oroj
atarracado	жапалдаш бой	dʒapaldaʃ boj
robusto	чымыр	ʧımır
forte	күчтүү	kyʧtyy
força (f)	күч	kyʧ

gordo	толук	toluk
moreno	кара тору	kara toru
esbelto	сымбаттуу	sımbattuu
elegante	жарашып кийинген	dʒaraʃıp kijingen

58. Idade

| idade (f) | жаш | dʒaʃ |
| juventude (f) | жаштык | dʒaʃtık |

jovem	жаш	dʒaʃ
mais novo	кичүү	kitʃyy
mais velho	улуу	uluu

jovem (m)	улан	ulan
adolescente (m)	өспүрүм	øspyrym
rapaz (m)	жигит	dʒigit

| velho (m) | абышка | abıʃka |
| velhota (f) | кемпир | kempir |

adulto	чоң киши	tʃoŋ kiʃi
de meia-idade	орто жаш	orto dʒaʃ
idoso, de idade	жашап калган	dʒaʃap kalgan
velho	картаң	kartaŋ

reforma (f)	бааракы	baarakı
reformar-se (vr)	ардактуу эс алууга чыгуу	ardaktuu es aluuga tʃıguu
reformado (m)	бааргер	baarger

59. Crianças

criança (f)	бала	bala
crianças (f pl)	балдар	baldar
gémeos (m pl)	эгиздер	egizder

berço (m)	бешик	beʃik
guizo (m)	шырылдак	ʃırıldak
fralda (f)	жалаяк	dʒalajak

chupeta (f)	упчу	uptʃu
carrinho (m) de bebé	бешик араба	beʃik araba
jardim (m) de infância	бала бакча	bala baktʃa
babysitter (f)	бала баккыч	bala bakkıtʃ

infância (f)	балалык	balalık
boneca (f)	куурчак	kuurtʃak
brinquedo (m)	оюнчук	ojʉntʃuk
jogo (m) de armar	конструктор	konstruktor
bem-educado	тарбия көргөн	tarbija kørgøn
mal-educado	жетесиз	dʒetesiz
mimado	эрке	erke

ser travesso	тентектик кылуу	tentektik kıluu
travesso, traquinas	тентек	tentek
travessura (f)	шоктук, тентектик	ʃoktuk, tentektik
criança (f) travessa	тентек	tentek

| obediente | элпек | elpek |
| desobediente | тил албас | til albas |

dócil	зээндүү	zeendyy
inteligente	акылдуу	akılduu
menino (m) prodígio	вундеркинд	vunderkind

60. Casais. Vida de família

beijar (vt)	өбүү	øbyy
beijar-se (vr)	өбүшүү	øbyʃyy
família (f)	үй-бүлө	yj-bylø
familiar	үй-бүлөлүү	yj-bylølyy
casal (m)	эрди-катын	erdi-katın
matrimónio (m)	нике	nike
lar (m)	үй очогу	yj oʧogu
dinastia (f)	династия	dinastija

| encontro (m) | жолугушуу | dʒoluguʃuu |
| beijo (m) | өбүү | øbyy |

amor (m)	сүйүү	syjyy
amar (vt)	сүйүү	syjyy
amado, querido	жакшы көргөн	dʒakʃı kørgøn

ternura (f)	назиктик	naziktik
terno, afetuoso	назик	nazik
fidelidade (f)	берилгендик	berilgendik
fiel	ишенимдүү	iʃenimdyy
cuidado (m)	кам көрүү	kam køryy
carinhoso	камкор	kamkor

recém-casados (m pl)	жаңы үйлөнүшкөндөр	dʒaŋı yjlønyʃkøndør
lua de mel (f)	таттуулашуу	tattuulaʃuu
casar-se (com um homem)	күйөөгө чыгуу	kyjøøgø ʧıguu
casar-se (com uma mulher)	аял алуу	ajal aluu

boda (f)	үйлөнүү той	yjlønyy toy
bodas (f pl) de ouro	алтын үлпөт той	altın ylpøt toj
aniversário (m)	жылдык	dʒıldık

| amante (m) | ойнош | ojnoʃ |
| amante (f) | ойнош | ojnoʃ |

adultério (m)	көзгө чөп салуу	køzgø ʧøp saluu
cometer adultério	көзгө чөп салуу	køzgø ʧøp saluu
ciumento	кызгануу	kızganuu
ser ciumento	кызгануу	kızganuu
divórcio (m)	ажырашуу	adʒıraʃuu
divorciar-se (vr)	ажырашуу	adʒıraʃuu

brigar (discutir)	урушуу	uruʃuu
fazer as pazes	жарашуу	dʒaraʃuu
juntos	бирге	birge
sexo (m)	жыныстык катнаш	dʒınıstık katnaʃ

felicidade (f)	бакыт	bakıt
feliz	бактылуу	baktıluu
infelicidade (f)	кырсык	kırsık
infeliz	бактысыз	baktısız

Caráter. Sentimentos. Emoções

61. Sentimentos. Emoções

sentimento (m)	сезим	sezim
sentimentos (m pl)	сезим	sezim
sentir (vt)	сезүү	sezyy
fome (f)	ачка болуу	atʃka boluu
ter fome	ачка болуу	atʃka boluu
sede (f)	чаңкоо	tʃaŋkoo
ter sede	суусап калуу	suusap kaluu
sonolência (f)	уйкусу келүү	ujkusu kelyy
estar sonolento	уйкусу келүү	ujkusu kelyy
cansaço (m)	чарчоо	tʃartʃoo
cansado	чарчаңкы	tʃartʃaŋkı
ficar cansado	чарчоо	tʃartʃoo
humor (m)	көңүл	køŋyl
tédio (m)	зеригүү	zerigyy
aborrecer-se (vr)	зеригүү	zerigyy
isolamento (m)	элден качуу	elden katʃuu
isolar-se	элден качуу	elden katʃuu
preocupar (vt)	көңүлүн бөлүү	køŋylyn bølyy
preocupar-se (vr)	сарсанаа болуу	sarsanaa boluu
preocupação (f)	кабатырлануу	kabatırlanuu
ansiedade (f)	чочулоо	tʃotʃuloo
preocupado	бушайман	buʃajman
estar nervoso	тынчы кетүү	tıntʃı ketyy
entrar em pânico	дүрбөлөңгө түшүү	dyrbøløŋgø tyʃyy
esperança (f)	үмүт	ymyt
esperar (vt)	үмүттөнүү	ymyttønyy
certeza (f)	ишенимдүүлүк	iʃenimdyylyk
certo	ишеничтүү	iʃenitʃtyy
indecisão (f)	ишенбегендик	iʃenbegendik
indeciso	ишенбеген	iʃenbegen
ébrio, bêbado	мас	mas
sóbrio	соо	soo
fraco	бошоң	boʃoŋ
feliz	бактылуу	baktıluu
assustar (vt)	жүрөгүн түшүрүү	dʒyrøgyn tyʃyryy
fúria (f)	жинденүү	dʒindenyy
ira, raiva (f)	жаалдануу	dʒaaldanuu
depressão (f)	көңүлү чөгүү	køŋyly tʃøgyy
arrepender-se (vr)	өкүнүү	økynyy

arrependimento (m)	өкүнүп калуу	økynyp kaluu
azar (m), má sorte (f)	жолу болбоо	dʒolu bolboo
tristeza (f)	капалануу	kapalanuu

vergonha (f)	уят	ujat
alegria (f)	кубаныч	kubanıʧ
entusiasmo (m)	ынта менен	ınta menen
entusiasta (m)	ынтызар	ıntızar
mostrar entusiasmo	ынтасын көрсөтүү	ıntasın kørsøtyy

62. Caráter. Personalidade

caráter (m)	мүнөз	mynøz
falha (f) de caráter	кемчилик	kemʧilik
mente (f)	эс-акыл	es-akıl
razão (f)	акыл	akıl

consciência (f)	абийир	abijir
hábito (m)	адат	adat
habilidade (f)	жөндөм	dʒøndøm
saber (~ nadar, etc.)	билүү	bilyy

paciente	көтөрүмдүү	køtørymdyy
impaciente	чыдамы жок	ʧıdamı dʒok
curioso	ынтызар	ıntızar
curiosidade (f)	кызыгуучулук	kızıguuʧuluk

modéstia (f)	жөнөкөйлүк	dʒønøkøjlyk
modesto	жөнөкөй	dʒønøkøj
imodesto	чекилик	ʧekilik

preguiça (f)	жалкоолук	dʒalkooluk
preguiçoso	жалкоо	dʒalkoo
preguiçoso (m)	эринчээк	erinʧeek

astúcia (f)	куулук	kuuluk
astuto	куу	kuu
desconfiança (f)	ишенбөөчүлүк	iʃenbøøʧylyk
desconfiado	ишенбеген	iʃenbegen

generosidade (f)	берешендик	bereʃendik
generoso	берешен	bereʃen
talentoso	зээндүү	zeendyy
talento (m)	талант	talant

corajoso	кайраттуу	kajrattuu
coragem (f)	кайрат	kajrat
honesto	чынчыл	ʧınʧıl
honestidade (f)	чынчылдык	ʧınʧıldık

prudente	сак	sak
valente	тайманбас	tajmanbas
sério	оор басырыктуу	oor basırıktuu
severo	сүрдүү	syrdyy

decidido	чечкиндүү	ʧeʧkindyy
indeciso	чечкинсиз	ʧeʧkinsiz
tímido	тартынчаак	tartınʧaak
timidez (f)	жүрөкзаада	dʒyrøkzaada

confiança (f)	ишеним артуу	iʃenim artuu
confiar (vt)	ишенүү	iʃenyy
crédulo	ишенчээк	iʃenʧeek

sinceramente	чын жүрөктөн	ʧın dʒyrøktøn
sincero	ак ниеттен	ak nietten
sinceridade (f)	ак ниеттүүлүк	ak niettyylyk
aberto	ачык	aʧık

calmo	жоош	dʒooʃ
franco	ачык	aʧık
ingénuo	ишенчээк	iʃenʧeek
distraído	унутчаак	unutʧaak
engraçado	кызык	kızık

ganância (f)	ач көздүк	aʧ køzdyk
ganancioso	сараң	saraŋ
avarento	сараң	saraŋ
mau	каардуу	kaarduu
teimoso	көк	køk
desagradável	жагымсыз	dʒagımsız

egoísta (m)	өзүмчүл	øzymʧyl
egoísta	өзүмчүл	øzymʧyl
cobarde (m)	суу жүрөк	suu dʒyrøk
cobarde	суу жүрөк	suu dʒyrøk

63. O sono. Sonhos

dormir (vi)	уктоо	uktoo
sono (m)	уйку	ujku
sonho (m)	түш	tyʃ
sonhar (vi)	түш көрүү	tyʃ køryy
sonolento	уйкусураган	ujkusuragan

cama (f)	керебет	kerebet
colchão (m)	матрас	matras
cobertor (m)	жууркан	dʒuurkan
almofada (f)	жаздык	dʒazdık
lençol (m)	шейшеп	ʃejʃep

insónia (f)	уйкусуздук	ujkusuzduk
insone	уйкусуз	ujkusuz
sonífero (m)	уйку дарысы	ujku darısı
tomar um sonífero	уйку дарысын ичүү	ujku darısın iʧyy

estar sonolento	уйкусу келүү	ujkusu kelyy
bocejar (vi)	эстее	estøø
ir para a cama	уктоого кетүү	uktoogo ketyy

fazer a cama	төшөк салуу	tøʃøk saluu
adormecer (vi)	уктап калуу	uktap kaluu

pesadelo (m)	коркунучтуу түш	korkunutʃtuu tyʃ
ronco (m)	коңурук	koŋuruk
roncar (vi)	коңурук тартуу	koŋuruk tartuu

despertador (m)	ойготкуч саат	ojgotkutʃ saat
acordar, despertar (vt)	ойготуу	ojgotuu
acordar (vi)	ойгонуу	ojgonuu
levantar-se (vr)	төшөктөн туруу	tøʃøktøn turuu
lavar-se (vr)	бети-колду жуу	beti-koldu dʒuu

64. Humor. Riso. Alegria

humor (m)	күлкү салуу	kylky saluu
sentido (m) de humor	тамашага чалуу	tamaʃaga tʃaluu
divertir-se (vr)	көңүл ачуу	køŋyl atʃuu
alegre	көңүлдүү	køŋyldyy
alegria (f)	көңүлдүүлүк	køŋyldyylyk

sorriso (m)	жылмайыш	dʒɪlmajɪʃ
sorrir (vi)	жылмаюу	dʒɪlmadʒuu
começar a rir	күлүп жиберүү	kylyp dʒiberyy
rir (vi)	күлүү	kylyy
riso (m)	күлкү	kylky

anedota (f)	күлкүлүү окуя	kylkylyy okuja
engraçado	күлкүлүү	kylkylyy
ridículo	кызык	kɪzɪk

brincar, fazer piadas	тамашалоо	tamaʃaloo
piada (f)	тамаша	tamaʃa
alegria (f)	кубаныч	kubanɪtʃ
regozijar-se (vr)	кубануу	kubanuu
alegre	кубанычтуу	kubanɪtʃtuu

65. Discussão, conversação. Parte 1

comunicação (f)	баарлашуу	baarlaʃuu
comunicar-se (vr)	баарлашуу	baarlaʃuu

conversa (f)	сүйлөшүү	syjløʃyy
diálogo (m)	маек	maek
discussão (f)	талкуу	talkuu
debate (m)	талаш	talaʃ
debater (vt)	талашуу	talaʃuu

interlocutor (m)	аңгемелешкен	aŋgemeleʃken
tema (m)	тема	tema
ponto (m) de vista	көз караш	køz karaʃ
opinião (f)	ой-пикир	oj-pikir

discurso (m)	сөз	søz
discussão (f)	талкуу	talkuu
discutir (vt)	талкуулоо	talkuuloo
conversa (f)	маек	maek
conversar (vi)	маектешүү	maekteʃyy
encontro (m)	жолугушуу	dʒoluguʃuu
encontrar-se (vr)	жолугушуу	dʒoluguʃuu

provérbio (m)	макал-лакап	makal-lakap
ditado (m)	лакап	lakap
adivinha (f)	табышмак	tabıʃmak
dizer uma adivinha	табышмак айтуу	tabıʃmak ajtuu
senha (f)	сырсөз	sırsøz
segredo (m)	сыр	sır

juramento (m)	ант	ant
jurar (vi)	ант берүү	ant beryy
promessa (f)	убада	ubada
prometer (vt)	убада берүү	ubada beryy

conselho (m)	кеңеш	keŋeʃ
aconselhar (vt)	кеңеш берүү	keŋeʃ beryy
seguir o conselho	кеңешин жолдоо	keŋeʃin dʒoldoo
escutar (~ os conselhos)	угуу	uguu

novidade, notícia (f)	жаңылык	dʒaŋılık
sensação (f)	дүң салуу	dyŋ saluu
informação (f)	маалымат	maalımat
conclusão (f)	корутунду	korutundu
voz (f)	үн	yn
elogio (m)	мактоо	maktoo
amável	сылык	sılık

palavra (f)	сөз	søz
frase (f)	сүйлөм	syjløm
resposta (f)	жооп	dʒoop

verdade (f)	чындык	tʃındık
mentira (f)	жалган	dʒalgan

pensamento (m)	ой	oj
ideia (f)	ой	oj
fantasia (f)	ойдон чыгаруу	ojdon tʃıgaruu

66. Discussão, conversação. Parte 2

estimado	урматтуу	urmattuu
respeitar (vt)	сыйлоо	sıjloo
respeito (m)	урмат	urmat
Estimado ..., Caro ...	Урматтуу ...	urmattuu ...

apresentar (vt)	тааныштыруу	taanıʃtıruu
travar conhecimento	таанышуу	taanıʃuu
intenção (f)	ниет	niet

tencionar (vt)	ниеттенүү	niettenyy
desejo (m)	каалоо	kaaloo
desejar (ex. ~ boa sorte)	каалоо айтуу	kaaloo ajtuu

surpresa (f)	таңгалыч	taŋgalıʧ
surpreender (vt)	таң калтыруу	taŋ kaltıruu
surpreender-se (vr)	таң калуу	taŋ kaluu

dar (vt)	берүү	beryy
pegar (tomar)	алуу	aluu
devolver (vt)	кайтарып берүү	kajtarıp beryy
retornar (vt)	кайра берүү	kajra beryy

desculpar-se (vr)	кечирим суроо	ketʃirim suroo
desculpa (f)	кечирим	ketʃirim
perdoar (vt)	кечирүү	ketʃiryy

falar (vi)	сүйлөшүү	syjløʃyy
escutar (vt)	угуу	uguu
ouvir até o fim	кулак салуу	kulak saluu
compreender (vt)	түшүнүү	tyʃynyy
mostrar (vt)	көрсөтүү	kørsøtyy
olhar para ...	... кароо	... karoo
chamar (dizer em voz alta o nome)	чакыруу	ʧakıruu
distrair (vt)	тынчын алуу	tınʧın aluu
perturbar (vt)	тынчын алуу	tınʧın aluu
entregar (~ em mãos)	узатып коюу	uzatıp kojʉu

pedido (m)	сураныч	suranıʧ
pedir (ex. ~ ajuda)	суроо	suroo
exigência (f)	талап	talap
exigir (vt)	талап кылуу	talap kıluu

chamar nomes (vt)	кыжырына тийүү	kıdʒırına tijyy
zombar (vt)	шылдыңдоо	ʃıldıŋdoo
zombaria (f)	шылдың	ʃıldıŋ
alcunha (f)	лакап ат	lakap at

insinuação (f)	кыйытма	kıjıtma
insinuar (vt)	кыйытып айтуу	kıjıtıp aytuu
subentender (vt)	билдирүү	bildiryy

descrição (f)	сүреттөө	syrøttøø
descrever (vt)	сүреттөп берүү	syrøttøp beryy
elogio (m)	алкыш	alkıʃ
elogiar (vt)	мактоо	maktoo

desapontamento (m)	көңүлү калуу	køŋyly kaluu
desapontar (vt)	көңүлүн калтыруу	køŋylyn kaltıruu
desapontar-se (vr)	көңүл калуу	køŋyl kaluu

suposição (f)	божомол	bodʒomol
supor (vt)	божомолдоо	bodʒomoldoo
advertência (f)	эскертүү	eskertyy
advertir (vt)	эскертүү	eskertyy

67. Discussão, conversação. Parte 3

convencer (vt)	көндүрүү	køndyryy
acalmar (vt)	тынчтандыруу	tıntʃtandıruu
silêncio (o ~ é de ouro)	жымжырт	dʒımdʒırt
ficar em silêncio	унчукпоо	untʃukpoo
sussurrar (vt)	шыбыроо	ʃıbıroo
sussurro (m)	шыбыр	ʃıbır
francamente	ачык айтканда	atʃık ajtkanda
a meu ver ...	менин оюмча ...	menin ojʉmtʃa ...
detalhe (~ da história)	ийне-жиби	ijne-dʒibi
detalhado	тетиктелген	tetiktelgen
detalhadamente	тетикке чейин	tetikke tʃejin
dica (f)	четин чыгаруу	tʃetin tʃıgaruu
dar uma dica	четин чыгаруу	tʃetin tʃıgaruu
olhar (m)	көз	køz
dar uma vista de olhos	карап коюу	karap kojʉu
fixo (olhar ~)	тиктеген	tiktegen
piscar (vi)	көз ирмөө	køz irmøø
pestanejar (vt)	көз кысуу	køz kısuu
acenar (com a cabeça)	баш ийкөө	baʃ ijkøø
suspiro (m)	дем чыгаруу	dem tʃıgaruu
suspirar (vi)	дем алуу	dem aluu
estremecer (vi)	селт этүү	selt etyy
gesto (m)	жаңсоо	dʒaŋsoo
tocar (com as mãos)	тийип кетүү	tijip ketyy
agarrar (~ pelo braço)	кармоо	karmoo
bater de leve	таптоо	taptoo
Cuidado!	Абайлагыла!	abajlagıla!
A sério?	Чын элеби?!	tʃın elebi?!
Tem certeza?	Жаңылган жоксуңбу?	dʒaŋılgan dʒoksuŋbu?
Boa sorte!	Ийгилик!	ijgilik!
Compreendi!	Түшүнүктүү!	tyʃynyktyy!
Que pena!	Кап!	kap!

68. Acordo. Recusa

consentimento (~ mútuo)	макулдук	makulduk
consentir (vi)	макул болуу	makul boluu
aprovação (f)	колдоо	koldoo
aprovar (vt)	колдоо	koldoo
recusa (f)	баш тартуу	baʃ tartuu
negar-se (vt)	баш тартуу	baʃ tartuu
Está ótimo!	Эң жакшы!	eŋ dʒakʃı!
Muito bem!	Жакшы!	dʒakʃı!

Está bem! De acordo!	Макул!	makul!
proibido	тыюу салынган	tıjuu salıngan
é proibido	болбойт	bolbojt
é impossível	мүмкүн эмес	mymkyn emes
incorreto	туура эмес	tuura emes

rejeitar (~ um pedido)	четке кагуу	ʧetke kaguu
apoiar (vt)	колдоо	koldoo
aceitar (desculpas, etc.)	кабыл алуу	kabıl aluu

confirmar (vt)	ырастоо	ırastoo
confirmação (f)	ырастоо	ırastoo
permissão (f)	уруксат	uruksat
permitir (vt)	уруксат берүү	uruksat beryy
decisão (f)	чечим	ʧeʧim
não dizer nada	үнчукпоо	unʧukpoo

condição (com uma ~)	шарт	ʃart
pretexto (m)	шылтоо	ʃıltoo
elogio (m)	алкыш	alkıʃ
elogiar (vt)	мактоо	maktoo

69. Sucesso. Boa sorte. Insucesso

êxito, sucesso (m)	ийгилик	ijgilik
com êxito	ийгиликтүү	ijgiliktyy
bem sucedido	ийгиликтүү	ijgiliktyy

sorte (fortuna)	жол болуу	dʒol boluu
Boa sorte!	Ийгилик!	ijgilik!
de sorte	ийгиликтүү	ijgiliktyy
sortudo, felizardo	жолу бар	dʒolu bar
fracasso (m)	жолу болбостук	dʒolu bolbostuk
pouca sorte (f)	жолу болбостук	dʒolu bolbostuk
azar (m), má sorte (f)	жолу болбоо	dʒolu bolboo
mal sucedido	жолу болбогон	dʒolu bolbogon
catástrofe (f)	киши көрбөсүн	kiʃi kørbøsyn

orgulho (m)	сыймык	sıjmık
orgulhoso	көтөрүнгөн	køtøryngøn
estar orgulhoso	сыймыктануу	sıjmıktanuu
vencedor (m)	жеңүүчү	dʒeŋyyʧy
vencer (vi)	жеңүү	dʒeŋyy
perder (vt)	жеңилүү	dʒeŋilyy
tentativa (f)	аракет	araket
tentar (vt)	аракет кылуу	araket kıluu
chance (m)	мүмкүнчүлүк	mymkynʧylyk

70. Conflitos. Emoções negativas

| grito (m) | кыйкырык | kıjkırık |
| gritar (vi) | кыйкыруу | kıjkıruu |

começar a gritar	кыйкырып алуу	kıjkırıp aluu
discussão (f)	уруш	uruʃ
discutir (vt)	урушуу	uruʃuu
escândalo (m)	чатак	tʃatak
criar escândalo	чатакташуу	tʃataktaʃuu
conflito (m)	чыр-чатак	tʃır-tʃatak
mal-entendido (m)	түшүнбөстүк	tyʃynbøstyk

insulto (m)	кордоо	kordoo
insultar (vt)	кемсинтүү	kemsintyy
insultado	катуу тийген	katuu tijgen
ofensa (f)	таарыныч	taarınıtʃ
ofender (vt)	көңүлгө тийүү	køŋylgø tijyy
ofender-se (vr)	таарынып калуу	taarınıp kaluu

indignação (f)	нааразылык	naarazılık
indignar-se (vr)	нааразы болуу	naarazı boluu
queixa (f)	арыз	arız
queixar-se (vr)	арыздануу	arızdanuu

desculpa (f)	кечирим	ketʃirim
desculpar-se (vr)	кечирим суроо	ketʃirim suroo
pedir perdão	кечирим суроо	ketʃirim suroo

crítica (f)	сын-пикир	sın-pikir
criticar (vt)	сындоо	sındoo
acusação (f)	айыптоо	ajıptoo
acusar (vt)	айыптоо	ajıptoo

| vingança (f) | өч алуу | øtʃ aluu |
| vingar (vt) | өч алуу | øtʃ aluu |

desprezo (m)	киши катары көрбөө	kiʃi katarı kørbøø
desprezar (vt)	киши катарына албоо	kiʃi katarına alboo
ódio (m)	жек көрүү	dʒek køryy
odiar (vt)	жек көрүү	dʒek køryy

nervoso	тынчы кеткен	tıntʃı ketken
estar nervoso	тынчы кетүү	tıntʃı ketyy
zangado	ачууланган	atʃuulangan
zangar (vt)	ачуусун келтирүү	atʃuusun keltiryy

humilhação (f)	кемсинтүү	kemsintyy
humilhar (vt)	кемсинтүү	kemsintyy
humilhar-se (vr)	байкуш болуу	bajkuʃ boluu

| choque (m) | дендирөө | dendirøø |
| chocar (vt) | дендиретүү | dendiretyy |

| aborrecimento (m) | жагымсыз жагдай | dʒagımsız dʒagdaj |
| desagradável | жагымсыз | dʒagımsız |

medo (m)	коркунуч	korkunutʃ
terrível (tempestade, etc.)	каардуу	kaarduu
assustador (ex. história ~a)	коркунучтуу	korkunutʃtuu
horror (m)	үрөй учуу	yrøj utʃuu

horrível (crime, etc.)	үрей учуруу	yrøj utʃuruu
começar a tremer	калтырап баштоо	kaltırap baʃtoo
chorar (vi)	ыйлоо	ıjloo
começar a chorar	ыйлап жиберүү	ıjlap dʒiberyy
lágrima (f)	көз жаш	køz dʒaʃ

falta (f)	күнөө	kynøø
culpa (f)	күнөө сезими	kynøø sezimi
desonra (f)	уят	ujat
protesto (m)	нааразылык	naarazılık
stresse (m)	бушайман болуу	buʃajman boluu

perturbar (vt)	тынчын алуу	tıntʃın aluu
zangar-se com ...	жини келүү	dʒini kelyy
zangado	ачуулуу	atʃuuluu
terminar (vt)	токтотуу	toktotuu
praguejar	урушуу	uruʃuu

assustar-se	чоочуу	tʃootʃuu
golpear (vt)	уруу	uruu
brigar (na rua, etc.)	мушташуу	muʃtaʃuu

resolver (o conflito)	жөндөө	dʒøndøø
descontente	нааразы	naarazı
furioso	жаалданган	dʒaaldangan

| Não está bem! | Бул жакшы эмес! | bul dʒakʃı emes! |
| É mau! | Бул жаман! | bul dʒaman! |

Medicina

71. Doenças

doença (f)	оору	ooru
estar doente	ооруу	ooruu
saúde (f)	ден-соолук	den-sooluk
nariz (m) a escorrer	мурдунан суу агуу	murdunan suu aguu
amigdalite (f)	ангина	angina
constipação (f)	суук тийүү	suuk tijyy
constipar-se (vr)	суук тийгизип алуу	suuk tijgizip aluu
bronquite (f)	бронхит	bronχit
pneumonia (f)	кабыргадан сезгенүү	kabırgadan sezgenyy
gripe (f)	сасык тумоо	sasık tumoo
míope	алыстан көрө албоо	alıstan körö alboo
presbita	жакындан көрө албоо	dʒakından körø alboo
estrabismo (m)	кылый көздүүлүк	kılıj køzdyylyk
estrábico	кылый көздүүлүк	kılıj køzdyylyk
catarata (f)	челкөз	tʃelkøz
glaucoma (m)	глаукома	glaukoma
AVC (m), apoplexia (f)	мээге кан куюлуу	meege kan kujuluu
ataque (m) cardíaco	инфаркт	infarkt
enfarte (m) do miocárdio	инфаркт миокарда	infarkt miokarda
paralisia (f)	шал	ʃal
paralisar (vt)	шал болуу	ʃal boluu
alergia (f)	аллергия	allergija
asma (f)	астма	astma
diabetes (f)	диабет	diabet
dor (f) de dentes	тиш оорусу	tiʃ oorusu
cárie (f)	кариес	karies
diarreia (f)	ич өткү	itʃ øtky
prisão (f) de ventre	ич катуу	itʃ katuu
desarranjo (m) intestinal	ич бузулгандык	itʃ buzulgandık
intoxicação (f) alimentar	ууланүу	uulanuu
intoxicar-se	ууланүу	uulanuu
artrite (f)	артрит	artrit
raquitismo (m)	итий	itij
reumatismo (m)	кызыл жүгүрүк	kızıl dʒygyryk
arteriosclerose (f)	атеросклероз	ateroskleroz
gastrite (f)	карын сезгенүүсу	karın sezgenyysu
apendicite (f)	аппендицит	appenditsit

| colecistite (f) | холецистит | χoletsistit |
| úlcera (f) | жара | dʒara |

sarampo (m)	кызылча	kızıltʃa
rubéola (f)	кызамык	kızamık
icterícia (f)	сарык	sarık
hepatite (f)	гепатит	gepatit

esquizofrenia (f)	шизофрения	ʃizofrenija
raiva (f)	кутурма	kuturma
neurose (f)	невроз	nevroz
comoção (f) cerebral	мээнин чайкалышы	meenin tʃajkalıʃı

cancro (m)	рак	rak
esclerose (f)	склероз	skleroz
esclerose (f) múltipla	жайылган склероз	dʒajılgan skleroz

alcoolismo (m)	аракечтик	araketʃtik
alcoólico (m)	аракеч	araketʃ
sífilis (f)	котон жара	koton dʒara
SIDA (f)	СПИД	spid

tumor (m)	шишик	ʃiʃik
maligno	залалдуу	zalalduu
benigno	залалсыз	zalalsız

febre (f)	безгек	bezgek
malária (f)	безгек	bezgek
gangrena (f)	кабыз	kabız
enjoo (m)	деңиз оорусу	deŋiz oorusu
epilepsia (f)	талма	talma

epidemia (f)	эпидемия	epidemija
tifo (m)	келте	kelte
tuberculose (f)	кургак учук	kurgak utʃuk
cólera (f)	холера	χolera
peste (f)	кара тумоо	kara tumoo

72. Sintomas. Tratamentos. Parte 1

sintoma (m)	белги	belgi
temperatura (f)	дене табынын көтөрүлүшү	dene tabının køtørylyʃy
febre (f)	жогорку температура	dʒogorku temperatura
pulso (m)	тамыр кагышы	tamır kagıʃı

vertigem (f)	баш айлануу	baʃ ajlanuu
quente (testa, etc.)	ысык	ısık
calafrio (m)	чыйрыгуу	tʃijrıguu
pálido	купкуу	kupkuu

tosse (f)	жөтөл	dʒøtøl
tossir (vi)	жөтөлүү	dʒøtølyy
espirrar (vi)	чүчкүрүү	tʃytʃkyryy

| desmaio (m) | эси оо | esi oo |
| desmaiar (vi) | эси ооп жыгылуу | esi oop dʒıgıluu |

nódoa (f) negra	көк-ала	køk-ala
galo (m)	шишик	ʃiʃik
magoar-se (vr)	урунуп алуу	urunup aluu
pisadura (f)	көгөртүп алуу	køgørtyp aluu
aleijar-se (vr)	көгөртүп алуу	køgørtyp aluu

coxear (vi)	аксоо	aksoo
deslocação (f)	муундун чыгып кетүүсү	muundun tʃıgıp ketyysy
deslocar (vt)	чыгарып алуу	tʃıgarıp aluu
fratura (f)	сынуу	sınuu
fraturar (vt)	сындырып алуу	sındırıp aluu

corte (m)	кесилген жер	kesilgen dʒer
cortar-se (vr)	кесип алуу	kesip aluu
hemorragia (f)	кан кетүү	kan ketyy

| queimadura (f) | күйүк | kyjyk |
| queimar-se (vr) | күйгүзүп алуу | kyjgyzyp aluu |

picar (vt)	саюу	sajuu
picar-se (vr)	сайып алуу	sajıp aluu
lesionar (vt)	кокустатып алуу	kokustatıp aluu
lesão (m)	кокустатып алуу	kokustatıp aluu
ferida (f), ferimento (m)	жара	dʒara
trauma (m)	жаракат	dʒarakat

delirar (vi)	жөлүү	dʒølyy
gaguejar (vi)	кекечтенүү	keketʃtenyy
insolação (f)	күн өтүү	kyn øtyy

73. Sintomas. Tratamentos. Parte 2

| dor (f) | оору | ooru |
| farpa (no dedo) | тикен | tiken |

suor (m)	тер	ter
suar (vi)	тердөө	terdøø
vómito (m)	кусуу	kusuu
convulsões (f pl)	тарамыш карышуусу	taramıʃ karıʃuusu

grávida	кош бойлуу	koʃ bojluu
nascer (vi)	төрөлүү	tørølyy
parto (m)	төрөт	tørøt
dar à luz	төрөө	tørøø
aborto (m)	бойдон түшүрүү	bojdon tyʃyryy

respiração (f)	дем алуу	dem aluu
inspiração (f)	дем алуу	dem aluu
expiração (f)	дем чыгаруу	dem tʃıgaruu
expirar (vi)	дем чыгаруу	dem tʃıgaruu
inspirar (vi)	дем алуу	dem aluu

inválido (m)	майып	majıp
aleijado (m)	мунжу	mundʒu
toxicodependente (m)	баңги	baŋgi

surdo	дүлөй	dyløj
mudo	дудук	duduk
surdo-mudo	дудук	duduk

louco (adj.)	жин тийген	dʒin tijgen
louco (m)	жинди чалыш	dʒindi ʧalıʃ
louca (f)	жинди чалыш	dʒindi ʧalıʃ
ficar louco	мээси айныган	meesi ajnıgan

gene (m)	ген	gen
imunidade (f)	иммунитет	immunitet
hereditário	тукум куучулук	tukum kuuʧuluk
congénito	тубаса	tubasa

vírus (m)	вирус	virus
micróbio (m)	микроб	mikrob
bactéria (f)	бактерия	bakterija
infeção (f)	жугуштуу илдет	dʒuguʃtuu ildet

74. Sintomas. Tratamentos. Parte 3

| hospital (m) | оорукана | oorukana |
| paciente (m) | бейтап | bejtap |

diagnóstico (m)	дарт аныктоо	dart anıktoo
cura (f)	дарылоо	darıloo
tratamento (m) médico	дарылоо	darıloo
curar-se (vr)	дарылануу	darılanuu
tratar (vt)	дарылоо	darıloo
cuidar (pessoa)	кароо	karoo
cuidados (m pl)	кароо	karoo

operação (f)	операция	operatsija
enfaixar (vt)	жараны таңуу	dʒaranı taŋuu
enfaixamento (m)	таңуу	taŋuu

vacinação (f)	эмдөө	emdøø
vacinar (vt)	эмдөө	emdøø
injeção (f)	ийне салуу	ijne saluu
dar uma injeção	ийне сайдыруу	ijne sajdıruu

ataque (~ de asma, etc.)	оору кармап калуу	ooru karmap kaluu
amputação (f)	кесүү	kesyy
amputar (vt)	кесип таштоо	kesip taʃtoo
coma (f)	кома	koma
estar em coma	комада болуу	komada boluu
reanimação (f)	реанимация	reanimatsija

| recuperar-se (vr) | сакаюу | sakajuu |
| estado (~ de saúde) | абал | abal |

| consciência (f) | эсинде | esinde |
| memória (f) | эс тутум | es tutum |

tirar (vt)	тишти жулуу	tiʃti dʒuluu
chumbo (m), obturação (f)	пломба	plomba
chumbar, obturar (vt)	пломба салуу	plomba saluu

| hipnose (f) | гипноз | gipnoz |
| hipnotizar (vt) | гипноз кылуу | gipnoz kıluu |

75. Médicos

médico (m)	доктур	doktur
enfermeira (f)	медсестра	medsestra
médico (m) pessoal	жекелик доктур	dʒekelik doktur

dentista (m)	тиш доктур	tiʃ doktur
oculista (m)	көз доктур	køz doktur
terapeuta (m)	терапевт	terapevt
cirurgião (m)	хирург	χirurg

psiquiatra (m)	психиатр	psiχiatr
pediatra (m)	педиатр	pediatr
psicólogo (m)	психолог	psiχolog
ginecologista (m)	гинеколог	ginekolog
cardiologista (m)	кардиолог	kardiolog

76. Medicina. Drogas. Acessórios

medicamento (m)	дары-дармек	darı-darmek
remédio (m)	дары	darı
receitar (vt)	жазып берүү	dʒazıp beryy
receita (f)	рецепт	reʦept

comprimido (m)	таблетка	tabletka
pomada (f)	май	maj
ampola (f)	ампула	ampula
preparado (m)	аралашма	aralaʃma
xarope (m)	сироп	sirop
cápsula (f)	пилюля	pilülʲa
remédio (m) em pó	күкүм	kykym

ligadura (f)	бинт	bint
algodão (m)	пахта	paχta
iodo (m)	йод	jod

penso (m) rápido	лейкопластырь	lejkoplastırʲ
conta-gotas (m)	дары тамызгыч	darı tamızgıʧ
termómetro (m)	градусник	gradusnik
seringa (f)	шприц	ʃpriʦ
cadeira (f) de rodas	майып арабасы	majıp arabası
muletas (f pl)	колтук таяк	koltuk tajak

analgésico (m)	оору сездирбөөчү дары	ooru sezdirbøøʧy darı
laxante (m)	ич алдыруучу дары	iʧ aldıruutʃu darı
álcool (m) etílico	спирт	spirt
ervas (f pl) medicinais	дары чөптөр	darı ʧøptør
de ervas (chá ~)	чөп чайы	ʧøp ʧajı

77. Fumar. Produtos tabágicos

tabaco (m)	тамеки	tameki
cigarro (m)	чылым	ʧılım
charuto (m)	чылым	ʧılım
cachimbo (m)	трубка	trubka
maço (~ de cigarros)	пачке	patʃke

fósforos (m pl)	ширеӊке	ʃireŋke
caixa (f) de fósforos	ширеӊке кутусу	ʃireŋke kutusu
isqueiro (m)	зажигалка	zadʒigalka
cinzeiro (m)	күл салгыч	kyl salgıʧ
cigarreira (f)	портсигар	portsigar

boquilha (f)	мундштук	mundʃtuk
filtro (m)	фильтр	filʲtr

fumar (vi, vt)	тамеки тартуу	tameki tartuu
acender um cigarro	күйгүзүп алуу	kyjgyzyp aluu
tabagismo (m)	чылым чегүү	ʧılım ʧegyy
fumador (m)	тамекичи	tamekiʧi

beata (f)	чылым калдыгы	ʧılım kaldıgı
fumo (m)	түтүн	tytyn
cinza (f)	күл	kyl

HABITAT HUMANO

Cidade

78. Cidade. Vida na cidade

cidade (f)	шаар	ʃaar
capital (f)	борбор	borbor
aldeia (f)	кыштак	kıʃtak
mapa (m) da cidade	шаардын планы	ʃaardın planı
centro (m) da cidade	шаардын борбору	ʃaardın borboru
subúrbio (m)	шаардын чет жакасы	ʃaardın tʃet dʒakası
suburbano	шаардын чет жакасындагы	ʃaardın tʃet dʒakasındagı
periferia (f)	чет-жака	tʃet-dʒaka
arredores (m pl)	чет-жака	tʃet-dʒaka
quarteirão (m)	квартал	kvartal
quarteirão (m) residencial	турак-жай кварталы	turak-dʒaj kvartalı
tráfego (m)	кече кыймылы	køtʃø kıjmılı
semáforo (m)	светофор	svetofor
transporte (m) público	шаар транспорту	ʃaar transportu
cruzamento (m)	кесилиш	kesiliʃ
passadeira (f)	жөө жүрүүчүлөр жолу	dʒøø dʒyryytʃylør dʒolu
passagem (f) subterrânea	жер астындагы жол	dʒer astındagı dʒol
cruzar, atravessar (vt)	жолду өтүү	dʒoldu øtyy
peão (m)	жөө жүрүүчү	dʒøø dʒyryytʃy
passeio (m)	жанжол	dʒandʒol
ponte (f)	көпүрө	køpyrø
margem (f) do rio	жээк жол	dʒeek dʒol
fonte (f)	фонтан	fontan
alameda (f)	аллея	alleja
parque (m)	сейил багы	sejil bagı
bulevar (m)	бульвар	bulʲvar
praça (f)	аянт	ajant
avenida (f)	проспект	prospekt
rua (f)	көче	køtʃø
travessa (f)	чолок көче	tʃolok køtʃø
beco (m) sem saída	туюк көче	tujuk køtʃø
casa (f)	үй	yj
edifício, prédio (m)	имарат	imarat
arranha-céus (m)	көк тиреген көп кабаттуу үй	køk tiregen køp kabattuu yj

fachada (f)	үйдүн алды	yjdyn aldı
telhado (m)	чатыр	tʃatır
janela (f)	терезе	tereze
arco (m)	түркүк	tyrkyk
coluna (f)	мамы	mamı
esquina (f)	бурч	burtʃ

montra (f)	көрсөтмө айнек үкэк	kørsøtmø ajnek ykøk
letreiro (m)	көрнөк	kørnøk
cartaz (m)	афиша	afiʃa
cartaz (m) publicitário	көрнөк-жарнак	kørnøk-dʒarnak
painel (m) publicitário	жарнамалык такта	dʒarnamalık takta

lixo (m)	таштанды	taʃtandı
cesta (f) do lixo	таштанды челек	taʃtandı tʃelek
jogar lixo na rua	таштоо	taʃtoo
aterro (m) sanitário	таштанды үйүлгөн жер	taʃtandı yjylgøn dʒer

cabine (f) telefónica	телефон будкасы	telefon budkası
candeeiro (m) de rua	чырак мамы	tʃırak mamı
banco (m)	отургуч	oturgutʃ

polícia (m)	полиция кызматкери	politsija kızmatkeri
polícia (instituição)	полиция	politsija
mendigo (m)	кайырчы	kajırtʃı
sem-abrigo (m)	селсаяк	selsajak

79. Instituições urbanas

loja (f)	дүкөн	dykøn
farmácia (f)	дарыкана	darıkana
ótica (f)	оптика	optika
centro (m) comercial	соода борбору	sooda borboru
supermercado (m)	супермаркет	supermarket

padaria (f)	нан дүкөнү	nan dykøny
padeiro (m)	навайчы	navajtʃı
pastelaria (f)	кондитердик дүкөн	konditerdik dykøn
mercearia (f)	азык-түлүк	azık-tylyk
talho (m)	эт дүкөнү	et dykøny

loja (f) de legumes	жашылча дүкөнү	dʒaʃıltʃa dykøny
mercado (m)	базар	bazar

café (m)	кофекана	kofekana
restaurante (m)	ресторан	restoran
bar (m), cervejaria (f)	сыракана	sırakana
pizzaria (f)	пиццерия	pitserija

salão (m) de cabeleireiro	чач тарач	tʃatʃ taratʃ
correios (m pl)	почта	potʃta
lavandaria (f)	химиялык тазалоо	ximijalık tazaloo
estúdio (m) fotográfico	фотоателье	fotoatelje
sapataria (f)	бут кийим дүкөнү	but kijim dykøny

| livraria (f) | китеп дүкөнү | kitep dykøny |
| loja (f) de artigos de desporto | спорт буюмдар дүкөнү | sport bujumdar dykøny |

reparação (f) de roupa	кийим ондоочу жай	kijim ondootʃu dʒaj
aluguer (m) de roupa	кийимди ижарага берүү	kijimdi idʒaraga beryy
aluguer (m) de filmes	тасмаларды ижарага берүү	tasmalardı idʒaraga beryy

circo (m)	цирк	tsırk
jardim (m) zoológico	зоопарк	zoopark
cinema (m)	кинотеатр	kinoteatr
museu (m)	музей	muzej
biblioteca (f)	китепкана	kitepkana

teatro (m)	театр	teatr
ópera (f)	опера	opera
clube (m) noturno	түнкү клуб	tynky klub
casino (m)	казино	kazino

mesquita (f)	мечит	metʃit
sinagoga (f)	синагога	sinagoga
catedral (f)	чоң чиркөө	tʃoŋ tʃirkøø
templo (m)	ибадаткана	ibadatkana
igreja (f)	чиркөө	tʃirkøø

instituto (m)	коллеж	kolledʒ
universidade (f)	университет	universitet
escola (f)	мектеп	mektep

prefeitura (f)	префектура	prefektura
câmara (f) municipal	мэрия	merija
hotel (m)	мейманкана	mejmankana
banco (m)	банк	bank

embaixada (f)	элчилик	eltʃilik
agência (f) de viagens	турагенттиги	turagenttigi
agência (f) de informações	маалымат бюросу	maalımat burosu
casa (f) de câmbio	алмаштыруу пункту	almaʃtıruu punktu

| metro (m) | метро | metro |
| hospital (m) | оорукана | oorukana |

| posto (m) de gasolina | май куюучу станция | maj kujuutʃu stantsija |
| parque (m) de estacionamento | унаа токтоочу жай | unaa toktootʃu dʒaj |

80. Sinais

letreiro (m)	көрнөк	kørnøk
inscrição (f)	жазуу	dʒazuu
cartaz, póster (m)	көрнөк	kørnøk
sinal (m) informativo	көрсөткүч	kørsøtkytʃ
seta (f)	жебе	dʒebe
aviso (advertência)	экертме	ekertme
sinal (m) de aviso	эскертүү белгиси	eskertyy belgisi

avisar, advertir (vt)	эскертүү	eskertyy
dia (m) de folga	дем алыш күн	dem alıʃ kyn
horário (m)	ырааттама	ıraattama
horário (m) de funcionamento	иш сааттары	iʃ saattarı

BEM-VINDOS!	КОШ КЕЛИҢИЗДЕР!	koʃ keliŋizder!
ENTRADA	КИРҮҮ	kiryy
SAÍDA	ЧЫГУУ	ʧıguu

EMPURRE	ӨЗҮҢҮЗДӨН ТҮРТҮҢҮЗ	øzyŋyzdøn tyrtyŋyz
PUXE	ӨЗҮҢҮЗГӨ ТАРТЫҢЫЗ	øzyŋyzgø tartıŋız
ABERTO	АЧЫК	atʃık
FECHADO	ЖАБЫК	dʒabık

MULHER	АЙЫМДАР ҮЧҮН	ajımdar yʧyn
HOMEM	ЭРКЕКТЕР ҮЧҮН	erkekter yʧyn

DESCONTOS	АРЗАНДАТУУЛАР	arzandatuular
SALDOS	САТЫП ТҮГӨТҮҮ	satıp tygøtyy
NOVIDADE!	СААМАЛЫК!	saamalık!
GRÁTIS	БЕКЕР	beker

ATENÇÃO!	КӨҢҮЛ БУРУҢУЗ!	køŋyl buruŋuz!
NÃO HÁ VAGAS	ОРУН ЖОК	orun dʒok
RESERVADO	КАМДЫК	kamdık
	БУЙРУТМАЛАГАН	bujrutmalagan

ADMINISTRAÇÃO	АДМИНИСТРАЦИЯ	administratsija
SOMENTE PESSOAL	ЖААМАТ ҮЧҮН ГАНА	dʒaamat yʧyn gana
AUTORIZADO		

CUIDADO CÃO FEROZ	КАБАНААК ИТ	kabanaak it
PROIBIDO FUMAR!	ТАМЕКИ ЧЕГҮҮГӨ	tameki ʧegyygø
	БОЛБОЙТ!	bolbojt!
NÃO TOCAR	КОЛУҢАР МЕНЕН	koluŋar menen
	КАРМАБАГЫЛА!	karmabagıla!

PERIGOSO	КООПТУУ	kooptuu
PERIGO	КОРКУНУЧ	korkunuʧ
ALTA TENSÃO	ЖОГОРКУ ЧЫҢАЛУУ	dʒogorku ʧıŋaluu
PROIBIDO NADAR	СУУГА ТҮШҮҮГӨ	suuga tyʃyygø
	БОЛБОЙТ	bolbojt
AVARIADO	ИШТЕБЕЙТ	iʃtebejt

INFLAMÁVEL	ӨРТ ЧЫГУУ КОРКУНУЧУ	ørt ʧıguu korkunuʧu
PROIBIDO	ТЫЮУ САЛЫНГАН	tıjuu salıngan
ENTRADA PROIBIDA	ӨТҮҮГӨ БОЛБОЙТ	øtyygø bolbojt
CUIDADO TINTA FRESCA	СЫРДАЛГАН	sırdalgan

81. Transportes urbanos

autocarro (m)	автобус	avtobus
elétrico (m)	трамвай	tramvaj
troleicarro (m)	троллейбус	trollejbus

itinerário (m)	каттам	kattam
número (m)	номер	nomer

ir de ... (carro, etc.)	... жүрүү	... dӡyryy
entrar (~ no autocarro)	... отуруу	... oturuu
descer de ...	... түшүп калуу	... tyʃyp kaluu

paragem (f)	аялдама	ajaldama
próxima paragem (f)	кийинки аялдама	kijinki ajaldama
ponto (m) final	акыркы аялдама	akırkı ajaldama
horário (m)	ырааттама	ıraattama
esperar (vt)	күтүү	kytyy

bilhete (m)	билет	bilet
custo (m) do bilhete	билеттин баасы	bilettin baası

bilheteiro (m)	кассир	kassir
controlo (m) dos bilhetes	текшерүү	tekʃeryy
revisor (m)	текшерүүчү	tekʃeryytʃy

atrasar-se (vr)	кечигүү	ketʃigyy
perder (o autocarro, etc.)	кечигип калуу	ketʃigip kaluu
estar com pressa	шашуу	ʃaʃuu

táxi (m)	такси	taksi
taxista (m)	такси айдоочу	taksi ajdootʃu
de táxi (ir ~)	таксиде	takside
praça (f) de táxis	такси токтоочу жай	taksi toktootʃu dӡaj
chamar um táxi	такси чакыруу	taksi tʃakıruu
apanhar um táxi	такси кармоо	taksi karmoo

tráfego (m)	кече кыймылы	køtʃø kıjmılı
engarrafamento (m)	тыгын	tıgın
horas (f pl) de ponta	кызуу маал	kızuu maal
estacionar (vi)	токтотуу	toktotuu
estacionar (vt)	машинаны жайлаштыруу	maʃinanı dӡajlaʃtıruu
parque (m) de estacionamento	унаа токтоочу жай	unaa toktootʃu dӡaj

metro (m)	метро	metro
estação (f)	бекет	beket
ir de metro	метродо жүрүү	metrodo dӡyryy
comboio (m)	поезд	poezd
estação (f)	вокзал	vokzal

82. Turismo

monumento (m)	эстелик	estelik
fortaleza (f)	чеп	tʃep
palácio (m)	сарай	saraj
castelo (m)	сепил	sepil
torre (f)	мунара	munara
mausoléu (m)	күмбөз	kymbøz
arquitetura (f)	архитектура	arχitektura
medieval	орто кылымдык	orto kılımdık

antigo	байыркы	bajırkı
nacional	улуттук	uluttuk
conhecido	тaанымал	taanımal

turista (m)	турист	turist
guia (pessoa)	гид	gid
excursão (f)	экскурсия	ekskursija
mostrar (vt)	көрсөтүү	kørsøtyy
contar (vt)	айтып берүү	ajtıp beryy

encontrar (vt)	табуу	tabuu
perder-se (vr)	адашып кетүү	adaʃip ketyy
mapa (~ do metrô)	схема	sχema
mapa (~ da cidade)	план	plan

lembrança (f), presente (m)	асембелек	asembelek
loja (f) de presentes	асембелек дүкөнү	asembelek dykøny
fotografar (vt)	сүрөткө тартуу	syrøtkø tartuu
fotografar-se	сүрөткө түшүү	syrøtkø tyʃyy

83. Compras

comprar (vt)	сатып алуу	satıp aluu
compra (f)	сатып алуу	satıp aluu
fazer compras	сатып алууга чыгуу	satıp aluuga ʧıguu
compras (f pl)	базарчылоо	bazarʧıloo

| estar aberta (loja, etc.) | иштөө | iʃtøø |
| estar fechada | жабылуу | dʒabıluu |

calçado (m)	бут кийим	but kijim
roupa (f)	кийим-кече	kijim-keʧe
cosméticos (m pl)	упа-эндик	upa-endik
alimentos (m pl)	азык-түлүк	azık-tylyk
presente (m)	белек	belek

| vendedor (m) | сатуучу | satuuʧu |
| vendedora (f) | сатуучу кыз | satuuʧu kız |

caixa (f)	касса	kassa
espelho (m)	күзгү	kyzgy
balcão (m)	прилавок	prilavok
cabine (f) de provas	кийим ченөөчү бөлмө	kijim ʧenøøʧy bølmø

provar (vt)	кийим ченөө	kijim ʧenøø
servir (vi)	ылайык келүү	ılajık kelyy
gostar (apreciar)	жактыруу	dʒaktıruu

preço (m)	баа	baa
etiqueta (f) de preço	баа	baa
custar (vt)	туруу	turuu
Quanto?	Канча?	kanʧa?
desconto (m)	арзандатуу	arzandatuu
não caro	кымбат эмес	kımbat emes

barato	арзан	arzan
caro	кымбат	kımbat
É caro	Бул кымбат	bul kımbat

aluguer (m)	ижара	idʒara
alugar (vestidos, etc.)	ижарага алуу	idʒaraga aluu
crédito (m)	насыя	nasıja
a crédito	насыяга алуу	nasıjaga aluu

84. Dinheiro

dinheiro (m)	акча	aktʃa
câmbio (m)	алмаштыруу	almaʃtıruu
taxa (f) de câmbio	курс	kurs
Caixa Multibanco (m)	банкомат	bankomat
moeda (f)	тыйын	tıjın

dólar (m)	доллар	dollar
euro (m)	евро	evro

lira (f)	италиялык лира	italijalık lira
marco (m)	немис маркасы	nemis markası
franco (m)	франк	frank
libra (f) esterlina	фунт стерлинг	funt sterling
iene (m)	йена	jena

dívida (f)	карыз	karız
devedor (m)	карыздар	karızdar
emprestar (vt)	карызга берүү	karızga beryy
pedir emprestado	карызга алуу	karızga aluu

banco (m)	банк	bank
conta (f)	эсеп	esep
depositar (vt)	салуу	saluu
depositar na conta	эсепке акча салуу	esepke aktʃa saluu
levantar (vt)	эсептен акча чыгаруу	esepten aktʃa tʃıgaruu

cartão (m) de crédito	насыя картасы	nasıja kartası
dinheiro (m) vivo	накталай акча	naktalaj aktʃa
cheque (m)	чек	tʃek
passar um cheque	чек жазып берүү	tʃek dʒazıp beryy
livro (m) de cheques	чек китепчеси	tʃek kiteptʃesi

carteira (f)	намыян	namıjan
porta-moedas (m)	капчык	kaptʃık
cofre (m)	сейф	sejf

herdeiro (m)	мураскер	murasker
herança (f)	мурас	muras
fortuna (riqueza)	мүлк	mylk

arrendamento (m)	ижара	idʒara
renda (f) de casa	батир акысы	batir akısı
alugar (vt)	батирге алуу	batirge aluu

preço (m)	баа	baa
custo (m)	баа	baa
soma (f)	сумма	summa

gastar (vt)	коротуу	korotuu
gastos (m pl)	чыгым	ʧɪgɪm
economizar (vi)	үнөмдөө	ynømdøø
económico	сарамжал	saramdʒal

pagar (vt)	төлөө	tøløø
pagamento (m)	акы төлөө	akɪ tøløø
troco (m)	кайтарылган майда акча	kajtarɪlgan majda akʧa

imposto (m)	салык	salɪk
multa (f)	айып	ajɪp
multar (vt)	айып пул салуу	ajɪp pul saluu

85. Correios. Serviço postal

correios (m pl)	почта	potʃta
correio (m)	почта	potʃta
carteiro (m)	кат ташуучу	kat taʃuuʧu
horário (m)	иш сааттары	iʃ saattarɪ

carta (f)	кат	kat
carta (f) registada	тапшырык кат	tapʃɪrɪk kat
postal (m)	открытка	otkrɪtka
telegrama (m)	телеграмма	telegramma
encomenda (f) postal	посылка	posɪlka
remessa (f) de dinheiro	акча которуу	akʧa kotoruu

receber (vt)	алуу	aluu
enviar (vt)	жөнөтүү	dʒønøtyy
envio (m)	жөнөтүү	dʒønøtyy

endereço (m)	дарек	darek
código (m) postal	индекс	indeks
remetente (m)	жөнөтүүчү	dʒønøtyyʧy
destinatário (m)	алуучу	aluuʧu

nome (m)	аты	atɪ
apelido (m)	фамилиясы	familijasɪ

tarifa (f)	тариф	tarif
ordinário	жөнөкөй	dʒønøkøj
económico	үнөмдүү	ynømdyy

peso (m)	салмак	salmak
pesar (estabelecer o peso)	таразалоо	tarazaloo
envelope (m)	конверт	konvert
selo (m)	марка	marka
colar o selo	марка жабыштыруу	marka dʒabɪʃtɪruu

Moradia. Casa. Lar

86. Casa. Habitação

casa (f)	үй	yj
em casa	үйүндө	yjyndø
pátio (m)	эшик	eʃik
cerca (f)	тосмо	tosmo

tijolo (m)	кыш	kıʃ
de tijolos	кыштан	kıʃtan
pedra (f)	таш	taʃ
de pedra	таш	taʃ
betão (m)	бетон	beton
de betão	бетон	beton

novo	жаңы	dʒaŋı
velho	эски	eski
decrépito	эскирген	eskirgen
moderno	заманбап	zamanbap
de muitos andares	көп кабаттуу	køp kabattuu
alto	бийик	bijik

| andar (m) | кабат | kabat |
| de um andar | бир кабаттуу | bir kabat |

| andar (m) de baixo | ылдыйкы этаж | ıldıjkı etadʒ |
| andar (m) de cima | үстүнкү этаж | ystyŋky etadʒ |

| telhado (m) | чатыр | ʧatır |
| chaminé (f) | мор | mor |

telha (f)	чатыр карапа	ʧatır karapa
de telha	карапалуу	karapaluu
sótão (m)	чердак	ʧerdak

| janela (f) | терезе | tereze |
| vidro (m) | айнек | ajnek |

| parapeito (m) | текче | tektʃe |
| portadas (f pl) | терезе жапкычы | tereze dʒapkıʧı |

parede (f)	дубал	dubal
varanda (f)	балкон	balkon
tubo (m) de queda	суу аккан түтүк	suu akkan tytyk

em cima	өйдө	øjdø
subir (~ as escadas)	көтөрүлүү	køtørylyy
descer (vi)	ылдый түшүү	ıldıj tyʃyy
mudar-se (vr)	көчүү	køʧyy

87. Casa. Entrada. Elevador

entrada (f)	подъезд	pod^hjezd
escada (f)	тепкич	tepkitʃ
degraus (m pl)	тепкичтер	tepkitʃter
corrimão (m)	тосмо	tosmo
hall (m) de entrada	холл	χoll
caixa (f) de correio	почта ящиги	potʃta jaʃtʃigi
caixote (m) do lixo	таштанды челеги	taʃtandı tʃelegi
conduta (f) do lixo	таштанды түтүгү	taʃtandı tytygy
elevador (m)	лифт	lift
elevador (m) de carga	жүк ташуучу лифт	dʒyk taʃuutʃu lift
cabine (f)	кабина	kabina
pegar o elevador	лифтке түшүү	liftke tyʃyy
apartamento (m)	батир	batir
moradores (m pl)	жашоочулар	dʒaʃootʃular
vizinho (m)	кошуна	koʃuna
vizinha (f)	кошуна	koʃuna
vizinhos (pl)	кошуналар	koʃunalar

88. Casa. Eletricidade

eletricidade (f)	электр кубаты	elektr kubatı
lâmpada (f)	чырак	tʃırak
interruptor (m)	өчүргүч	øtʃyrgytʃ
fusível (m)	эриме сактагыч	erime saktagıtʃ
fio, cabo (m)	зым	zım
instalação (f) elétrica	электр зымы	elektr zımı
contador (m) de eletricidade	электр эсептегич	elektr eseptegitʃ
indicação (f), registo (m)	көрсөтүү ченем	kørsøtyy tʃenem

89. Casa. Portas. Fechaduras

porta (f)	эшик	eʃik
portão (m)	дарбаза	darbaza
maçaneta (f)	тутка	tutka
destrancar (vt)	кулпусун ачуу	kulpusun atʃuu
abrir (vt)	ачуу	atʃuu
fechar (vt)	жабуу	dʒabuu
chave (f)	ачкыч	atʃkıtʃ
molho (m)	ачкычтар тизмеси	atʃkıtʃtar tizmesi
ranger (vi)	кычыратуу	kıtʃıratuu
rangido (m)	чыйкылдоо	tʃıjkıldoo
dobradiça (f)	петля	petlʲa
tapete (m) de entrada	килемче	kilemtʃe
fechadura (f)	кулпу	kulpu

buraco (m) da fechadura	кулпу тешиги	kulpu teʃigi
ferrolho (m)	бекитме	bekitme
fecho (ferrolho pequeno)	тээк	teek
cadeado (m)	асма кулпу	asma kulpu

tocar (vt)	чалуу	tʃaluu
toque (m)	шыңгыраш	ʃiŋgiraʃ
campainha (f)	конгуроо	konguroo
botão (m)	конгуроо баскычы	konguroo baskɪtʃɪ
batida (f)	такылдатуу	takɪldatuu
bater (vi)	такылдатуу	takɪldatuu

código (m)	код	kod
fechadura (f) de código	код кулпусу	kod kulpusu
telefone (m) de porta	домофон	domofon
número (m)	номер	nomer
placa (f) de porta	тактача	taktatʃa
vigia (f), olho (m) mágico	көзчө	køztʃø

90. Casa de campo

aldeia (f)	кыштак	kɪʃtak
horta (f)	чарбак	tʃarbak
cerca (f)	тосмо	tosmo
paliçada (f)	кашаа	kaʃaa
cancela (f) do jardim	каалга	kaalga

celeiro (m)	кампа	kampa
adega (f)	opoo	oroo
galpão, barracão (m)	сарай	saraj
poço (m)	кудук	kuduk

fogão (m)	меш	meʃ
atiçar o fogo	меш жагуу	meʃ dʒaguu
lenha (carvão ou ~)	отун	otun
acha (lenha)	бир кертим жыгач	bir kertim dʒɪgatʃ

varanda (f)	веранда	veranda
alpendre (m)	терасса	terassa
degraus (m pl) de entrada	босого	bosogo
balouço (m)	селкинчек	selkintʃek

91. Moradia. Mansão

casa (f) de campo	шаар четиндеги үй	ʃaar tʃetindegi yj
vila (f)	вилла	villa
ala (~ do edifício)	канат	kanat

jardim (m)	бакча	baktʃa
parque (m)	сейил багы	sejil bagɪ
estufa (f)	күнөскана	kynøskana
cuidar de ...	кароо	karoo

piscina (f)	бассейн	bassejn
ginásio (m)	машыгуу залы	maʃiguu zalı
campo (m) de ténis	теннис корту	tennis kortu
cinema (m)	кинотеатр	kinoteatr
garagem (f)	гараж	garadʒ

| propriedade (f) privada | жеке менчик | dʒeke mentʃik |
| terreno (m) privado | жеке ээликте | dʒeke eelikte |

| advertência (f) | эскертүү | eskertyy |
| sinal (m) de aviso | эскертүү белгиси | eskertyy belgisi |

guarda (f)	күзөт	kyzøt
guarda (m)	кароолчу	karooltʃu
alarme (m)	сигнализация	signalizatsija

92. Castelo. Palácio

castelo (m)	сепил	sepil
palácio (m)	сарай	saraj
fortaleza (f)	чеп	tʃep
muralha (f)	дубал	dubal
torre (f)	мунара	munara
calabouço (m)	баш мунара	baʃ munara

grade (f) levadiça	көтөрүлүүчү дарбаза	køtørylyytʃy darbaza
passagem (f) subterrânea	жер астындагы жол	dʒer astındagı dʒol
fosso (m)	сепил аңгеги	sepil aŋgegi
corrente, cadeia (f)	чынжыр	tʃindʒır
seteira (f)	атуучу тешик	atuutʃu teʃik

magnífico	сонун	sonun
majestoso	даңазалуу	daŋazaluu
inexpugnável	бекем чеп	bekem tʃep
medieval	орто кылымдык	orto kılımdık

93. Apartamento

apartamento (m)	батир	batir
quarto (m)	бөлмө	bølmø
quarto (m) de dormir	уктоочу бөлмө	uktootʃu bølmø
sala (f) de jantar	ашкана	aʃkana
sala (f) de estar	конок үйү	konok yjy
escritório (m)	иш бөлмөсү	iʃ bølmøsy

antessala (f)	кире бериш	kire beriʃ
quarto (m) de banho	ванная	vannaja
toilette (lavabo)	даараткана	daaratkana

teto (m)	шып	ʃıp
chão, soalho (m)	пол	pol
canto (m)	бурч	burtʃ

85

94. Apartamento. Limpeza

arrumar, limpar (vt)	жыйноо	dʒıjnoo
guardar (no armário, etc.)	жыйноо	dʒıjnoo

pó (m)	чаң	ʧaŋ
empoeirado	чаң баскан	ʧaŋ baskan
limpar o pó	чаң сүртүү	ʧaŋ syrtyy
aspirador (m)	чаң соргуч	ʧaŋ sorguʧ
aspirar (vt)	чаң сордуруу	ʧaŋ sorduruu

varrer (vt)	шыпыруу	ʃıpıruu
sujeira (f)	шыпырынды	ʃıpırındı
arrumação (f), ordem (f)	иреттелген	irettelgen
desordem (f)	чачылган	ʧaʧılgan

esfregão (m)	швабра	ʃvabra
pano (m), trapo (m)	чүпүрөк	ʧypyrøk
vassoura (f)	шыпыргы	ʃıpırgı
pá (f) de lixo	калак	kalak

95. Mobiliário. Interior

mobiliário (m)	эмерек	emerek
mesa (f)	стол	stol
cadeira (f)	стул	stul
cama (f)	керебет	kerebet
divã (m)	диван	divan
cadeirão (m)	олпок отургуч	olpok oturguʧ

estante (f)	китеп шкафы	kitep ʃkafı
prateleira (f)	текче	tekʧe

guarda-vestidos (m)	шкаф	ʃkaf
cabide (m) de parede	кийим илгич	kijim ilgiʧ
cabide (m) de pé	кийим илгич	kijim ilgiʧ

cómoda (f)	комод	komod
mesinha (f) de centro	журнал столу	dʒurnal stolu

espelho (m)	күзгү	kyzgy
tapete (m)	килем	kilem
tapete (m) pequeno	килемче	kilemʧe

lareira (f)	очок	oʧok
vela (f)	шам	ʃam
castiçal (m)	шамдал	ʃamdal

cortinas (f pl)	парда	parda
papel (m) de parede	туш кагаз	tuʃ kagaz
estores (f pl)	жалюзи	dʒaldʒuzi
candeeiro (m) de mesa	стол чырагы	stol ʧıragı
candeeiro (m) de parede	чырак	ʧırak

| candeeiro (m) de pé | торшер | torʃer |
| lustre (m) | асма шам | asma ʃam |

pé (de mesa, etc.)	бут	but
braço (m)	чыканак такооч	tʃıkanak takootʃ
costas (f pl)	желенгуч	dʒøløngytʃ
gaveta (f)	суурма	suurma

96. Quarto de dormir

roupa (f) de cama	шейшеп	ʃejʃep
almofada (f)	жаздык	dʒazdık
fronha (f)	жаздык кап	dʒazdık kap
cobertor (m)	жууркан	dʒuurkan
lençol (m)	шейшеп	ʃejʃep
colcha (f)	жапкыч	dʒapkıtʃ

97. Cozinha

cozinha (f)	ашкана	aʃkana
gás (m)	газ	gaz
fogão (m) a gás	газ плитасы	gaz plitası
fogão (m) elétrico	электр плитасы	elektr plitası
forno (m)	духовка	duχovka
forno (m) de micro-ondas	микротолкун меши	mikrotolkun meʃi

frigorífico (m)	муздаткыч	muzdatkıtʃ
congelador (m)	тоңдургуч	toŋdurgutʃ
máquina (f) de lavar louça	идиш жуучу машина	idiʃ dʒuutʃu maʃina

moedor (m) de carne	эт туурагыч	et tuuragıtʃ
espremedor (m)	шире сыккыч	ʃire sıkkıtʃ
torradeira (f)	тостер	toster
batedeira (f)	миксер	mikser

máquina (f) de café	кофе кайнаткыч	kofe kajnatkıtʃ
cafeteira (f)	кофе кайнатуучу идиш	kofe kajnatuutʃu idiʃ
moinho (m) de café	кофе майдалагыч	kofe majdalagıtʃ

chaleira (f)	чайнек	tʃajnek
bule (m)	чайнек	tʃajnek
tampa (f)	капкак	kapkak
coador (m) de chá	чыпка	tʃıpka

colher (f)	кашык	kaʃık
colher (f) de chá	чай кашык	tʃaj kaʃık
colher (f) de sopa	аш кашык	aʃ kaʃık
garfo (m)	вилка	vilka
faca (f)	бычак	bıtʃak

| louça (f) | идиш-аяк | idiʃ-ajak |
| prato (m) | табак | tabak |

pires (m)	табак	tabak
cálice (m)	рюмка	rumka
copo (m)	ыстакан	ıstakan
chávena (f)	чөйчөк	tʃøjtʃøk

açucareiro (m)	кум шекер салгыч	kum ʃeker salgıtʃ
saleiro (m)	туз салгыч	tuz salgıtʃ
pimenteiro (m)	мурч салгыч	murtʃ salgıtʃ
manteigueira (f)	май салгыч	maj salgıtʃ

panela, caçarola (f)	мискей	miskej
frigideira (f)	табак	tabak
concha (f)	чөмүч	tʃømytʃ
passador (m)	депкир	depkir
bandeja (f)	батыныс	batınıs

garrafa (f)	бөтөлкө	bøtølkø
boião (m) de vidro	банка	banka
lata (f)	банка	banka

abre-garrafas (m)	ачкыч	atʃkıtʃ
abre-latas (m)	ачкыч	atʃkıtʃ
saca-rolhas (m)	штопор	ʃtopor
filtro (m)	чыпка	tʃıpka
filtrar (vt)	чыпкалоо	tʃıpkaloo

| lixo (m) | таштанды | taʃtandı |
| balde (m) do lixo | таштанды чака | taʃtandı tʃaka |

98. Casa de banho

quarto (m) de banho	ванная	vannaja
água (f)	суу	suu
torneira (f)	чорго	tʃorgo
água (f) quente	ысык суу	ısık suu
água (f) fria	муздак суу	muzdak suu

pasta (f) de dentes	тиш пастасы	tiʃ pastası
escovar os dentes	тиш жуу	tiʃ dʒuu
escova (f) de dentes	тиш щёткасы	tiʃ ʃtʃʼotkası

barbear-se (vr)	кырынуу	kırınuu
espuma (f) de barbear	кырынуу үчүн көбүк	kırınuu ytʃyn købyk
máquina (f) de barbear	устара	ustara

lavar (vt)	жуу	dʒuu
lavar-se (vr)	жуунуу	dʒuunuu
duche (m)	душ	duʃ
tomar um duche	душка түшүү	duʃka tyʃyy

banheira (f)	ванна	vanna
sanita (f)	унитаз	unitaz
lavatório (m)	раковина	rakovina
sabonete (m)	самын	samın

saboneteira (f)	самын салгыч	samın salgıtʃ
esponja (f)	губка	gubka
champô (m)	шампунь	ʃampunʲ
toalha (f)	сүлгү	sylgy
roupão (m) de banho	халат	χalat

lavagem (f)	кир жуу	kir dʒuu
máquina (f) de lavar	кир жуучу машина	kir dʒuutʃu maʃina
lavar a roupa	кир жуу	kir dʒuu
detergente (m)	кир жуучу порошок	kir dʒuutʃu poroʃok

99. Eletrodomésticos

televisor (m)	сыналгы	sınalgı
gravador (m)	магнитофон	magnitofon
videogravador (m)	видеомагнитофон	videomagnitofon
rádio (m)	үналгы	ynalgı
leitor (m)	плеер	pleer

projetor (m)	видеопроектор	videoproektor
cinema (m) em casa	үй кинотеатры	yj kinoteatrı
leitor (m) de DVD	DVD ойноткуч	dividi ojnotkutʃ
amplificador (m)	күчөткүч	kytʃøtkytʃ
console (f) de jogos	оюн приставкасы	ojun pristavkası

câmara (f) de vídeo	видеокамера	videokamera
máquina (f) fotográfica	фотоаппарат	fotoapparat
câmara (f) digital	санарип камерасы	sanarip kamerası

aspirador (m)	чаң соргуч	tʃaŋ sorgutʃ
ferro (m) de engomar	үтүк	ytyk
tábua (f) de engomar	үтүктөөчү тактай	ytyktøøtʃy taktaj

telefone (m)	телефон	telefon
telemóvel (m)	мобилдик	mobildik
máquina (f) de escrever	машинка	maʃinka
máquina (f) de costura	кийим тигүүчү машинка	kijim tigyytʃy maʃinka

microfone (m)	микрофон	mikrofon
auscultadores (m pl)	кулакчын	kulaktʃın
controlo remoto (m)	пульт	pulʲt

CD (m)	CD, компакт-диск	sidi, kompakt-disk
cassete (f)	кассета	kasseta
disco (m) de vinil	пластинка	plastinka

100. Reparações. Renovação

renovação (f)	ремонт	remont
renovar (vt), fazer obras	ремонт жасоо	remont dʒasoo
reparar (vt)	оңдоо	oŋdoo
consertar (vt)	иретке келтирүү	iretke keltiryy

refazer (vt)	кайра жасатуу	kajra ʤasatuu
tinta (f)	сыр	sır
pintar (vt)	боео	boeo
pintor (m)	боекчу	boektʃu
pincel (m)	кисть	kistʲ

cal (f)	акиташ	akitaʃ
caiar (vt)	актоо	aktoo

papel (m) de parede	туш кагаз	tuʃ kagaz
colocar papel de parede	туш кагаз менен чаптоо	tuʃ kagaz menen tʃaptoo
verniz (m)	лак	lak
envernizar (vt)	лак менен жабуу	lak menen ʤabuu

101. Canalizações

água (f)	суу	suu
água (f) quente	ысык суу	ısık suu
água (f) fria	муздак суу	muzdak suu
torneira (f)	чорго	tʃorgo

gota (f)	тамчы	tamtʃı
gotejar (vi)	тамчылоо	tamtʃıloo
vazar (vt)	агуу	aguu
vazamento (m)	суу өтүү	suu øtyy
poça (f)	көлчүк	køltʃyk

tubo (m)	түтүк	tytyk
válvula (f)	чорго	tʃorgo
entupir-se (vr)	тыгылуу	tıgıluu

ferramentas (f pl)	аспаптар	aspaptar
chave (f) inglesa	бурама ачкыч	burama atʃkıtʃ
desenroscar (vt)	бурап чыгаруу	burap tʃıgaruu
enroscar (vt)	бурап бекитүү	burap bekityy

desentupir (vt)	тазалоо	tazaloo
canalizador (m)	сантехник	santeχnik
cave (f)	жер асты	ʤer astı
sistema (m) de esgotos	канализация	kanalizatsija

102. Fogo. Deflagração

incêndio (m)	өрт	ørt
chama (f)	жалын	ʤalın
faísca (f)	учкун	utʃkun
fumo (m)	түтүн	tytyn
tocha (f)	шамана	ʃamana
fogueira (f)	от	ot

gasolina (f)	күйүүчү май	kyjyytʃy may
querosene (m)	керосин	kerosin

inflamável	күйүүчү	kyjyytʃy
explosivo	жарылуу коркунучу	dʒarıluu korkunutʃu
PROIBIDO FUMAR!	ТАМЕКИ ЧЕГҮҮГӨ БОЛБОЙТ!	tameki tʃegyygø bolbojt!

segurança (f)	коопсуз	koopsuz
perigo (m)	коркунуч	korkunutʃ
perigoso	кооптуу	kooptuu

incendiar-se (vr)	от алуу	ot aluu
explosão (f)	жарылуу	dʒarıluu
incendiar (vt)	өрттөө	ørttøø
incendiário (m)	өрттөөчү	ørttøøtʃy
incêndio (m) criminoso	өрттөө	ørttøø

arder (vi)	жалындап күйүү	dʒalındap kyjyy
queimar (vi)	күйүү	kyjyy
queimar tudo (vi)	күйүп кетүү	kyjyp ketyy

chamar os bombeiros	өрт өчүргүчтөрдү чакыруу	ørt øtʃyrgytʃtørdy tʃakıruu
bombeiro (m)	өрт өчүргүч	ørt øtʃyrgytʃ
carro (m) de bombeiros	өрт өчүрүүчү машина	ørt øtʃyryytʃy maʃina
corpo (m) de bombeiros	өрт өчүрүү командасы	ørt øtʃyryy komandası
escada (f) extensível	өрт өчүрүүчү шаты	ørt øtʃyryytʃy ʃatı

mangueira (f)	шланг	ʃlang
extintor (m)	өрт өчүргүч	ørt øtʃyrgytʃ
capacete (m)	каска	kaska
sirene (f)	сирена	sirena

gritar (vi)	айгай салуу	ajgaj saluu
chamar por socorro	жардамга чакыруу	dʒardamga tʃakıruu
salvador (m)	куткаруучу	kutkaruutʃu
salvar, resgatar (vt)	куткаруу	kutkaruu

chegar (vi)	келүү	kelyy
apagar (vt)	өчүрүү	øtʃyryy
água (f)	суу	suu
areia (f)	кум	kum

ruínas (f pl)	уранды	urandı
ruir (vi)	уроо	uroo
desmoronar (vi)	кулоо	kuloo
desabar (vi)	урап тушүү	urap tuʃyy

| fragmento (m) | сынык | sınık |
| cinza (f) | күл | kyl |

| sufocar (vi) | тумчугуу | tumtʃuguu |
| perecer (vi) | өлүү | ølyy |

ATIVIDADES HUMANAS

Emprego. Negócios. Parte 1

103. Escritório. O trabalho no escritório

escritório (~ de advogados)	офис	ofis
escritório (do diretor, etc.)	кабинет	kabinet
receção (f)	кабыл алуу катчысы	kabıl aluu katʧısı
secretário (m)	катчы	katʧı
secretária (f)	катчы аял	katʧı ajal
diretor (m)	директор	direktor
gerente (m)	башкарууч	baʃkaruutʃu
contabilista (m)	бухгалтер	buxgalter
empregado (m)	кызматкер	kızmatker
mobiliário (m)	эмерек	emerek
mesa (f)	стол	stol
cadeira (f)	кресло	kreslo
bloco (m) de gavetas	үкөк	ykøk
cabide (m) de pé	кийим илгич	kijim ilgiʧ
computador (m)	компьютер	kompjuter
impressora (f)	принтер	printer
fax (m)	факс	faks
fotocopiadora (f)	көчүрүүчү аппарат	køtʃyryytʃy apparat
papel (m)	кагаз	kagaz
artigos (m pl) de escritório	кеңсе буюмдары	keŋse bujumdarı
tapete (m) de rato	килемче	kilemʧe
folha (f) de papel	баракча	baraktʃa
pasta (f)	папка	papka
catálogo (m)	каталог	katalog
diretório (f) telefónico	абоненттердин тизмеси	abonentterdin tizmesi
documentação (f)	документтер	dokumentter
brochura (f)	китепче	kiteptʃe
flyer (m)	баракча	baraktʃa
amostra (f)	үлгү	ylgy
formação (f)	окутуу	okutuu
reunião (f)	кеңеш	keŋeʃ
hora (f) de almoço	түшкү танапис	tyʃky tanapis
fazer uma cópia	көчүрмө алуу	køtʃyrmø aluu
tirar cópias	көбөйтүү	købøjtyy
receber um fax	факс алуу	faks aluu
enviar um fax	факс жөнөтүү	faks dʒønøtyy

fazer uma chamada	чалуу	ʧaluu
responder (vt)	жооп берүү	dʒoop beryy
passar (vt)	байланыштыруу	bajlanıʃtıruu

marcar (vt)	уюштуруу	ujыʃturuu
demonstrar (vt)	көрсөтүү	kørsøtyy
estar ausente	келбей калуу	kelbej kaluu
ausência (f)	барбай калуу	barbaj kaluu

104. Processos negociais. Parte 1

| negócio (m) | иш | iʃ |
| ocupação (f) | жумуш | dʒumuʃ |

firma, empresa (f)	фирма	firma
companhia (f)	компания	kompanija
corporação (f)	корпорация	korporatsija
empresa (f)	ишкана	iʃkana
agência (f)	агенттик	agenttik

acordo (documento)	келишим	keliʃim
contrato (m)	контракт	kontrakt
acordo (transação)	бүтүм	bytym
encomenda (f)	буйрутма	bujrutma
cláusulas (f pl), termos (m pl)	шарт	ʃart

por grosso (adv)	дүңү менен	dyŋy menen
por grosso (adj)	дүңүнөн	dyŋynøn
venda (f) por grosso	дүң соода	dyŋ sooda
a retalho	чекене	ʧekene
venda (f) a retalho	чекене соода	ʧekene sooda

concorrente (m)	атаандаш	ataandaʃ
concorrência (f)	атаандаштык	ataandaʃtık
competir (vi)	атаандашуу	ataandaʃuu

| sócio (m) | өнөктөш | ønøktøʃ |
| parceria (f) | өнөктөштүк | ønøktøʃtyk |

crise (f)	каатчылык	kaatʧılık
bancarrota (f)	кудуретсиздик	kuduretsizdik
entrar em falência	кудуретсиз калуу	kuduretsiz kaluu
dificuldade (f)	кыйынчылык	kıjınʧılık
problema (m)	көйгөй	køjgøj
catástrofe (f)	киши көрбөсүн	kiʃi kørbøsyn

economia (f)	экономика	ekonomika
económico	экономикалык	ekonomikalık
recessão (f) económica	экономикалык төмөндөө	ekonomikalık tømøndøø

objetivo (m)	максат	maksat
tarefa (f)	маселе	masele
comerciar (vi, vt)	соодалашуу	soodalaʃuu
rede (de distribuição)	тармак	tarmak

| estoque (m) | кампа | kampa |
| sortimento (m) | ассортимент | assortiment |

líder (m)	алдыңкы катардагы	aldıŋkı katardagı
grande (~ empresa)	ири	iri
monopólio (m)	монополия	monopolija

teoria (f)	теория	teorija
prática (f)	тажрыйба	tadʒrıjba
experiência (falar por ~)	тажрыйба	tadʒrıjba
tendência (f)	умтулуу	umtuluu
desenvolvimento (m)	өнүгүү	ønygyy

105. Processos negociais. Parte 2

| rentabilidade (f) | пайда | pajda |
| rentável | майнаптуу | majnaptuu |

delegação (f)	делегация	delegatsija
salário, ordenado (m)	кызмат акы	kızmat akı
corrigir (um erro)	түзөтүү	tyzøtyy
viagem (f) de negócios	иш сапар	iʃ sapar
comissão (f)	комиссия	komissija

controlar (vt)	башкаруу	baʃkaruu
conferência (f)	иш жыйын	iʃ dʒıjın
licença (f)	лицензия	litsenzija
confiável	ишеничтүү	iʃeniʧtyy

empreendimento (m)	демилге	demilge
norma (f)	стандарт	standart
circunstância (f)	жагдай	dʒagdaj
dever (m)	милдет	mildet

empresa (f)	уюм	ujʉm
organização (f)	уюштуруу	ujʉʃturuu
organizado	уюштурулган	ujʉʃturulgan
anulação (f)	токтотуу	toktotuu
anular, cancelar (vt)	жокко чыгаруу	dʒokko ʧıgaruu
relatório (m)	отчет	otʧet

patente (f)	патент	patent
patentear (vt)	патентөө	patentøø
planear (vt)	пландаштыруу	plandaʃtıruu

prémio (m)	сыйлык	sıjlık
profissional	кесипкөй	kesipkøj
procedimento (m)	тартип	tartip

examinar (a questão)	карап чыгуу	karap ʧıguu
cálculo (m)	эсеп-кысап	esep-kısap
reputação (f)	аброй	abroj
risco (m)	тобокел	tobokel
dirigir (~ uma empresa)	башкаруу	baʃkaruu

informação (f)	маалымат	maalımat
propriedade (f)	менчик	mentʃik
união (f)	бирикме	birikme

seguro (m) de vida	жашоону камсыздандыруу	dʒaʃoonu kamsızdandıruu
fazer um seguro	камсыздандыруу	kamsızdandıruu
seguro (m)	камсыздандыруу	kamsızdandıruu

leilão (m)	тоорук	tooruk
notificar (vt)	билдирүү	bildiryy
gestão (f)	башкаруу	baʃkaruu
serviço (indústria de ~s)	кызмат	kızmat

fórum (m)	форум	forum
funcionar (vi)	иш-милдетти аткаруу	iʃ-mildetti atkaruu
estágio (m)	кадам	kadam
jurídico	укуктуу	ukuktuu
jurista (m)	юрист	jʉrist

106. Produção. Trabalhos

usina (f)	завод	zavod
fábrica (f)	фабрика	fabrika
oficina (f)	цех	tseχ
local (m) de produção	өндүрүш	øndyryʃ

indústria (f)	өнөр-жай	ønør-dʒaj
industrial	өнөр-жай	ønør-dʒaj
indústria (f) pesada	оор өнөр-жай	oor ønør-dʒaj
indústria (f) ligeira	жеңил өнөр-жай	dʒeŋil ønør-dʒaj

produção (f)	өндүрүм	øndyrym
produzir (vt)	өндүрүү	øndyryy
matérias-primas (f pl)	чийки зат	tʃijki zat

chefe (m) de brigada	бригадир	brigadir
brigada (f)	бригада	brigada
operário (m)	жумушчу	dʒumuʃtʃu

dia (m) de trabalho	иш күнү	iʃ kyny
pausa (f)	тыныгуу	tınıguu
reunião (f)	чогулуш	tʃoguluʃ
discutir (vt)	талкуулоо	talkuuloo

plano (m)	план	plan
cumprir o plano	планды аткаруу	plandı atkaruu
taxa (f) de produção	иштеп чыгаруу коюму	iʃtep tʃɨgaruu kojumu
qualidade (f)	сапат	sapat
controlo (m)	текшерүү	tekʃeryy
controlo (m) da qualidade	сапат текшерүү	sapat tekʃeryy

| segurança (f) no trabalho | эмгек коопсуздугу | emgek koopsuzdugu |
| disciplina (f) | тартип | tartip |

infração (f)	бузуу	buzuu
violar (as regras)	бузуу	buzuu

greve (f)	ишти калтыруу	iʃti kaltıruu
grevista (m)	иш калтыргыч	iʃ kaltırgıʧ
estar em greve	ишти калтыруу	iʃti kaltıruu
sindicato (m)	профсоюз	profsojʉz

inventar (vt)	ойлоп табуу	ojlop tabuu
invenção (f)	ойлоп табылган нерсе	ojlop tabılgan nerse
pesquisa (f)	изилдөө	izildøø
melhorar (vt)	жакшыртуу	dʒakʃırtuu
tecnologia (f)	технология	teχnologija
desenho (m) técnico	чийме	ʧijme

carga (f)	жүк	dʒyk
carregador (m)	жүк ташуучу	dʒyk taʃuuʧu
carregar (vt)	жүктөө	dʒyktøø
carregamento (m)	жүктөө	dʒyktøø
descarregar (vt)	жүк түшүрүү	dʒyk tyʃuryy
descarga (f)	жүк түшүрүү	dʒyk tyʃyryy

transporte (m)	транспорт	transport
companhia (f) de transporte	транспорттук компания	transporttuk kompanija
transportar (vt)	транспорт менен ташуу	transport menen taʃuu

vagão (m) de carga	вагон	vagon
cisterna (f)	цистерна	tsısterna
camião (m)	жүк ташуучу машина	dʒyk taʃuuʧu maʃina

máquina-ferramenta (f)	станок	stanok
mecanismo (m)	механизм	meχanizm

resíduos (m pl) industriais	таштандылар	taʃtandılar
embalagem (f)	таңгактоо	taŋgaktoo
embalar (vt)	таңгактоо	taŋgaktoo

107. Contrato. Acordo

contrato (m)	контракт	kontrakt
acordo (m)	макулдашуу	makuldaʃuu
adenda (f), anexo (m)	тиркеме	tirkeme

assinar o contrato	контракт түзүү	kontrakt tyzyy
assinatura (f)	кол тамга	kol tamga
assinar (vt)	кол коюу	kol kojʉu
carimbo (m)	мөөр	møør

objeto (m) do contrato	келишимдин предмети	keliʃimdin predmeti
cláusula (f)	пункт	punkt
partes (f pl)	тараптар	taraptar
morada (f) jurídica	юридикалык дарек	jʉridikalık darek
violar o contrato	контрактты бузуу	kontrakttı buzuu
obrigação (f)	милдеттенме	mildettenme

responsabilidade (f)	жоопкерчилик	ʤoopkertʃilik
força (f) maior	форс-мажор	fors-maʤor
litígio (m), disputa (f)	талаш	talaʃ
multas (f pl)	жаза чаралары	ʤaza tʃaraları

108. Importação & Exportação

importação (f)	импорт	import
importador (m)	импорттоочу	importtootʃu
importar (vt)	импорттоо	importtoo
de importação	импорт	import
exportação (f)	экспорт	eksport
exportador (m)	экспорттоочу	eksporttootʃu
exportar (vt)	экспорттоо	eksporttoo
de exportação	экспорт	eksport
mercadoria (f)	товар	tovar
lote (de mercadorias)	жүк тобу	ʤyk tobu
peso (m)	салмак	salmak
volume (m)	көлөм	køløm
metro (m) cúbico	куб метр	kub metr
produtor (m)	өндүрүүчү	øndyryytʃy
companhia (f) de transporte	транспорттук компания	transporttuk kompanija
contentor (m)	контейнер	kontejner
fronteira (f)	чек ара	tʃek ara
alfândega (f)	бажыкана	baʤıkana
taxa (f) alfandegária	бажы салык	baʤı salık
funcionário (m) da alfândega	бажы кызматкери	baʤı kızmatkeri
contrabando (atividade)	контрабанда	kontrabanda
contrabando (produtos)	контрабанда	kontrabanda

109. Finanças

ação (f)	акция	aktsija
obrigação (f)	баалуу кагаздар	baaluu kagazdar
nota (f) promissória	вексель	vekselʲ
bolsa (f)	биржа	birʤa
cotação (m) das ações	акциялар курсу	aktsijalar kursu
tornar-se mais barato	арзандоо	arzandoo
tornar-se mais caro	кымбаттоо	kımbattoo
parte (f)	үлүш	ylyʃ
participação (f) maioritária	башкаруучу пакет	baʃkaruutʃu paket
investimento (m)	салым	salım
investir (vt)	салым кылуу	salım kıluu

| percentagem (f) | пайыз | pajız |
| juros (m pl) | пайыз менен пайда | pajız menen pajda |

lucro (m)	пайда	pajda
lucrativo	майнаптуу	majnaptuu
imposto (m)	салык	salık

divisa (f)	валюта	valuta
nacional	улуттук	uluttuk
câmbio (m)	алмаштыруу	almaʃtıruu

| contabilista (m) | бухгалтер | buχgalter |
| contabilidade (f) | бухгалтерия | buχgalterija |

bancarrota (f)	кудуретсиздик	kuduretsizdik
falência (f)	кыйроо	kıjroo
ruína (f)	жакырдануу	dʒakırdanuu
arruinar-se (vr)	жакырдануу	dʒakırdanuu
inflação (f)	инфляция	inflʲatsija
desvalorização (f)	девальвация	devalʲvatsija

capital (m)	капитал	kapital
rendimento (m)	киреше	kireʃe
volume (m) de negócios	жүгүртүлүш	dʒygyrtylyʃ
recursos (m pl)	такоолдор	takooldor
recursos (m pl) financeiros	акча каражаттары	aktʃa karadʒattarı

| despesas (f pl) gerais | кошумча чыгашалар | koʃumtʃa tʃıgaʃalar |
| reduzir (vt) | кыскартуу | kıskartuu |

110. Marketing

marketing (m)	базар таануу	bazar taanuu
mercado (m)	базар	bazar
segmento (m) do mercado	базар сегменти	bazar segmenti
produto (m)	өнүм	ønym
mercadoria (f)	товар	tovar

marca (f)	соода маркасы	sooda markası
marca (f) comercial	соода маркасы	sooda markası
logotipo (m)	фирмалык белги	firmalık belgi
logo (m)	логотип	logotip
demanda (f)	талап	talap
oferta (f)	сунуш	sunuʃ
necessidade (f)	керек	kerek
consumidor (m)	керектөөчү	kerektøøtʃy

análise (f)	талдоо	taldoo
analisar (vt)	талдоо	taldoo
posicionamento (m)	турак табуу	turak tabuu
posicionar (vt)	турак табуу	turak tabuu
preço (m)	баа	baa
política (f) de preços	баа саясаты	baa sajasatı
formação (f) de preços	баа чыгаруу	baa tʃıgaruu

111. Publicidade

publicidade (f)	жарнама	dʒarnama
publicitar (vt)	жарнамалоо	dʒarnamaloo
orçamento (m)	бюджет	budʒet
anúncio (m) publicitário	жарнама	dʒarnama
publicidade (f) televisiva	теле жарнама	tele dʒarnama
publicidade (f) na rádio	радио жарнама	radio dʒarnama
publicidade (f) exterior	сырткы жарнама	sırtkı dʒarnama
comunicação (f) de massa	масс медия	mass medija
periódico (m)	мезгилдүү басылма	mezgildyy basılma
imagem (f)	имидж	imidʒ
slogan (m)	лозунг	lozung
mote (m), divisa (f)	ураан	uraan
campanha (f)	кампания	kampanija
companha (f) publicitária	жарнамалык кампания	dʒarnamalık kampanija
grupo (m) alvo	максаттуу топ	maksattuu top
cartão (m) de visita	тааныта	taanıtma
flyer (m)	баракча	baraktʃa
brochura (f)	китепче	kiteptʃe
folheto (m)	кат-кат китепче	kat-kat kiteptʃe
boletim (~ informativo)	бюллетень	bulletenʲ
letreiro (m)	көрнөк	kørnøk
cartaz, póster (m)	көрнөк	kørnøk
painel (m) publicitário	жарнамалык такта	dʒarnamalık takta

112. Banca

banco (m)	банк	bank
sucursal, balcão (f)	бөлүм	bølym
consultor (m)	кеңешчи	keŋeʃtʃi
gerente (m)	башкаруучу	baʃkaruutʃu
conta (f)	эсеп	esep
número (m) da conta	эсеп номери	esep nomeri
conta (f) corrente	учурдагы эсеп	utʃurdagı esep
conta (f) poupança	топтолмо эсеп	toptolmo esep
abrir uma conta	эсеп ачуу	esep atʃuu
fechar uma conta	эсеп жабуу	esep dʒabuu
depositar na conta	эсепке акча салуу	esepke aktʃa saluu
levantar (vt)	эсептен акча чыгаруу	esepten aktʃa tʃıgaruu
depósito (m)	аманат	amanat
fazer um depósito	аманат кылуу	amanat kıluu
transferência (f) bancária	акча которуу	aktʃa kotoruu

transferir (vt)	акча которуу	aktʃa kotoruu
soma (f)	сумма	summa
Quanto?	Канча?	kantʃa?

| assinatura (f) | кол тамга | kol tamga |
| assinar (vt) | кол коюу | kol kojuu |

cartão (m) de crédito	насыя картасы	nasıja kartası
código (m)	код	kod
número (m) do cartão de crédito	насыя картанын номери	nasıja kartanın nomeri
Caixa Multibanco (m)	банкомат	bankomat

cheque (m)	чек	tʃek
passar um cheque	чек жазып берүү	tʃek dʒazıp beryy
livro (m) de cheques	чек китепчеси	tʃek kiteptʃesi

empréstimo (m)	насыя	nasıja
pedir um empréstimo	насыя үчүн кайрылуу	nasıja ytʃyn kajrıluu
obter um empréstimo	насыя алуу	nasıja aluu
conceder um empréstimo	насыя берүү	nasıja beryy
garantia (f)	кепилдик	kepildik

113. Telefone. Conversação telefónica

telefone (m)	телефон	telefon
telemóvel (m)	мобилдик	mobildik
secretária (f) electrónica	автоматтык жооп берүүчү	avtomattık dʒoop beryytʃy

| fazer uma chamada | чалуу | tʃaluu |
| chamada (f) | чакыруу | tʃakıruu |

marcar um número	номер терүү	nomer teryy
Alô!	Алло!	allo!
perguntar (vt)	суроо	suroo
responder (vt)	жооп берүү	dʒoop beryy

ouvir (vt)	угуу	uguu
bem	жакшы	dʒakʃı
mal	жаман	dʒaman
ruído (m)	ызы-чуу	ızı-tʃuu

auscultador (m)	трубка	trubka
pegar o telefone	трубканы алуу	trubkanı aluu
desligar (vi)	трубканы коюу	trubkanı kojuu

ocupado	бош эмес	boʃ emes
tocar (vi)	шыңгыроо	ʃıŋgıroo
lista (f) telefónica	телефондук китепче	telefonduk kiteptʃe
local	жергиликтүү	dʒergiliktyy
chamada (f) local	жергиликтүү чакыруу	dʒergiliktyy tʃakıruu
de longa distância	шаар аралык	ʃaar aralık
chamada (f) de longa distância	шаар аралык чакыруу	ʃaar aralık tʃakıruu

internacional	эл аралык	el aralık
chamada (f) internacional	эл аралык чакыруу	el aralık ʧakıruu

114. Telefone móvel

telemóvel (m)	мобилдик	mobildik
ecrã (m)	дисплей	displej
botão (m)	баскыч	baskıʧ
cartão SIM (m)	SIM-карта	sim-karta

bateria (f)	батарея	batareja
descarregar-se	зарядканын түгөнүүсү	zarʲadkanın tygønyysy
carregador (m)	заряддоочу шаймзн	zarʲaddooʧu ʃajman

menu (m)	меню	menü
definições (f pl)	орнотуулар	ornotuular

melodia (f)	обон	obon
escolher (vt)	тандоо	tandoo

calculadora (f)	калькулятор	kalʲkulʲator
correio (m) de voz	автоматтык жооп бергич	avtomattık ʤoop bergiʧ
despertador (m)	ойготкуч	ojgotkuʧ
contatos (m pl)	байланыштар	bajlanıʃtar

mensagem (f) de texto	SMS-кабар	esemes-kabar
assinante (m)	абонент	abonent

115. Estacionário

caneta (f)	калем сап	kalem sap
caneta (f) tinteiro	калем уч	kalem uʧ

lápis (m)	карандаш	karandaʃ
marcador (m)	маркер	marker
caneta (f) de feltro	фломастер	flomaster

bloco (m) de notas	дептерче	depterʧe
agenda (f)	күндөлүк	kyndølyk

régua (f)	сызгыч	sızgıʧ
calculadora (f)	калькулятор	kalʲkulʲator
borracha (f)	өчүргүч	øʧyrgyʧ

pionés (m)	кнопка	knopka
clipe (m)	кыскыч	kıskıʧ

cola (f)	желим	ʤelim
agrafador (m)	степлер	stepler

furador (m)	тешкич	teʃkiʧ
afia-lápis (m)	учтагыч	uʧtagıʧ

116. Vários tipos de documentos

relatório (m)	отчет	otʧet
acordo (m)	макулдашуу	makuldaʃuu
ficha (f) de inscrição	билдирме	bildirme
autêntico	көзү	køzy
crachá (m)	төшбелги	tøʃbelgi
cartão (m) de visita	тааныtма	taanıtma
certificado (m)	сертификат	sertifikat
cheque (m)	чек	ʧek
conta (f)	эсеп	esep
constituição (f)	конституция	konstitutsija
contrato (m)	келишим	keliʃim
cópia (f)	көчүрмө	køʧyrmø
exemplar (m)	нуска	nuska
declaração (f) alfandegária	бажы декларациясы	badʒı deklaratsijası
documento (m)	документ	dokument
carta (f) de condução	айдоочу күбөлүгү	ajdooʧu kybølygy
adenda (ao contrato)	тиркеме	tirkeme
questionário (m)	форма	forma
bilhete (m) de identidade	өздүк билдиргичи	øzdyk bildirgiʧi
inquérito (m)	суроо-талап	suroo-talap
convite (m)	чакыруу билет	ʧakıruu bilet
fatura (f)	фактура	faktura
lei (f)	мыйзам	mıjzam
carta (correio)	кат	kat
papel (m) timbrado	бланк	blank
lista (f)	тизме	tizme
manuscrito (m)	кол жазма	kol dʒazma
boletim (~ informativo)	бюллетень	bulletenʲ
bilhete (mensagem breve)	кыскача жазуу	kıskaʧa dʒazuu
passe (m)	өткөрмө	øtkørmø
passaporte (m)	паспорт	pasport
permissão (f)	уруксат кагазы	uruksat kagazı
CV, currículo (m)	таржымал	tardʒımal
vale (nota promissória)	тил кат	til kat
recibo (m)	дүмүрчөк	dymyrtʧøk
talão (f)	чек	ʧek
relatório (m)	рапорт	raport
mostrar (vt)	көрсөтүү	kørsøtyy
assinar (vt)	кол коюу	kol kojuu
assinatura (f)	кол тамга	kol tamga
carimbo (m)	мөөр	møør
texto (m)	текст	tekst
bilhete (m)	билет	bilet
riscar (vt)	чийип салуу	ʧijip saluu
preencher (vt)	толтуруу	tolturuu

guia (f) de remessa	коштомо кагаз	koʃtomo kagaz
testamento (m)	керээз	kereez

117. Tipos de negócios

serviços (m pl) de contabilidade	бухгалтердик кызмат	buχgalterdik kızmat
publicidade (f)	жарнама	dʒarnama
agência (f) de publicidade	жарнама агенттиги	dʒarnama agenttigi
ar (m) condicionado	аба желдеткичтер	aba dʒeldetkitʃter
companhia (f) aérea	авиакомпания	aviakompanija

bebidas (f pl) alcoólicas	алкоголь ичимдиктери	alkogolʲ itʃimdikteri
comércio (m) de antiguidades	антквариат	antikvariat
galeria (f) de arte	арт-галерея	art-galereja
serviços (m pl) de auditoria	аудиторлук кызмат	auditorluk kızmat

negócios (m pl) bancários	банк бизнеси	bank biznesi
bar (m)	бар	bar
salão (m) de beleza	сулуулук салону	suluuluk salonu
livraria (f)	китеп дүкөнү	kitep dykøny
cervejaria (f)	сыра чыгаруучу жай	sıra tʃıgaruutʃu dʒaj
centro (m) de escritórios	бизнес-борбор	biznes-borbor
escola (f) de negócios	бизнес-мектеп	biznes-mektep

casino (m)	казино	kazino
construção (f)	курулуш	kuruluʃ
serviços (m pl) de consultoria	консалтинг	konsalting

estomatologia (f)	стоматология	stomatologija
design (m)	дизайн	dizajn
farmácia (f)	дарыкана	darıkana
lavandaria (f)	химиялык тазалоо	χimijalık tazaloo
agência (f) de emprego	кадрдык агенттиги	kadrdık agenttigi

serviços (m pl) financeiros	каржылык кызматтар	kardʒılık kızmattar
alimentos (m pl)	азык-түлүк	azık-tylyk
agência (f) funerária	ырасым бюросу	ırasım bʉrosu
mobiliário (m)	эмерек	emerek
roupa (f)	кийим	kijim
hotel (m)	мейманкана	mejmankana

gelado (m)	бал муздак	bal muzdak
indústria (f)	өнөр-жай	ønør-dʒaj
seguro (m)	камсыздандыруу	kamsızdandıruu
internet (f)	интернет	internet
investimento (m)	салымдар	salımdar

joalheiro (m)	зергер	zerger
joias (f pl)	зер буюмдар	zer bujʉmdar
lavandaria (f)	кир жуу ишканасы	kir dʒuu iʃkanası
serviços (m pl) jurídicos	юридикалык кызматтар	jʉridikalık kızmattar
indústria (f) ligeira	жеңил өнөр-жай	dʒeŋil ønør-dʒaj
revista (f)	журнал	dʒurnal

vendas (f pl) por catálogo	каталог боюнча соода-сатык	katalog bojuntʃa sooda-satık
medicina (f)	медицина	meditsina
cinema (m)	кинотеатр	kinoteatr
museu (m)	музей	muzej
agência (f) de notícias	жаңылыктар агенттиги	dʒaŋılıktar agenttigi
jornal (m)	гезит	gezit
clube (m) noturno	түнкү клуб	tyŋky klub
petróleo (m)	мунайзат	munajzat
serviço (m) de encomendas	чабармандык кызматы	tʃabarmandık kızmatı
indústria (f) farmacêutica	фармацевтика	farmatsevtika
poligrafia (f)	полиграфия	poligrafija
editora (f)	басмакана	basmakana
rádio (m)	үналгы	ynalgı
imobiliário (m)	кыймылсыз мүлк	kıjmılsız mylk
restaurante (m)	ресторан	restoran
empresa (f) de segurança	күзөт агенттиги	kyzøt agenttigi
desporto (m)	спорт	sport
bolsa (f)	биржа	birdʒa
loja (f)	дүкөн	dykøn
supermercado (m)	супермаркет	supermarket
piscina (f)	бассейн	bassejn
alfaiataria (f)	ателье	atelje
televisão (f)	телекөрсөтүү	telekørsøtyy
teatro (m)	театр	teatr
comércio (atividade)	соода	sooda
serviços (m pl) de transporte	ташып жеткирүү	taʃıp dʒetkiryy
viagens (f pl)	туризм	turizm
veterinário (m)	мал доктуру	mal dokturu
armazém (m)	кампа	kampa
recolha (f) do lixo	таштанды чыгаруу	taʃtandı tʃıgaruu

Emprego. Negócios. Parte 2

118. Espetáculo. Feira

| feira (f) | көргөзмө | kørgøzmø |
| feira (f) comercial | соода көргөзмөсү | sooda kørgøzmøsy |

participação (f)	катышуу	katıʃuu
participar (vi)	катышуу	katıʃuu
participante (m)	катышуучу	katıʃuutʃu

diretor (m)	директор	direktor
direção (f)	уюштуруу комитети	ujɵʃturuu komiteti
organizador (m)	уюштуруучу	ujɵʃturuutʃu
organizar (vt)	уюштуруу	ujɵʃturuu

ficha (f) de inscrição	катышууга ынта билдирмеси	katıʃuuga ınta bildirmesi
preencher (vt)	толтуруу	tolturuu
detalhes (m pl)	ийне-жиби	ijne-dʒibi
informação (f)	маалымат	maalımat

preço (m)	баа	baa
incluindo	кошуп	koʃup
incluir (vt)	кошулган	koʃulgan
pagar (vt)	төлөө	tøløø
taxa (f) de inscrição	каттоо төгүмү	kattoo tøgymy

entrada (f)	кирүү	kiryy
pavilhão (m)	павильон	pavilʲon
inscrever (vt)	каттоо	kattoo
crachá (m)	төшбелги	tøʃbelgi

| stand (m) | көргөзмө стенди | kørgøzmø stendi |
| reservar (vt) | камдык буйрутмалоо | kamdık bujrutmaloo |

vitrina (f)	айнек стенд	ajnek stend
foco, spot (m)	чырак	tʃırak
design (m)	дизайн	dizajn
pôr, colocar (vt)	жайгаштыруу	dʒajgaʃtıruu
ser colocado, -a	жайгашуу	dʒajgaʃuu

distribuidor (m)	дистрибьютор	distribjɵtor
fornecedor (m)	жеткирип берүүчү	dʒetkirip beryytʃy
fornecer (vt)	жеткирип берүү	dʒetkirip beryy

país (m)	өлкө	ølkø
estrangeiro	чет өлкөлүк	tʃet ølkølyk
produto (m)	өнүм	ønym
associação (f)	ассоциация	assotsiatsija

sala (f) de conferências	конференц-зал	konferents-zal
congresso (m)	конгресс	kongress
concurso (m)	жарыш	dʒarıʃ

visitante (m)	келүүчү	kelyytʃy
visitar (vt)	баш багуу	baʃ baguu
cliente (m)	кардар	kardar

119. Media

jornal (m)	гезит	gezit
revista (f)	журнал	dʒurnal
imprensa (f)	пресса	pressa
rádio (m)	үналгы	ynalgı
estação (f) de rádio	радио толкуну	radio tolkunu
televisão (f)	телекөрсөтүү	telekørsøtyy

apresentador (m)	алып баруучу	alıp baruutʃu
locutor (m)	диктор	diktor
comentador (m)	баяндамачы	bajandamatʃı

jornalista (m)	журналист	dʒurnalist
correspondente (m)	кабарчы	kabartʃı
repórter (m) fotográfico	фотокорреспондент	fotokorrespondent
repórter (m)	репортёр	reportior

redator (m)	редактор	redaktor
redator-chefe (m)	башкы редактор	baʃkı redaktor

assinar a …	жазылуу	dʒazıluu
assinatura (f)	жазылуу	dʒazıluu
assinante (m)	жазылуучу	dʒazıluutʃu
ler (vt)	окуу	okuu
leitor (m)	окурман	okurman

tiragem (f)	нуска	nuska
mensal	ай сайын	aj sajın
semanal	жума сайын	dʒuma sajın
número (jornal, revista)	номер	nomer
recente	жаңы	dʒaŋı

manchete (f)	баш аты	baʃ atı
pequeno artigo (m)	кыскача макала	kıskatʃa makala
coluna (~ semanal)	рубрика	rubrika
artigo (m)	макала	makala
página (f)	бет	bet

reportagem (f)	репортаж	reportadʒ
evento (m)	окуя	okuja
sensação (f)	дүң салуу	dyŋ saluu
escândalo (m)	жаңжал	dʒaŋdʒal
escandaloso	жаңжалчы	dʒaŋdʒaltʃı
grande	чуулгандуу	tʃuulganduu
programa (m) de TV	көрсөтүү	kørsøtyy

entrevista (f)	интервью	intervjʉ
transmissão (f) em direto	түз берүү	tyz beryy
canal (m)	канал	kanal

120. Agricultura

agricultura (f)	дыйкан чарбачылык	dıjkan ʧarbatʃılık
camponês (m)	дыйкан	dıjkan
camponesa (f)	дыйкан аял	dıjkan ajal
agricultor (m)	фермер	fermer

| trator (m) | трактор | traktor |
| ceifeira-debulhadora (f) | комбайн | kombajn |

arado (m)	соко	soko
arar (vt)	жер айдоо	dʒer ajdoo
campo (m) lavrado	айдоо жер	ajdoo dʒer
rego (m)	жөөк	dʒøøk

semear (vt)	себүү	sebyy
semeadora (f)	сеялка	sejalka
semeadura (f)	эгүү	egyy

| gadanha (f) | чалгы | ʧalgı |
| gadanhar (vt) | чабуу | ʧabuu |

| pá (f) | күрөк | kyrøk |
| cavar (vt) | казуу | kazuu |

enxada (f)	кетмен	ketmen
carpir (vt)	отоо	otoo
erva (f) daninha	отоо чөп	otoo ʧøp

regador (m)	гүл челек	gyl ʧelek
regar (vt)	сугаруу	sugaruu
rega (f)	сугат	sugat

| forquilha (f) | айры | ajrı |
| ancinho (m) | тырмоо | tırmoo |

fertilizante (m)	жер семирткич	dʒer semirtkitʃ
fertilizar (vt)	жер семиртүү	dʒer semirtyy
estrume (m)	кык	kık

campo (m)	талаа	talaa
prado (m)	шалбаа	ʃalbaa
horta (f)	чарбак	ʧarbak
pomar (m)	бакча	bakʧa

pastar (vt)	жаюу	dʒadʒuu
pastor (m)	чабан	ʧaban
pastagem (f)	жайыт	dʒajıt
pecuária (f)	мал чарбачылык	mal ʧarbatʃılık
criação (f) de ovelhas	кой чарбачылык	koj ʧarbatʃılık

plantação (f)	плантация	plantaʦija
canteiro (m)	жөөк	dʒøøk
invernadouro (m)	күнөскана	kynøskana

| seca (f) | кургакчылык | kurgaktʃılık |
| seco (verão ~) | кургак | kurgak |

cereal (m)	дан эгиндери	dan eginderi
cereais (m pl)	дан эгиндери	dan eginderi
colher (vt)	чаап алуу	tʃaap aluu

moleiro (m)	тегирменчи	tegirmentʃi
moinho (m)	тегирмен	tegirmen
moer (vt)	майдалоо	majdaloo
farinha (f)	ун	un
palha (f)	саман	saman

121. Construção. Processo de construção

canteiro (m) de obras	курулуш	kuruluʃ
construir (vt)	куруу	kuruu
construtor (m)	куруучу	kuruutʃu

projeto (m)	долбоор	dolboor
arquiteto (m)	архитектор	arχitektor
operário (m)	жумушчу	dʒumuʃtʃu

fundação (f)	пайдубал	pajdubal
telhado (m)	чатыр	tʃatır
estaca (f)	казык	kazık
parede (f)	дубал	dubal

| varões (m pl) para betão | арматура | armatura |
| andaime (m) | куруучу тепкичтер | kuruutʃu tepkitʃter |

betão (m)	бетон	beton
granito (m)	гранит	granit
pedra (f)	таш	taʃ
tijolo (m)	кыш	kıʃ

areia (f)	кум	kum
cimento (m)	цемент	ʦement
emboço (m)	шыбак	ʃıbak
emboçar (vt)	шыбоо	ʃıboo

tinta (f)	сыр	sır
pintar (vt)	боео	boeo
barril (m)	бочка	botʃka

grua (f), guindaste (m)	кран	kran
erguer (vt)	көтөрүү	køtøryy
baixar (vt)	түшүрүү	tyʃyryy
buldózer (m)	бульдозер	bulʲdozer
escavadora (f)	экскаватор	ekskavator

caçamba (f)	ковш	kovʃ
escavar (vt)	казуу	kazuu
capacete (m) de proteção	каска	kaska

122. Ciência. Investigação. Cientistas

ciência (f)	илим	ilim
científico	илимий	ilimij
cientista (m)	илимпоз	ilimpoz
teoria (f)	теория	teorija
axioma (m)	аксиома	aksioma
análise (f)	талдоо	taldoo
analisar (vt)	талдоо	taldoo
argumento (m)	далил	dalil
substância (f)	зат	zat
hipótese (f)	гипотеза	gipoteza
dilema (m)	дилемма	dilemma
tese (f)	диссертация	dissertatsija
dogma (m)	догма	dogma
doutrina (f)	доктрина	doktrina
pesquisa (f)	изилдөө	izildøø
pesquisar (vt)	изилдөө	izildøø
teste (m)	сынак	sınak
laboratório (m)	лаборатория	laboratorija
método (m)	ыкма	ıkma
molécula (f)	молекула	molekula
monitoramento (m)	бейлөө	bejløø
descoberta (f)	таап ачуу	taap atʃuu
postulado (m)	постулат	postulat
princípio (m)	усул	usul
prognóstico (previsão)	божомол	bodʒomol
prognosticar (vt)	алдын ала айтуу	aldın ala ajtuu
síntese (f)	синтез	sintez
tendência (f)	умтулуу	umtuluu
teorema (m)	теорема	teorema
ensinamentos (m pl)	окуу	okuu
facto (m)	далил	dalil
expedição (f)	экспедиция	ekspeditsija
experiência (f)	тажрыйба	tadʒrıjba
académico (m)	академик	akademik
bacharel (m)	бакалавр	bakalavr
doutor (m)	доктор	doktor
docente (m)	доцент	dotsent
mestre (m)	магистр	magistr
professor (m) catedrático	профессор	professor

Profissões e ocupações

123. Procura de emprego. Demissão

trabalho (m)	иш	iʃ
equipa (f)	жамаат	dʒamaat
pessoal (m)	жамаат курамы	dʒamaat kuramı
carreira (f)	мансап	mansap
perspetivas (f pl)	перспектива	perspektiva
mestria (f)	чеберчилик	ʧeberʧilik
seleção (f)	тандоо	tandoo
agência (f) de emprego	кадрдык агенттиги	kadrdık agenttigi
CV, currículo (m)	таржымал	tardʒımal
entrevista (f) de emprego	аңгемелешүү	aŋgemeleʃyy
vaga (f)	жумуш орун	dʒumuʃ orun
salário (m)	эмгек акы	emgek akı
salário (m) fixo	маяна	majana
pagamento (m)	акысын төлөө	akısın tøløø
posto (m)	кызмат орун	kızmat orun
dever (do empregado)	милдет	mildet
gama (f) de deveres	милдеттенмелер	mildettenmeler
ocupado	бош эмес	boʃ emes
despedir, demitir (vt)	бошотуу	boʃotuu
demissão (f)	бошотуу	boʃotuu
desemprego (m)	жумушсуздук	dʒumuʃsuzduk
desempregado (m)	жумушсуз	dʒumuʃsuz
reforma (f)	бааракы	baarakı
reformar-se	ардактуу эс алууга чыгуу	ardaktuu es aluuga ʧiguu

124. Gente de negócios

diretor (m)	директор	direktor
gerente (m)	башкаруучу	baʃkaruuʧu
patrão, chefe (m)	башкаруучу	baʃkaruuʧu
superior (m)	башчы	baʃʧı
superiores (m pl)	башчылар	baʃʧılar
presidente (m)	президент	prezident
presidente (m) de direção	төрага	tøraga
substituto (m)	орун басар	orun basar
assistente (m)	жардамчы	dʒardamʧı

| secretário (m) | катчы | kattʃı |
| secretário (m) pessoal | жеке катчы | dʒeke kattʃı |

homem (m) de negócios	бизнесмен	biznesmen
empresário (m)	ишкер	iʃker
fundador (m)	негиздөөчу	negizdøøtʃy
fundar (vt)	негиздөө	negizdøø

fundador, sócio (m)	уюмдаштыруучу	ujɯmdaʃtıruutʃu
parceiro, sócio (m)	өнөктөш	ønøktøʃ
acionista (m)	акция кармоочу	aktsija karmootʃu

milionário (m)	миллионер	millioner
bilionário (m)	миллиардер	milliarder
proprietário (m)	ээси	eesi
proprietário (m) de terras	жер ээси	dʒer eesi

cliente (m)	кардар	kardar
cliente (m) habitual	туруктуу кардар	turuktuu kardar
comprador (m)	сатып алуучу	satıp aluutʃu
visitante (m)	келүүчү	kelyytʃy

profissional (m)	кесипкөй	kesipkøj
perito (m)	ишбилги	iʃbilgi
especialista (m)	адис	adis

| banqueiro (m) | банкир | bankir |
| corretor (m) | далдалчы | daldaltʃı |

caixa (m, f)	кассир	kassir
contabilista (m)	бухгалтер	buxgalter
guarda (m)	кароолчу	karooltʃu

investidor (m)	салым кошуучу	salım koʃuutʃu
devedor (m)	карыздар	karızdar
credor (m)	насыя алуучу	nasıja aluutʃu
mutuário (m)	карызга алуучу	karızga aluutʃu

| importador (m) | импорттоочу | importtootʃu |
| exportador (m) | экспорттоочу | eksporttootʃu |

produtor (m)	өндүрүүчү	øndyryytʃy
distribuidor (m)	дистрибьютор	distribjɯtor
intermediário (m)	ортомчу	ortomtʃu

consultor (m)	кеңешчи	keŋeʃtʃi
representante (m)	сатуу агенти	satuu agenti
agente (m)	агент	agent
agente (m) de seguros	камсыздандыруучу агент	kamsızdandıruutʃu agent

125. Profissões de serviços

| cozinheiro (m) | ашпозчу | aʃpoztʃu |
| cozinheiro chefe (m) | башкы ашпозчу | baʃkı aʃpoztʃu |

padeiro (m)	навайчы	navajtʃɪ
barman (m)	бармен	barmen
empregado (m) de mesa	официант	ofitsiant
empregada (f) de mesa	официант кыз	ofitsiant kɪz

advogado (m)	жактоочу	dʒaktootʃu
jurista (m)	юрист	jurist
notário (m)	нотариус	notarius

eletricista (m)	электрик	elektrik
canalizador (m)	сантехник	santeχnik
carpinteiro (m)	жыгач уста	dʒɪgatʃ usta

massagista (m)	укалоочу	ukalootʃu
massagista (f)	укалоочу	ukalootʃu
médico (m)	доктур	doktur

taxista (m)	такси айдоочу	taksi ajdootʃu
condutor (automobilista)	айдоочу	ajdootʃu
entregador (m)	жеткирүүчү	dʒetkiryytʃy

camareira (f)	үй кызматкери	yj kɪzmatkeri
guarda (m)	кароолчу	karooltʃu
hospedeira (f) de bordo	стюардесса	stuardessa

professor (m)	мугалим	mugalim
bibliotecário (m)	китепканачы	kitepkanatʃɪ
tradutor (m)	котормочу	kotormotʃu
intérprete (m)	оозеки котормочу	oozeki kotormotʃu
guia (pessoa)	гид	gid

cabeleireiro (m)	чач тарач	tʃatʃ taratʃ
carteiro (m)	кат ташуучу	kat taʃuutʃu
vendedor (m)	сатуучу	satuutʃu

jardineiro (m)	багбанчы	bagbantʃɪ
criado (m)	үй кызматчы	yj kɪzmattʃɪ
criada (f)	үй кызматчы аял	yj kɪzmattʃɪ ajal
empregada (f) de limpeza	тазалагыч	tazalagɪtʃ

126. Profissões militares e postos

soldado (m) raso	катардагы жоокер	katardagɪ dʒooker
sargento (m)	сержант	serdʒant
tenente (m)	лейтенант	lejtenant
capitão (m)	капитан	kapitan

major (m)	майор	major
coronel (m)	полковник	polkovnik
general (m)	генерал	general
marechal (m)	маршал	marʃal
almirante (m)	адмирал	admiral
militar (m)	аскер кызматчысы	asker kɪzmattʃɪsɪ
soldado (m)	аскер	asker

| oficial (m) | офицер | ofitser |
| comandante (m) | командир | komandir |

guarda (m) fronteiriço	чек арачы	tʃek aratʃı
operador (m) de rádio	радист	radist
explorador (m)	чалгынчы	tʃalgıntʃı
sapador (m)	сапёр	sapʲor
atirador (m)	аткыч	atkıtʃ
navegador (m)	штурман	ʃturman

127. Oficiais. Padres

| rei (m) | король, падыша | korolʲ, padıʃa |
| rainha (f) | ханыша | χanıʃa |

| príncipe (m) | канзаада | kanzaada |
| princesa (f) | ханбийке | χanbijke |

| czar (m) | падыша | padıʃa |
| czarina (f) | ханыша | χanıʃa |

presidente (m)	президент	prezident
ministro (m)	министр	ministr
primeiro-ministro (m)	премьер-министр	premjer-ministr
senador (m)	сенатор	senator

diplomata (m)	дипломат	diplomat
cônsul (m)	консул	konsul
embaixador (m)	элчи	eltʃi
conselheiro (m)	кеңешчи	keŋeʃtʃi

funcionário (m)	аткаминер	atkaminer
prefeito (m)	префект	prefekt
Presidente (m) da Câmara	мэр	mer

| juiz (m) | сот | sot |
| procurador (m) | прокурор | prokuror |

missionário (m)	миссионер	missioner
monge (m)	кечил	ketʃil
abade (m)	аббат	abbat
rabino (m)	раввин	ravvin

vizir (m)	визирь	vizirʲ
xá (m)	шах	ʃaχ
xeque (m)	шейх	ʃejχ

128. Profissões agrícolas

apicultor (m)	балчы	baltʃı
pastor (m)	чабан	tʃaban
agrónomo (m)	агроном	agronom

113

| criador (m) de gado | малчы | maltʃı |
| veterinário (m) | мал доктуру | mal dokturu |

agricultor (m)	фермер	fermer
vinicultor (m)	вино жасоочу	vino dʒasootʃu
zoólogo (m)	зоолог	zoolog
cowboy (m)	ковбой	kovboj

129. Profissões artísticas

| ator (m) | актёр | aktʲor |
| atriz (f) | актриса | aktrisa |

| cantor (m) | ырчы | ırtʃı |
| cantora (f) | ырчы кыз | ırtʃı kız |

| bailarino (m) | бийчи жигит | bijtʃi dʒigit |
| bailarina (f) | бийчи кыз | bijtʃi kız |

| artista (m) | аткаруучу | atkaruutʃu |
| artista (f) | аткаруучу | atkaruutʃu |

músico (m)	музыкант	muzıkant
pianista (m)	пианист	pianist
guitarrista (m)	гитарист	gitarist

maestro (m)	дирижёр	diridʒʲor
compositor (m)	композитор	kompozitor
empresário (m)	импресарио	impresario

realizador (m)	режиссёр	redʒissʲor
produtor (m)	продюсер	produser
argumentista (m)	сценарист	stsenarist
crítico (m)	сынчы	sıntʃı

escritor (m)	жазуучу	dʒazuutʃu
poeta (m)	акын	akın
escultor (m)	бедизчи	bediztʃi
pintor (m)	сүрөтчү	syrøttʃy

malabarista (m)	жонглёр	dʒonglʲor
palhaço (m)	маскарапоз	maskarapoz
acrobata (m)	акробат	akrobat
mágico (m)	көз боечу	køz boetʃu

130. Várias profissões

médico (m)	доктур	doktur
enfermeira (f)	медсестра	medsestra
psiquiatra (m)	психиатр	psiχiatr
estomatologista (m)	тиш доктур	tiʃ doktur
cirurgião (m)	хирург	χirurg

astronauta (m)	астронавт	astronavt
astrónomo (m)	астроном	astronom
piloto (m)	учкуч	utʃkutʃ

motorista (m)	айдоочу	ajdootʃu
maquinista (m)	машинист	maʃinist
mecânico (m)	механик	meχanik

mineiro (m)	кенчи	kentʃi
operário (m)	жумушчу	dʒumuʃtʃu
serralheiro (m)	слесарь	slesarʲ
marceneiro (m)	жыгач уста	dʒıgatʃ usta
torneiro (m)	токарь	tokarʲ
construtor (m)	куруучу	kuruutʃu
soldador (m)	ширеткич	ʃiretkitʃ

professor (m) catedrático	профессор	professor
arquiteto (m)	архитектор	arχitektor
historiador (m)	тарыхчы	tarıχtʃı
cientista (m)	илимпоз	ilimpoz
físico (m)	физик	fizik
químico (m)	химик	χimik

arqueólogo (m)	археолог	arχeolog
geólogo (m)	геолог	geolog
pesquisador (cientista)	изилдөөчү	izildøøtʃy

| babysitter (f) | бала баккыч | bala bakkıtʃ |
| professor (m) | мугалим | mugalim |

redator (m)	редактор	redaktor
redator-chefe (m)	башкы редактор	baʃkı redaktor
correspondente (m)	кабарчы	kabartʃı
datilógrafa (f)	машинистка	maʃinistka

designer (m)	дизайнер	dizajner
especialista (m) em informática	компьютер адиси	kompjuter adisi
programador (m)	программист	programmist
engenheiro (m)	инженер	indʒener

marujo (m)	деңизчи	deŋiztʃi
marinheiro (m)	матрос	matros
salvador (m)	куткаруучу	kutkaruutʃu

bombeiro (m)	өрт өчүргүч	ørt øtʃyrgytʃ
polícia (f)	полиция кызматкери	politsija kızmatkeri
guarda-noturno (m)	кароолчу	karooltʃu
detetive (m)	аңдуучу	aŋduutʃu

funcionário (m) da alfândega	бажы кызматкери	badʒı kızmatkeri
guarda-costas (m)	жан сакчы	dʒan saktʃı
guarda (m) prisional	күзөтчү	kyzøttʃy
inspetor (m)	инспектор	inspektor
desportista (m)	спортчу	sporttʃu
treinador (m)	машыктыруучу	maʃıktıruutʃu

talhante (m)	касапчы	kasapʧı
sapateiro (m)	өтүкчү	øtykʧy
comerciante (m)	жеке соодагер	ʤeke soodager
carregador (m)	жүк ташуучу	ʤyk taʃuuʧu

| estilista (m) | модельер | modeljer |
| modelo (f) | модель | modelⁱ |

131. Ocupações. Estatuto social

| aluno, escolar (m) | окуучу | okuuʧu |
| estudante (~ universitária) | студент | student |

filósofo (m)	философ	filosof
economista (m)	экономист	ekonomist
inventor (m)	ойлоп табуучу	ojlop tabuuʧu

desempregado (m)	жумушсуз	ʤumuʃsuz
reformado (m)	баартер	baarger
espião (m)	тыңчы	tıŋʧı

preso (m)	камактагы адам	kamaktagı adam
grevista (m)	иш калтыргыч	iʃ kaltırgıʧ
burocrata (m)	бюрократ	bʉrokrat
viajante (m)	саякатчы	sajakatʧı

homossexual (m)	гомосексуалист	gomoseksualist
hacker (m)	хакер	χaker
hippie	хиппи	χippi

bandido (m)	ууру-кески	uuru-keski
assassino (m) a soldo	жалданма киши өлтүргүч	ʤaldanma kiʃi øltyrgyʧ
toxicodependente (m)	баңги	baŋgi
traficante (m)	баңгизат сатуучу	baŋgizat satuuʧu
prostituta (f)	сойку	sojku
chulo (m)	жан бакты	ʤan baktı

bruxo (m)	жадыгөй	ʤadıgøj
bruxa (f)	жадыгөй	ʤadıgøj
pirata (m)	деңиз каракчысы	deŋiz karakʧısı
escravo (m)	кул	kul
samurai (m)	самурай	samuraj
selvagem (m)	жапайы	ʤapajı

Desportos

132. Tipos de desportos. Desportistas

desportista (m)	спортчу	sporttʃu
tipo (m) de desporto	спорттун түрү	sporttun tyry
basquetebol (m)	баскетбол	basketbol
jogador (m) de basquetebol	баскетбол ойноочу	basketbol ojnootʃu
beisebol (m)	бейсбол	bejsbol
jogador (m) de beisebol	бейсбол ойноочу	bejsbol ojnootʃu
futebol (m)	футбол	futbol
futebolista (m)	футбол ойноочу	futbol ojnootʃu
guarda-redes (m)	дарбазачы	darbazatʃı
hóquei (m)	хоккей	χokkej
jogador (m) de hóquei	хоккей ойноочу	χokkej ojnootʃu
voleibol (m)	волейбол	volejbol
jogador (m) de voleibol	волейбол ойноочу	volejbol ojnootʃu
boxe (m)	бокс	boks
boxeador, pugilista (m)	бокс мушташуучу	boks muʃtaʃuutʃu
luta (f)	күрөш	kyrøʃ
lutador (m)	күрөшчү	kyrøʃtʃy
karaté (m)	карате	karate
karateca (m)	карате мушташуучу	karate muʃtaʃuutʃu
judo (m)	дзюдо	dzɵdo
judoca (m)	дзюдо чалуучу	dzɵdo tʃaluutʃu
ténis (m)	теннис	tennis
tenista (m)	теннис ойноочу	tennis ojnootʃu
natação (f)	сүзүү	syzyy
nadador (m)	сүзүүчү	syzyytʃy
esgrima (f)	кылычташуу	kılıtʃtaʃuu
esgrimista (m)	кылычташуучу	kılıtʃtaʃuutʃu
xadrez (m)	шахмат	ʃaχmat
xadrezista (m)	шахмат ойноочу	ʃaχmat ojnootʃu
alpinismo (m)	альпинизм	alˈpinizm
alpinista (m)	альпинист	alˈpinist
corrida (f)	чуркоо	tʃurkoo

corredor (m)	жее күлүк	dʒøø kylyk
atletismo (m)	жеңил атлетика	dʒeŋil atletika
atleta (m)	атлет	atlet

| hipismo (m) | ат спорту | at sportu |
| cavaleiro (m) | чабандес | tʃabandes |

patinagem (f) artística	муз бийи	muz biji
patinador (m)	муз бийчи	muz bijtʃi
patinadora (f)	муз бийчи	muz bijtʃi

| halterofilismo (m) | оор атлетика | oor atletika |
| halterofilista (m) | оор атлет | oor atlet |

| corrida (f) de carros | авто жарыш | avto dʒarıʃ |
| piloto (m) | гонщик | gonʃtʃik |

| ciclismo (m) | велоспорт | velosport |
| ciclista (m) | велосипед тебүүчү | velosiped tebyytʃy |

salto (m) em comprimento	узундукка секирүү	uzundukka sekiryy
salto (m) à vara	шырык менен секирүү	ʃırık menen sekiryy
atleta (m) de saltos	секирүүчү	sekiryytʃy

133. Tipos de desportos. Diversos

futebol (m) americano	американский футбол	amerikanskij futbol
badminton (m)	бадминтон	badminton
biatlo (m)	биатлон	biatlon
bilhar (m)	бильярд	biljard

bobsled (m)	бобслей	bobslej
musculação (f)	бодибилдинг	bodibilding
polo (m) aquático	суу полосу	suu polosu
andebol (m)	гандбол	gandbol
golfe (m)	гольф	golʲf

remo (m)	калакты уруу	kalaktı uruu
mergulho (m)	сууга чөмүүчү	suuga tʃømyytʃy
corrida (f) de esqui	чаңгы жарышы	tʃaŋgı dʒarıʃı
ténis (m) de mesa	стол теннси	stol tennisi

vela (f)	парус астында сызуу	parus astında sızuu
rali (m)	ралли	ralli
râguebi (m)	регби	regbi
snowboard (m)	сноуборд	snoubord
tiro (m) com arco	жаа атуу	dʒaa atuu

134. Ginásio

| barra (f) | штанга | ʃtanga |
| halteres (m pl) | гантелдер | gantelder |

aparelho (m) de musculaçao	машыгуу машине	maʃiguu maʃine
bicicleta (f) ergométrica	велотренажёр	velotrenadʒior
passadeira (f) de corrida	тегеретме	tegeretme
barra (f) fixa	көпүрө жыгач	køpyrø dʒıgatʃ
barras (f) paralelas	брусдар	brusdar
cavalo (m)	ат	at
tapete (m) de ginástica	мат	mat
corda (f) de saltar	секиргич	sekirgitʃ
aeróbica (f)	аэробика	aerobika
ioga (f)	йога	joga

135. Hóquei

hóquei (m)	хоккей	χokkej
jogador (m) de hóquei	хоккей ойноочу	χokkej ojnootʃu
jogar hóquei	хоккей ойноо	χokkej ojnoo
gelo (m)	муз	muz
disco (m)	шайба	ʃajba
taco (m) de hóquei	иймек таяк	ijmek tajak
patins (m pl) de gelo	коньки	konʲki
muro (m)	тосмо	tosmo
tiro (m)	сокку	sokku
guarda-redes (m)	дарбазачы	darbazatʃı
golo (m)	гол	gol
marcar um golo	гол киргизүү	gol kirgizyy
tempo (m)	мезгил	mezgil
segundo tempo (m)	экинчи мезгил	ekintʃi mezgil
banco (m) de reservas	кезек отургучу	kezek oturgutʃu

136. Futebol

futebol (m)	футбол	futbol
futebolista (m)	футбол ойноочу	futbol ojnootʃu
jogar futebol	футбол ойноо	futbol ojnoo
Liga Principal (f)	жогорку лига	dʒogorku liga
clube (m) de futebol	футбол клубу	futbol klubu
treinador (m)	машыктыруучу	maʃiktıruutʃu
proprietário (m)	ээси	eesi
equipa (f)	топ	top
capitão (m) da equipa	топтун капитаны	toptun kapitanı
jogador (m)	оюнчу	ojuntʃu
jogador (m) de reserva	кезектеги оюнчу	kezektegi ojuntʃu
atacante (m)	чабуулчу	tʃabuultʃu
avançado (m) centro	борбордук чабуулчу	borborduk tʃabuultʃu

marcador (m)	жаадыргыч	dʒaadırgıtʃ
defesa (m)	коргоочу	korgootʃu
médio (m)	жарым коргоочу	dʒarım korgootʃu

jogo (desafio)	матч	mattʃ
encontrar-se (vr)	жолугушуу	dʒoluguʃuu
final (m)	финал	final
meia-final (f)	жарым финал	dʒarım final
campeonato (m)	чемпионат	tʃempionat

tempo (m)	тайм	tajm
primeiro tempo (m)	биринчи тайм	birintʃi tajm
intervalo (m)	тыныгуу	tınıguu

baliza (f)	дарбаза	darbaza
guarda-redes (m)	дарбазачы	darbazatʃı
trave (f)	штанга	ʃtanga
barra (f) transversal	көпүрө жыгач	køpyrø dʒıgatʃ
rede (f)	тор	tor
sofrer um golo	гол киргизип алуу	gol kirgizip aluu

bola (f)	топ	top
passe (m)	топ узатуу	top uzatuu
chute (m)	сокку	sokku
chutar (vt)	сокку берүү	sokku beryy
tiro (m) livre	жаза сокку	dʒaza sokku
canto (m)	бурчтан сокку	burtʃtan sokku

ataque (m)	чабуул	tʃabuul
contra-ataque (m)	каршы чабуул	karʃı tʃabuul
combinação (f)	комбинация	kombinatsija

árbitro (m)	арбитр	arbitr
apitar (vi)	ышкыруу	ıʃkıruu
apito (m)	ышкырык	ıʃkırık
falta (f)	бузуу	buzuu
cometer a falta	бузуу	buzuu
expulsar (vt)	оюн талаасынан чыгаруу	ojun talaasınan tʃıgaruu

cartão (m) amarelo	сары карточка	sarı kartotʃka
cartão (m) vermelho	кызыл карточка	kızıl kartotʃka
desqualificação (f)	дисквалификация	diskvalifikatsija
desqualificar (vt)	дисквалифициялоо	diskvalifitsijaloo

penálti (m)	пенальти	penalʲti
barreira (f)	дубал	dubal
marcar (vt)	жаадыруу	dʒaadıruu
golo (m)	гол	gol
marcar um golo	гол киргизүү	gol kirgizyy

substituição (f)	алмаштыруу	almaʃtıruu
substituir (vt)	алмаштыруу	almaʃtıruu
regras (f pl)	эрежелер	eredʒeler
tática (f)	тактика	taktika
estádio (m)	стадион	stadion
bancadas (f pl)	трибуна	tribuna

| fã, adepto (m) | кγйөрман | kyjørman |
| gritar (vi) | кыйкыруу | kıjkıruu |

| marcador (m) | табло | tablo |
| resultado (m) | эсеп | esep |

derrota (f)	утулуу	utuluu
perder (vt)	жеңилγγ	ʤeŋilyy
empate (m)	теңме-тең	teŋme-teŋ
empatar (vi)	теңме-тең бγтγрγγ	teŋme-teŋ bytyryy

| vitória (f) | жеңиш | ʤeŋiʃ |
| ganhar, vencer (vi, vt) | жеңγγ | ʤeŋyy |

campeão (m)	чемпион	ʧempion
melhor	эң жакшы	eŋ ʤakʃı
felicitar (vt)	куттуктоо	kuttuktoo

comentador (m)	баяндамачы	bajandamaʧı
comentar (vt)	баяндоо	bajandoo
transmissão (f)	берγγ	beryy

137. Esqui alpino

esqui (m)	чаңгы	ʧaŋgı
esquiar (vi)	чаңгы тебγγ	ʧaŋgı tebyy
estância (f) de esqui	тоо лыжа курорту	too lıʤa kurortu
teleférico (m)	көтөргγч	køtørgyʧ

bastões (m pl) de esqui	таякчалар	tajakʧalar
declive (m)	эңкейиш	eŋkejiʃ
slalom (m)	слалом	slalom

138. Ténis. Golfe

golfe (m)	гольф	golʲf
clube (m) de golfe	гольф-клуб	golʲf-klub
jogador (m) de golfe	гольф оюнчу	golʲf ojunʧu

buraco (m)	тешикче	teʃikʧe
taco (m)	иймек таяк	ijmek tajak
trolley (m)	иймек таяк γчγн арабача	ijmek tajak yʧyn arabaʧa

| ténis (m) | теннис | tennis |
| quadra (f) de ténis | корт | kort |

| saque (m) | кийирγγ | kijiryy |
| sacar (vi) | кийирγγ | kijiryy |

raquete (f)	ракетка	raketka
rede (f)	тор	tor
bola (f)	топ	top

139. Xadrez

xadrez (m)	шахмат	ʃaχmat
peças (f pl) de xadrez	шахмат фигурасы	ʃaχmat figurası
xadrezista (m)	шахмат ойноочу	ʃaχmat ojnooʧu
tabuleiro (m) de xadrez	шахмат тактасы	ʃaχmat taktası
peça (f) de xadrez	фигура	figura
brancas (f pl)	актар	aktar
pretas (f pl)	каралар	karalar
peão (m)	пешка	peʃka
bispo (m)	пил	pil
cavalo (m)	ат	at
torre (f)	ладья	ladja
dama (f)	ферзь	ferzʲ
rei (m)	король	korolʲ
vez (m)	жүрүш	dʒyryʃ
mover (vt)	жүрүү	dʒyryy
sacrificar (vt)	курман кылуу	kurman kıluu
roque (m)	рокировка	rokirovka
xeque (m)	шах	ʃaχ
xeque-mate (m)	мат	mat
torneio (m) de xadrez	шахмат турнири	ʃaχmat turniri
grão-mestre (m)	гроссмейстер	grossmejster
combinação (f)	комбинация	kombinatsija
partida (f)	партия	partija
jogo (m) de damas	шашкалар	ʃaʃkalar

140. Boxe

boxe (m)	бокс	boks
combate (m)	мушташ	muʃtaʃ
duelo (m)	жекеме-жеке мушташ	dʒekeme-dʒeke muʃtaʃ
round (m)	раунд	raund
ringue (m)	ринг	ring
gongo (m)	гонг	gong
murro, soco (m)	сокку	sokku
knockdown (m)	нокдаун	nokdaun
nocaute (m)	нокаут	nokaut
nocautear (vt)	нокаутка жиберүү	nokautka dʒiberyy
luva (f) de boxe	бокс колкабы	boks kolkabı
árbitro (m)	рефери	referi
peso-leve (m)	жеңил салмак	dʒeŋil salmak
peso-médio (m)	орто салмак	orto salmak
peso-pesado (m)	оор салмак	oor salmak

141. Desportos. Diversos

Jogos (m pl) Olímpicos	Олимпиада Оюндары	olimpiada ojundarı
vencedor (m)	жеңүүчү	dʒeŋyytʃy
vencer (vi)	жеңүү	dʒeŋyy
vencer, ganhar (vi)	утуу	utuu
líder (m)	топ башы	top baʃı
liderar (vt)	топ башында болуу	top baʃında boluu
primeiro lugar (m)	биринчи орун	birintʃi orun
segundo lugar (m)	экинчи орун	ekintʃi orun
terceiro lugar (m)	үчүнчү орун	ytʃyntʃy orun
medalha (f)	медаль	medalʲ
troféu (m)	трофей	trofej
taça (f)	кубок	kubok
prémio (m)	байге	bajge
prémio (m) principal	баш байге	baʃ bajge
recorde (m)	рекорд	rekord
estabelecer um recorde	рекорд коюу	rekord kojuu
final (m)	финал	final
final	финалдык	finaldık
campeão (m)	чемпион	tʃempion
campeonato (m)	чемпионат	tʃempionat
estádio (m)	стадион	stadion
bancadas (f pl)	трибуна	tribuna
fã, adepto (m)	күйөрман	kyjørman
adversário (m)	каршылаш	karʃılaʃ
partida (f)	старт	start
chegada, meta (f)	маара	maara
derrota (f)	утулуу	utuluu
perder (vt)	жеңилүү	dʒeŋilyy
árbitro (m)	судья	sudja
júri (m)	калыстар	kalıstar
resultado (m)	эсеп	esep
empate (m)	теңме-тең	teŋme-teŋ
empatar (vi)	теңме-тең бүтүрүү	teŋme-teŋ bytyryy
ponto (m)	упай	upaj
resultado (m) final	натыйжа	natıjdʒa
tempo, período (m)	убак	ubak
intervalo (m)	тыныгуу	tınıguu
doping (m)	допинг	doping
penalizar (vt)	жазалоо	dʒazaloo
desqualificar (vt)	дисквалификациялоо	diskvalifitsijaloo
aparelho (m)	снаряд	snarʲad

dardo (m)	найза	najza
peso (m)	ядро	jadro
bola (f)	бильярд шары	biljard ʃarı
alvo, objetivo (m)	бута	buta
alvo (~ de papel)	бута	buta
atirar, disparar (vi)	атуу	atuu
preciso (tiro ~)	таамай	taamaj
treinador (m)	машыктыруучу	maʃıktıruutʃu
treinar (vt)	машыктыруу	maʃıktıruu
treinar-se (vr)	машыгуу	maʃıguu
treino (m)	машыгуу	maʃıguu
ginásio (m)	спортзал	sportzal
exercício (m)	көнүгүү	kønygyy
aquecimento (m)	дене керүү	dene keryy

Educação

142. Escola

escola (f)	мектеп	mektep
diretor (m) de escola	мектеп директору	mektep direktoru
aluno (m)	окуучу бала	okuuʧu bala
aluna (f)	окуучу кыз	okuuʧu kız
escolar (m)	окуучу	okuuʧu
escolar (f)	окуучу кыз	okuuʧu kız
ensinar (vt)	окутуу	okutuu
aprender (vt)	окуу	okuu
aprender de cor	жаттоо	ʤattoo
estudar (vi)	үйрөнүү	yjrønyy
andar na escola	мектепке баруу	mektepke baruu
ir à escola	окууга баруу	okuuga baruu
alfabeto (m)	алфавит	alfavit
disciplina (f)	сабак	sabak
sala (f) de aula	класс	klass
lição (f)	сабак	sabak
recreio (m)	танапис	tanapis
toque (m)	коңгуроо	konguroo
carteira (f)	парта	parta
quadro (m) negro	такта	takta
nota (f)	баа	baa
boa nota (f)	жакшы баа	ʤakʃı baa
nota (f) baixa	жаман баа	ʤaman baa
dar uma nota	баа коюу	baa kojʉu
erro (m)	ката	kata
fazer erros	ката кетирүү	kata ketiryy
corrigir (vt)	түзөтүү	tyzøtyy
cábula (f)	шпаргалка	ʃpargalka
dever (m) de casa	үй иши	yj iʃi
exercício (m)	көнүгүү	kønygyy
estar presente	катышуу	katıʃuu
estar ausente	келбей калуу	kelbej kaluu
faltar às aulas	сабактарды калтыруу	sabaktardı kaltıruu
punir (vt)	жазалоо	ʤazaloo
punição (f)	жаза	ʤaza
comportamento (m)	жүрүм-турум	ʤyrym-turum

boletim (m) escolar	күндөлүк	kyndølyk
lápis (m)	карандаш	karandaʃ
borracha (f)	өчүргүч	øtʃyrgytʃ
giz (m)	бор	bor
estojo (m)	калем салгыч	kalem salgıtʃ

pasta (f) escolar	портфель	portfelʲ
caneta (f)	калем сап	kalem sap
caderno (m)	дептер	depter
manual (m) escolar	китеп	kitep
compasso (m)	циркуль	tsırkulʲ

traçar (vt)	чийүү	tʃijyy
desenho (m) técnico	чийме	tʃijme

poesia (f)	ыр сап	ır sap
de cor	жатка	dʒatka
aprender de cor	жаттоо	dʒattoo

férias (f pl)	эс алуу	es aluu
estar de férias	эс алууда болуу	es aluuda boluu
passar as férias	эс алууну өткөзүү	es aluunu øtkøzyy

teste (m)	текшерүү иш	tekʃeryy iʃ
composição, redação (f)	дил баян	dil bajan
ditado (m)	жат жаздыруу	dʒat dʒazdıruu
exame (m)	экзамен	ekzamen
fazer exame	экзамен тапшыруу	ekzamen tapʃıruu
experiência (~ química)	тажрыйба	tadʒrıjba

143. Colégio. Universidade

academia (f)	академия	akademija
universidade (f)	университет	universitet
faculdade (f)	факультет	fakulʲtet

estudante (m)	студент бала	student bala
estudante (f)	студент кыз	student kız
professor (m)	мугалим	mugalim

sala (f) de palestras	дарскана	darskana
graduado (m)	окуу жайды бүтүрүүчү	okuu dʒajdı bytyryytʃy

diploma (m)	диплом	diplom
tese (f)	диссертация	dissertatsija

estudo (obra)	изилдөө	izildøø
laboratório (m)	лаборатория	laboratorija

palestra (f)	лекция	lektsija
colega (m) de curso	курсташ	kurstaʃ

bolsa (f) de estudos	стипендия	stipendija
grau (m) académico	илимий даража	ilimij daradʒa

144. Ciências. Disciplinas

matemática (f)	математика	matematika
álgebra (f)	алгебра	algebra
geometria (f)	геометрия	geometrija
astronomia (f)	астрономия	astronomija
biologia (f)	биология	biologija
geografia (f)	география	geografija
geologia (f)	геология	geologija
história (f)	тарых	tarıχ
medicina (f)	медицина	meditsina
pedagogia (f)	педагогика	pedagogika
direito (m)	укук	ukuk
física (f)	физика	fizika
química (f)	химия	χimija
filosofia (f)	философия	filosofija
psicologia (f)	психология	psiχologija

145. Sistema de escrita. Ortografia

gramática (f)	грамматика	grammatika
vocabulário (m)	лексика	leksika
fonética (f)	фонетика	fonetika
substantivo (m)	зат атооч	zat atootʃ
adjetivo (m)	сын атооч	sın atootʃ
verbo (m)	этиш	etiʃ
advérbio (m)	тактооч	taktootʃ
pronome (m)	ат атооч	at atootʃ
interjeição (f)	сырдык сөз	sırdık søz
preposição (f)	препозиция	prepozitsija
raiz (f) da palavra	сөздүн уңгусу	søzdyn uŋgusu
terminação (f)	жалгоо	dʒalgoo
prefixo (m)	префикс	prefiks
sílaba (f)	муун	muun
sufixo (m)	суффикс	suffiks
acento (m)	басым	basım
apóstrofo (m)	апостроф	apostrof
ponto (m)	чекит	tʃekit
vírgula (f)	үтүр	ytyr
ponto e vírgula (m)	чекитүү үтүр	tʃekityy ytyr
dois pontos (m pl)	кош чекит	koʃ tʃekit
reticências (f pl)	көп чекит	køp tʃekit
ponto (m) de interrogação	суроо белгиси	suroo belgisi
ponto (m) de exclamação	илеп белгиси	ilep belgisi

127

aspas (f pl)	тырмакча	tırmaktʃa
entre aspas	тырмакчага алынган	tırmaktʃaga alıngan
parênteses (m pl)	кашаа	kaʃaa
entre parênteses	кашаага алынган	kaʃaaga alıngan
hífen (m)	дефис	defis
travessão (m)	тире	tire
espaço (m)	аралык	aralık
letra (f)	тамга	tamga
letra (f) maiúscula	баш тамга	baʃ tamga
vogal (f)	үндүү тыбыш	yndyy tıbıʃ
consoante (f)	үнсүз тыбыш	ynsyz tıbıʃ
frase (f)	сүйлөм	syjløm
sujeito (m)	сүйлөмдүн ээси	syjlømdyn eesi
predicado (m)	баяндооч	bajandootʃ
linha (f)	сап	sap
em uma nova linha	жаңы сап	dʒaŋı sap
parágrafo (m)	абзац	abzats
palavra (f)	сөз	søz
grupo (m) de palavras	сөз айкашы	søz ajkaʃı
expressão (f)	туюнтма	tujʉntma
sinónimo (m)	синоним	sinonim
antónimo (m)	антоним	antonim
regra (f)	эреже	eredʒe
exceção (f)	чектен чыгаруу	tʃekten tʃıgaruu
correto	туура	tuura
conjugação (f)	жактоо	dʒaktoo
declinação (f)	жөндөлүш	dʒøndølyʃ
caso (m)	жөндөмө	dʒøndømø
pergunta (f)	суроо	suroo
sublinhar (vt)	баса белгилөө	basa belgiløø
linha (f) pontilhada	пунктир	punktir

146. Línguas estrangeiras

língua (f)	тил	til
estrangeiro	чет	tʃet
língua (f) estrangeira	чет тил	tʃet til
estudar (vt)	окуу	okuu
aprender (vt)	үйрөнүү	yjrønyy
ler (vt)	окуу	okuu
falar (vi)	сүйлөө	syjløø
compreender (vt)	түшүнүү	tyʃynyy
escrever (vt)	жазуу	dʒazuu
rapidamente	тез	tez
devagar	жай	dʒaj

fluentemente	эркин	erkin
regras (f pl)	эрежелер	eredʒeler
gramática (f)	грамматика	grammatika
vocabulário (m)	лексика	leksika
fonética (f)	фонетика	fonetika

manual (m) escolar	китеп	kitep
dicionário (m)	сөздүк	søzdyk
manual (m) de autoaprendizagem	өзү үйрөткүч	øzy yjrøtkytʃ
guia (m) de conversação	тилачар	tilatʃar

cassete (f)	кассета	kasseta
vídeo cassete (m)	видеокассета	videokasseta
CD (m)	CD, компакт-диск	sidi, kompakt-disk
DVD (m)	DVD-диск	dividi-disk

alfabeto (m)	алфавит	alfavit
soletrar (vt)	эжелеп айтуу	edʒelep ajtuu
pronúncia (f)	айтылышы	ajtılıʃı

sotaque (m)	акцент	aktsent
com sotaque	акцент менен	aktsent menen
sem sotaque	акцентсиз	aktsentsiz

| palavra (f) | сөз | søz |
| sentido (m) | маани | maani |

cursos (m pl)	курстар	kurstar
inscrever-se (vr)	курска жазылуу	kurska dʒazıluu
professor (m)	окутуучу	okutuutʃu

tradução (processo)	которуу	kotoruu
tradução (texto)	котормо	kotormo
tradutor (m)	котормочу	kotormotʃu
intérprete (m)	оозеки котормочу	oozeki kotormotʃu

| poliglota (m) | полиглот | poliglot |
| memória (f) | эс тутум | es tutum |

147. Personagens de contos de fadas

Pai (m) Natal	Санта Клаус	santa klaus
Cinderela (f)	Күлала кыз	kylala kız
sereia (f)	суу периси	suu perisi
Neptuno (m)	Нептун	neptun

mago (m)	сыйкырчы	sıjkırtʃı
fada (f)	сыйкырчы	sıjkırtʃı
mágico	сыйкырдуу	sıjkırduu
varinha (f) mágica	сыйкырлуу таякча	sıjkırluu tajaktʃa

| conto (m) de fadas | жомок | dʒomok |
| milagre (m) | керемет | keremet |

| anão (m) | эргежээл | ergedʒeel |
| transformar-se em ... | ...га айлануу | ...ga ajlanuu |

fantasma (m)	көрүнчү	køryntʃy
espeto (m)	арбак	arbak
monstro (m)	желмогуз	dʒelmoguz
dragão (m)	ажыдаар	adʒıdaar
gigante (m)	дөө	døø

148. Signos do Zodíaco

Carneiro	Кой	koj
Touro	Букачар	bukatʃar
Gémeos	Эгиздер	egizder
Caranguejo	Рак	rak
Leão	Арстан	arstan
Virgem (f)	Суу пери	suu peri

Balança	Тараза	taraza
Escorpião	Чаян	tʃajan
Sagitário	Жаачы	dʒaatʃı
Capricórnio	Текечер	teketʃer
Aquário	Суу куяр	suu kujar
Peixes	Балыктар	balıktar

caráter (m)	мүнөз	mynøz
traços (m pl) do caráter	мүнөздүн түрү	mynøzdyn tyry
comportamento (m)	журум-турум	dʒyrym-turum
predizer (vt)	төлгө ачуу	tølgø atʃuu
adivinha (f)	көз ачык	køz atʃık
horóscopo (m)	жылдыз төлгө	dʒıldız tølgø

Artes

149. Teatro

teatro (m)	театр	teatr
ópera (f)	опера	opera
opereta (f)	оперетта	operetta
balé (m)	балет	balet

cartaz (m)	афиша	afiʃa
companhia (f) teatral	труппа	truppa
turné (digressão)	гастрольго чыгуу	gastroliᵍo tʃɪguu
estar em turné	гастрольдо жүрүү	gastrolido dʒyryy
ensaiar (vt)	репетиция кылуу	repetitsija kıluu
ensaio (m)	репетиция	repetitsija
repertório (m)	репертуар	repertuar

apresentação (f)	көрсөтүү	kørsøtyy
espetáculo (m)	спектакль	spektakli
peça (f)	пьеса	pjesa

bilhete (m)	билет	bilet
bilheteira (f)	билет кассасы	bilet kassası
hall (m)	холл	xoll
guarda-roupa (m)	гардероб	garderob
senha (f) numerada	номерок	nomerok
binóculo (m)	дүрбү	dyrby
lanterninha (m)	текшерүүчү	tekʃeryytʃy

plateia (f)	партер	parter
balcão (m)	балкон	balkon
primeiro balcão (m)	бельэтаж	beljetadʒ
camarote (m)	ложа	lodʒa
fila (f)	катар	katar
assento (m)	орун	orun

público (m)	эл	el
espetador (m)	көрүүчү	køryytʃy
aplaudir (vt)	кол чабуу	kol tʃabuu
aplausos (m pl)	кол чабуулар	kol tʃabuular
ovação (f)	дүркүрөгөн кол чабуулар	dyrkyrøgøn kol tʃabuular

palco (m)	сахна	saxna
pano (m) de boca	көшөгө	køʃøgø
cenário (m)	декорация	dekoratsija
bastidores (m pl)	көшөгө артында	køʃøgø artında

cena (f)	көрсөтмө	kørsøtmø
ato (m)	окуя	okuja
entreato (m)	антракт	antrakt

150. Cinema

ator (m)	актёр	akt'or
atriz (f)	актриса	aktrisa
cinema (m)	кино	kino
filme (m)	тасма	tasma
episódio (m)	серия	serija
filme (m) policial	детектив	detektiv
filme (m) de ação	салгылаш тасмасы	salgılaʃ tasması
filme (m) de aventuras	укмуштуу окуялуу тасма	ukmuʃtuu okujaluu tasma
filme (m) de ficção científica	билим-жалган аралаш тасмасы	bilim-dʒalgan aralaʃ tasması
filme (m) de terror	коркутуу тасмасы	korkutuu tasması
comédia (f)	күлкүлүү кино	kylkylyy kino
melodrama (m)	ый менен кайгы аралаш	ıy menen kajgı aralaʃ
drama (m)	драма	drama
filme (m) ficcional	көркөм тасма	kørkøm tasma
documentário (m)	документүү тасма	dokumentyy tasma
desenho (m) animado	мультфильм	mul'tfil'm
cinema (m) mudo	үнсүз кино	ynsyz kino
papel (m)	роль	rol'
papel (m) principal	башкы роль	baʃkı rol'
representar (vt)	ойноо	ojnoo
estrela (f) de cinema	кино жылдызы	kino dʒıldızı
conhecido	белгилүү	belgilyy
famoso	атактуу	ataktuu
popular	даңазалуу	daŋazaluu
argumento (m)	сценарий	stsenarij
argumentista (m)	сценарист	stsenarist
realizador (m)	режиссёр	redʒiss'or
produtor (m)	продюсер	produser
assistente (m)	ассистент	assistent
diretor (m) de fotografia	оператор	operator
duplo (m)	айлагер	ajlager
duplo (m) de corpo	кейпин кийүүчү	kejpin kijyytʃy
filmar (vt)	тасма тартуу	tasma tartuu
audição (f)	сыноо	sınoo
filmagem (f)	тартуу	tartuu
equipe (f) de filmagem	тартуу группасы	tartuu gruppası
set (m) de filmagem	тартуу аянты	tartuu ajantı
câmara (f)	кинокамера	kinokamera
cinema (m)	кинотеатр	kinoteatr
ecrã (m), tela (f)	экран	ekran
exibir um filme	тасманы көрсөтүү	tasmanı kørsøtyy
pista (f) sonora	үн нугу	yn nugu
efeitos (m pl) especiais	атайын эффектер	atajın effekter

legendas (f pl)	субтитрлер	subtitrler
crédito (m)	титрлер	titrler
tradução (f)	которуу	kotoruu

151. Pintura

arte (f)	көркөм өнөр	kørkøm ønør
belas-artes (f pl)	көркөм чеберчилик	kørkøm tʃebertʃilik
galeria (f) de arte	арт-галерея	art-galereja
exposição (f) de arte	сүрөт көргөзмесү	syrøt kørgøzmøsy

pintura (f)	живопись	dʒivopisʲ
arte (f) gráfica	графика	grafika
arte (f) abstrata	абстракционизм	abstraktsionizm
impressionismo (m)	импрессионизм	impressionizm

pintura (f), quadro (m)	сүрөт	syrøt
desenho (m)	сүрөт	syrøt
cartaz, póster (m)	көрнөк	kørnøk

ilustração (f)	иллюстрация	illustratsija
miniatura (f)	миниатюра	miniatura
cópia (f)	көчүрмө	køtʃyrmø
reprodução (f)	репродукция	reproduktsija

mosaico (m)	мозаика	mozaika
vitral (m)	витраж	vitradʒ
fresco (m)	фреска	freska
gravura (f)	гравюра	gravura

busto (m)	бюст	bust
escultura (f)	айкел	ajkel
estátua (f)	айкел	ajkel
gesso (m)	гипс	gips
em gesso	гипстен	gipsten

retrato (m)	портрет	portret
autorretrato (m)	автопортрет	avtoportret
paisagem (f)	теребел сүрөтү	terebel syrøty
natureza (f) morta	буюмдар сүрөтү	bujumdar syrøty
caricatura (f)	карикатура	karikatura
esboço (m)	сомо	somo

tinta (f)	боек	boek
aguarela (f)	акварель	akvarelʲ
óleo (m)	майбоёк	majbojok
lápis (m)	карандаш	karandaʃ
tinta da China (f)	тушь	tuʃ
carvão (m)	көмүр	kømyr

desenhar (vt)	тартуу	tartuu
pintar (vt)	боёк менен тартуу	bojok menen tartuu
posar (vi)	атайын туруу	atajın turuu
modelo (m)	атайын туруучу	atajın turuutʃu

133

modelo (f)	атайын туруучу	atajın turuuʧu
pintor (m)	сүрөтчү	syrøtʧy
obra (f)	чыгарма	ʧıgarma
obra-prima (f)	чеберчиликтин чокусу	ʧeberʧiliktin ʧokusu
estúdio (m)	устакана	ustakana

tela (f)	кендир	kendir
cavalete (m)	мольберт	molʲbert
paleta (f)	палитра	palitra

moldura (f)	алкак	alkak
restauração (f)	калыбына келтирүү	kalıbına keltiryy
restaurar (vt)	калыбына келтирүү	kalıbına keltiryy

152. Literatura & Poesia

literatura (f)	адабият	adabijat
autor (m)	автор	avtor
pseudónimo (m)	лакап ат	lakap at

livro (m)	китеп	kitep
volume (m)	том	tom
índice (m)	мазмун	mazmun
página (f)	бет	bet
protagonista (m)	башкы каарман	baʃkı kaarman
autógrafo (m)	кол тамга	kol tamga

conto (m)	окуя	okuja
novela (f)	аңгеме	aŋgeme
romance (m)	роман	roman
obra (f)	дил баян	dil bajan
fábula (m)	тамсил	tamsil
romance (m) policial	детектив	detektiv

poesia (obra)	ыр сап	ır sap
poesia (arte)	поэзия	poezija
poema (m)	поэма	poema
poeta (m)	акын	akın

ficção (f)	сулуулатып жазуу	suluulatıp dʒazuu
ficção (f) científica	билим-жалган аралаш	bilim-dʒalgan aralaʃ
aventuras (f pl)	укмуштуу окуялар	ukmuʃtuu okujalar
literatura (f) didática	билим берүү адабияты	bilim beryy adabijatı
literatura (f) infantil	балдар адабияты	baldar adabijatı

153. Circo

circo (m)	цирк	ʦırk
circo (m) ambulante	цирк-шапито	ʦırk-ʃapito
programa (m)	программа	programma
apresentação (f)	көрсөтүү	kørsøtyy
número (m)	номер	nomer

arena (f)	арена	arena
pantomima (f)	пантомима	pantomima
palhaço (m)	маскарапоз	maskarapoz

acrobata (m)	акробат	akrobat
acrobacia (f)	акробатика	akrobatika
ginasta (m)	гимнаст	gimnast
ginástica (f)	гимнастика	gimnastika
salto (m) mortal	тоңкочуктап атуу	toŋkoʧuktap atuu

homem forte (m)	атлет	atlet
domador (m)	ыкка көндүрүүчү	ıkka køndyryyʧy
cavaleiro (m) equilibrista	чабандес	ʧabandes
assistente (m)	жардамчы	dʒardamʧı

truque (m)	ыкма	ıkma
truque (m) de mágica	көз боемо	køz boemo
mágico (m)	көз боемочу	køz boemoʧu

malabarista (m)	жонглёр	dʒonglior
fazer malabarismos	жонглёрлук кылуу	dʒongliorluk kıluu
domador (m)	үйрөтүүчү	yjrøtyyʧy
adestramento (m)	үйрөтүү	yjrøtyy
adestrar (vt)	үйрөтүү	yjrøtyy

154. Música. Música popular

música (f)	музыка	muzıka
músico (m)	музыкант	muzıkant
instrumento (m) musical	музыка аспабы	muzıka aspabı
tocar ...	...да ойноо	...da ojnoo

guitarra (f)	гитара	gitara
violino (m)	скрипка	skripka
violoncelo (m)	виолончель	violonʧeli
contrabaixo (m)	контрабас	kontrabas
harpa (f)	арфа	arfa

piano (m)	пианино	pianino
piano (m) de cauda	рояль	rojali
órgão (m)	орган	organ

instrumentos (m pl) de sopro	үйлө аспаптары	yjlø aspaptarı
oboé (m)	гобой	goboj
saxofone (m)	саксофон	saksofon
clarinete (m)	кларнет	klarnet
flauta (f)	флейта	flejta
trompete (m)	сурнай	surnaj

| acordeão (m) | аккордеон | akkordeon |
| tambor (m) | добулбас | dobulbas |

| duo, dueto (m) | дуэт | duet |
| trio (m) | трио | trio |

quarteto (m)	квартет	kvartet
coro (m)	хор	χor
orquestra (f)	оркестр	orkestr

música (f) pop	поп-музыка	pop-muzıka
música (f) rock	рок-музыка	rok-muzıka
grupo (m) de rock	рок-группа	rok-gruppa
jazz (m)	джаз	dʒaz

| ídolo (m) | аздек | azdek |
| fã, admirador (m) | күйөрман | kyjørman |

concerto (m)	концерт	kontsert
sinfonia (f)	симфония	simfonija
composição (f)	чыгарма	tʃıgarma
compor (vt)	чыгаруу	tʃıgaruu

canto (m)	ырдоо	ırdoo
canção (f)	ыр	ır
melodia (f)	обон	obon
ritmo (m)	ыргак	ırgak
blues (m)	блюз	blʉz

notas (f pl)	ноталар	notalar
batuta (f)	таякча	tajaktʃa
arco (m)	кылдуу таякча	kılduu tajaktʃa
corda (f)	кыл	kıl
estojo (m)	куту	kutu

Descanso. Entretenimento. Viagens

155. Viagens

turismo (m)	туризм	turizm
turista (m)	турист	turist
viagem (f)	саякат	sajakat
aventura (f)	укмуштуу окуя	ukmuʃtuu okuja
viagem (f)	сапар	sapar
férias (f pl)	дем алыш	dem alıʃ
estar de férias	дем алышка чыгуу	dem alıʃka ʧıguu
descanso (m)	эс алуу	es aluu
comboio (m)	поезд	poezd
de comboio (chegar ~)	поезд менен	poezd menen
avião (m)	учак	uʧak
de avião	учакта	uʧakta
de carro	автомобилде	avtomobilde
de navio	кемеде	kemede
bagagem (f)	жүк	dʒyk
mala (f)	чемодан	ʧemodan
carrinho (m)	араба	araba
passaporte (m)	паспорт	pasport
visto (m)	виза	viza
bilhete (m)	билет	bilet
bilhete (m) de avião	авиабилет	aviabilet
guia (m) de viagem	жол көрсөткүч	dʒol kørsøtkyʧ
mapa (m)	карта	karta
local (m), area (f)	жай	dʒaj
lugar, sítio (m)	жер	dʒer
exotismo (m)	экзотика	ekzotika
exótico	экзотикалуу	ekzotikaluu
surpreendente	ажайып	adʒajıp
grupo (m)	топ	top
excursão (f)	экскурсия	ekskursija
guia (m)	экскурсия жетекчиси	ekskursija dʒetektʃisi

156. Hotel

hotel (m), pensão (f)	мейманкана	mejmankana
motel (m)	мотель	moteli
três estrelas	үч жылдыздуу	yʧ dʒıldızduu

| cinco estrelas | беш жылдыздуу | beʃ dʒıldızduu |
| ficar (~ num hotel) | токтоо | toktoo |

quarto (m)	номер	nomer
quarto (m) individual	бир орундуу	bir orunduu
quarto (m) duplo	эки орундуу	eki orunduu
reservar um quarto	номерди камдык буйрутмалоо	nomerdi kamdık bujrutmaloo

| meia pensão (f) | жарым пансион | dʒarım pansion |
| pensão (f) completa | толук пансион | toluk pansion |

com banheira	ваннасы менен	vannası menen
com duche	душ менен	duʃ menen
televisão (m) satélite	спутник	sputnik
ar (m) condicionado	аба желдеткич	aba dʒeldetkiʧ
toalha (f)	сүлгү	sylgy
chave (f)	ачкыч	aʧkıʧ

administrador (m)	администратор	administrator
camareira (f)	үй кызматкери	yj kızmatkeri
bagageiro (m)	жүк ташуучу	dʒyk taʃuuʧu
porteiro (m)	эшик ачуучу	eʃik aʧuuʧu

restaurante (m)	ресторан	restoran
bar (m)	бар	bar
pequeno-almoço (m)	таңкы тамак	taŋkı tamak
jantar (m)	кечки тамак	keʧki tamak
buffet (m)	шведче стол	ʃvedʧe stol

| hall (m) de entrada | вестибюль | vestibulʲ |
| elevador (m) | лифт | lift |

| NÃO PERTURBE | ТЫНЧЫБЫЗДЫ АЛБАГЫЛА! | tınʧıbızdı albagıla! |

| PROIBIDO FUMAR! | ТАМЕКИ ЧЕГҮҮГӨ БОЛБОЙТ! | tameki ʧegyygø bolbojt! |

157. Livros. Leitura

livro (m)	китеп	kitep
autor (m)	автор	avtor
escritor (m)	жазуучу	dʒazuuʧu
escrever (vt)	жазуу	dʒazuu

leitor (m)	окурман	okurman
ler (vt)	окуу	okuu
leitura (f)	окуу	okuu

| para si | үн чыгарбай | yn ʧıgarbaj |
| em voz alta | үн чыгарып | yn ʧıgarıp |

| publicar (vt) | басып чыгаруу | basıp ʧıgaruu |
| publicação (f) | басып чыгаруу | basıp ʧıgaruu |

editor (m)	басып чыгаруучу	basıp ʧıgaruutʃu
editora (f)	басмакана	basmakana

sair (vi)	жарык көрүү	dʒarık køryy
lançamento (m)	чыгуу	ʧıguu
tiragem (f)	нуска	nuska

livraria (f)	китеп дүкөнү	kitep dykøny
biblioteca (f)	китепкана	kitepkana

novela (f)	аңгеме	aŋgeme
conto (m)	окуя	okuja
romance (m)	роман	roman
romance (m) policial	детектив	detektiv

memórias (f pl)	эсте калгандары	este kalgandarı
lenda (f)	уламыш	ulamıʃ
mito (m)	миф	mif

poesia (f)	ыр	ır
autobiografia (f)	автобиография	avtobiografija
obras (f pl) escolhidas	тандалма	tandalma
ficção (f) científica	билим-жалган аралаш	bilim-dʒalgan aralaʃ

título (m)	аталышы	atalıʃı
introdução (f)	кириш сөз	kiriʃ søz
folha (f) de rosto	наам барагы	naam baragı

capítulo (m)	бөлум	bølum
excerto (m)	үзүндү	yzyndy
episódio (m)	эпизод	epizod

tema (m)	сюжет	sʉdʒet
conteúdo (m)	мазмун	mazmun
índice (m)	мазмун	mazmun
protagonista (m)	башкы каарман	baʃkı kaarman

tomo, volume (m)	том	tom
capa (f)	мукаба	mukaba
encadernação (f)	мукабалоо	mukabaloo
marcador (m) de livro	чөп кат	ʧøp kat

página (f)	бет	bet
folhear (vt)	барактоо	baraktoo
margem (f)	талаа	talaa
anotação (f)	белги	belgi
nota (f) de rodapé	эскертүү	eskertyy

texto (m)	текст	tekst
fonte (f)	шрифт	ʃrift
gralha (f)	ката	kata
tradução (f)	котормо	kotormo
traduzir (vt)	которуу	kotoruu
original (m)	тупнуска	typnuska
famoso	атактуу	ataktuu
desconhecido	белгисиз	belgisiz

| interessante | кызыктуу | kızıktuu |
| best-seller (m) | талашып сатып алынган | talaʃıp satıp alıngan |

dicionário (m)	сөздүк	søzdyk
manual (m) escolar	китеп	kitep
enciclopédia (f)	энциклопедия	entsiklopedija

158. Caça. Pesca

caça (f)	аңчылык	aŋʧılık
caçar (vi)	аңчылык кылуу	aŋʧılık kıluu
caçador (m)	аңчы	aŋʧı

atirar (vi)	атуу	atuu
caçadeira (f)	мылтык	mıltık
cartucho (m)	ок	ok
chumbo (m) de caça	чачма	ʧaʧma

armadilha (f)	капкан	kapkan
armadilha (com corda)	тузак	tuzak
cair na armadilha	капканга түшүү	kapkanga tyʃyy
pôr a armadilha	капкан коюу	kapkan kojuu

caçador (m) furtivo	браконьер	brakonjer
caça (f)	илбээсин	ilbeesin
cão (m) de caça	тайган	tajgan
safári (m)	сафари	safari
animal (m) empalhado	кеп	kep

pescador (m)	балыкчы	balıkʧı
pesca (f)	балык улоо	balık uloo
pescar (vt)	балык улоо	balık uloo

cana (f) de pesca	кайырмак	kajırmak
linha (f) de pesca	кайырмак жиби	kajırmak dʒibi
anzol (m)	илгич	ilgiʧ
boia (f)	калкыма	kalkıma
isca (f)	жем	dʒem

lançar a linha	кайырмак таштоо	kajırmak taʃtoo
morder (vt)	чокулоо	ʧokuloo
pesca (f)	кармалган балык	karmalgan balık
buraco (m) no gelo	муздагы оюк	muzdagı ojuk

rede (f)	тор	tor
barco (m)	кайык	kajık
pescar com rede	тор менен кармоо	tor menen karmoo
lançar a rede	тор таштоо	tor taʃtoo
puxar a rede	торду чыгаруу	tordu ʧıgaruu
cair nas malhas	торго түшүү	torgo tyʃyy

baleeiro (m)	кит уулоочу	kit uulooʧu
baleeira (f)	кит уулоочу кеме	kit uulooʧu keme
arpão (m)	гарпун	garpun

159. Jogos. Bilhar

bilhar (m)	бильярд	biljard
sala (f) de bilhar	бильярдкана	biljardkana
bola (f) de bilhar	бильярд шары	biljard ʃarı
embolsar uma bola	шарды киргизүү	ʃardı kirgizyy
taco (m)	кий	kij
caçapa (f)	луза	luza

160. Jogos. Jogar cartas

ouros (m pl)	момун	momun
espadas (f pl)	карга	karga
copas (f pl)	кызыл ача	kızıl atʃa
paus (m pl)	чырым	tʃırım
ás (m)	туз	tuz
rei (m)	король	korolʲ
dama (f)	матке	matke
valete (m)	балта	balta
carta (f) de jogar	оюн картасы	ojʉn kartası
cartas (f pl)	карталар	kartalar
trunfo (m)	көзүр	køzyr
baralho (m)	колода	koloda
ponto (m)	очко	otʃko
dar, distribuir (vt)	таратуу	taratuu
embaralhar (vt)	аралаштыруу	aralaʃtıruu
vez, jogada (f)	жүрүү	dʒyryy
batoteiro (m)	шумпай	ʃumpaj

161. Casino. Roleta

casino (m)	казино	kazino
roleta (f)	рулетка	ruletka
aposta (f)	коюм	kojʉm
apostar (vt)	коюм коюу	kojʉm kojʉu
vermelho (m)	кызыл	kızıl
preto (m)	кара	kara
apostar no vermelho	кызылга коюу	kızılga kojʉu
apostar no preto	карага коюу	karaga kojʉu
crupiê (m, f)	крупье	krupje
girar a roda	барабанды айлантуу	barabandı ajlantuu
regras (f pl) do jogo	оюн эрежеси	odʒʉn eredʒesi
ficha (f)	фишка	fiʃka
ganhar (vi, vt)	утуу	utuu
ganho (m)	утуу	utuu

| perder (dinheiro) | жеңилүү | ʤeɲilyy |
| perda (f) | уткузуу | utkuzuu |

jogador (m)	оюнчу	ojʉnʧu
blackjack (m)	блэк джек	blek ʤek
jogo (m) de dados	сөөк оюну	søøk ojʉnu
dados (m pl)	сөөктөр	søøktør
máquina (f) de jogo	оюн автоматы	ojʉn avtomatı

162. Descanso. Jogos. Diversos

passear (vi)	сейилдөө	sejildøø
passeio (m)	жөө сейилдөө	ʤøø sejildøø
viagem (f) de carro	саякат	sajakat
aventura (f)	укмуштуу окуя	ukmuʃtuu okuja
piquenique (m)	пикник	piknik

jogo (m)	оюн	ojʉn
jogador (m)	оюнчу	ojʉnʧu
partida (f)	партия	partija

colecionador (m)	жыйнакчы	ʤıjnakʧı
colecionar (vt)	жыйноо	ʤıjnoo
coleção (f)	жыйнак	ʤıjnak

palavras (f pl) cruzadas	кроссворд	krossvord
hipódromo (m)	ат майданы	at majdanı
discoteca (f)	дискотека	diskoteka

| sauna (f) | сауна | sauna |
| lotaria (f) | лотерея | lotereja |

campismo (m)	жөө сапар	ʤøø sapar
acampamento (m)	лагерь	lagerʲ
tenda (f)	чатыр	ʧatır
bússola (f)	компас	kompas
campista (m)	турист	turist

ver (vt), assistir à ...	көрүү	køryy
telespectador (m)	телекөрүүчү	telekøryyʧy
programa (m) de TV	теле көрсөтүү	tele kørsøtyy

163. Fotografia

| máquina (f) fotográfica | фотоаппарат | fotoapparat |
| foto, fotografia (f) | фото | foto |

fotógrafo (m)	сүрөтчү	syrøtʧy
estúdio (m) fotográfico	фотостудия	fotostudija
álbum (m) de fotografias	фотоальбом	fotoalʲbom
objetiva (f)	объектив	obʰjektiv
teleobjetiva (f)	телеобъектив	teleobʰjektiv

| filtro (m) | фильтр | fil'tr |
| lente (f) | линза | linza |

ótica (f)	оптика	optika
abertura (f)	диафрагма	diafragma
exposição (f)	тушугуу	tuʃuguu
visor (m)	көрүнүш табуучу	kørynyʃ tabuutʃu

câmara (f) digital	санарип камерасы	sanarip kamerası
tripé (m)	үч бут	ytʃ but
flash (m)	жарк этүү	dʒark etyy

fotografar (vt)	сүрөткө тартуу	syrøtkø tartuu
tirar fotos	тартуу	tartuu
fotografar-se	сүрөткө түшүү	syrøtkø tyʃyy

foco (m)	фокус	fokus
focar (vt)	фокусту ондоо	fokustu oŋdoo
nítido	фокуста	fokusta
nitidez (f)	дааналык	daanalık

| contraste (m) | контраст | kontrast |
| contrastante | контрасттагы | kontrasttagı |

retrato (m)	сүрөт	syrøt
negativo (m)	негатив	negativ
filme (m)	фотоплёнка	fotopl'onka
fotograma (m)	кадр	kadr
imprimir (vt)	басып чыгаруу	basıp tʃıgaruu

164. Praia. Natação

praia (f)	суу жээги	suu dʒeegi
areia (f)	кум	kum
deserto	ээн суу жээги	een suu dʒeegi

bronzeado (m)	күнгө күйүү	kyngø kyjyy
bronzear-se (vr)	күнгө кактануу	kyngø kaktanuu
bronzeado	күнгө күйгөн	kyngø kyjgøn
protetor (m) solar	күнгө күйүш үчүн крем	kyngø kyjyʃ ytʃyn krem

biquíni (m)	бикини	bikini
fato (m) de banho	купальник	kupal'nik
calção (m) de banho	плавки	plavki

piscina (f)	бассейн	bassejn
nadar (vi)	сүзүү	syzyy
duche (m)	душ	duʃ
mudar de roupa	кийим алмаштыруу	kijim almaʃtıruu
toalha (f)	сүлгү	sylgy

barco (m)	кайык	kajık
lancha (f)	катер	kater
esqui (m) aquático	суу чаңгысы	suu tʃaŋgısı

barco (m) de pedais	суу велосипеди	suu velosipedi
surf (m)	тактай тебүү	taktaj tebyy
surfista (m)	тактай тебүүчү	taktaj tebyytʃy
equipamento (m) de mergulho	акваланг	akvalang
barbatanas (f pl)	ласты	lastı
máscara (f)	маска	maska
mergulhador (m)	сууга сүңгүү	suuga syngyy
mergulhar (vi)	сүңгүү	syngyy
debaixo d'água	суу астында	suu astında
guarda-sol (m)	зонт	zont
espreguiçadeira (f)	шезлонг	ʃezlong
óculos (m pl) de sol	көз айнек	køz ajnek
colchão (m) de ar	сүзүү үчүн матрас	syzyy ytʃyn matras
brincar (vi)	ойноо	ojnoo
ir nadar	сууга түшүү	suuga tyʃyy
bola (f) de praia	топ	top
encher (vt)	үйлөө	yjløø
inflável, de ar	үйлөнмө	yjlønmø
onda (f)	толкун	tolkun
boia (f)	буй	buj
afogar-se (pessoa)	чөгүү	tʃøgyy
salvar (vt)	куткаруу	kutkaruu
colete (m) salva-vidas	куткаруучу күрмө	kutkaruutʃu kyrmø
observar (vt)	байкоо	bajkoo
nadador-salvador (m)	куткаруучу	kutkaruutʃu

EQUIPAMENTO TÉCNICO. TRANSPORTES

Equipamento técnico. Transportes

165. Computador

computador (m)	компьютер	kompjuter
portátil (m)	ноутбук	noutbuk
ligar (vt)	күйгүзүү	kyjgyzyy
desligar (vt)	өчүрүү	øtʃyryy
teclado (m)	ариптакта	ariptakta
tecla (f)	баскыч	baskıtʃ
rato (m)	чычкан	tʃıtʃkan
tapete (m) de rato	килемче	kilemtʃe
botão (m)	баскыч	baskıtʃ
cursor (m)	курсор	kursor
monitor (m)	монитор	monitor
ecrã (m)	экран	ekran
disco (m) rígido	катуу диск	katuu disk
capacidade (f) do disco rígido	катуу дисктин көлөмү	katuu disktin kølømy
memória (f)	эс тутум	es tutum
memória RAM (f)	оперативдик эс тутум	operativdik es tutum
ficheiro (m)	файл	fajl
pasta (f)	папка	papka
abrir (vt)	ачуу	atʃuu
fechar (vt)	жабуу	dʒabuu
guardar (vt)	сактоо	saktoo
apagar, eliminar (vt)	жок кылуу	dʒok kıluu
copiar (vt)	көчүрүү	køtʃyryy
ordenar (vt)	иреттөө	irettøø
copiar (vt)	өткөрүү	øtkøryy
programa (m)	программа	programma
software (m)	программалык	programmalık
programador (m)	программист	programmist
programar (vt)	программалаштыруу	programmalaʃtıruu
hacker (m)	хакер	χaker
senha (f)	сырсөз	sırsøz
vírus (m)	вирус	virus
detetar (vt)	издеп табуу	izdep tabuu
byte (m)	байт	bajt

megabyte (m)	мегабайт	megabajt
dados (m pl)	маалыматтар	maalımattar
base (f) de dados	маалымат базасы	maalımat bazası
cabo (m)	кабель	kabelʲ
desconectar (vt)	ажыратуу	adʒıratuu
conetar (vt)	туташтыруу	tutaʃtıruu

166. Internet. E-mail

internet (f)	интернет	internet
browser (m)	браузер	brauzer
motor (m) de busca	издөө аспабы	izdøø aspabı
provedor (m)	провайдер	provajder
webmaster (m)	веб-мастер	web-master
website, sítio web (m)	веб-сайт	web-sajt
página (f) web	веб-баракча	web-baraktʃa
endereço (m)	дарек	darek
livro (m) de endereços	дарек китепчеси	darek kiteptʃesi
caixa (f) de correio	почта ящиги	potʃta jaʃtʃigi
correio (m)	почта	potʃta
cheia (caixa de correio)	толуп калган	tolup kalgan
mensagem (f)	кабар	kabar
mensagens (f pl) recebidas	келген кабарлар	kelgen kabarlar
mensagens (f pl) enviadas	жөнөтүлгөн кабарлар	dʒønøtylgøn kabarlar
remetente (m)	жөнөтүүчү	dʒønøtyytʃy
enviar (vt)	жөнөтүү	dʒønøtyy
envio (m)	жөнөтүү	dʒønøtyy
destinatário (m)	алуучу	aluutʃu
receber (vt)	алуу	aluu
correspondência (f)	жазышуу	dʒazıʃuu
corresponder-se (vr)	жазышуу	dʒazıʃuu
ficheiro (m)	файл	fajl
fazer download, baixar	жүктөө	dʒyktøø
criar (vt)	жаратуу	dʒaratuu
apagar, eliminar (vt)	жок кылуу	dʒok kıluu
eliminado	жок кылынган	dʒok kılıngan
conexão (f)	байланыш	bajlanıʃ
velocidade (f)	ылдамдык	ıldamdık
modem (m)	модем	modem
acesso (m)	жеткирилүү	dʒetkirilyy
porta (f)	порт	port
conexão (f)	туташуу	tutaʃuu
conetar (vi)	… туташуу	… tutaʃuu

| escolher (vt) | тандоо | tandoo |
| buscar (vt) | ... издее | ... izdøø |

167. Eletricidade

eletricidade (f)	электр кубаты	elektr kubatı
elétrico	электрикалык	elektrikalık
central (f) elétrica	электростанция	elektrostantsija
energia (f)	энергия	energija
energia (f) elétrica	электр кубаты	elektr kubatı

lâmpada (f)	лампочка	lampotʃka
lanterna (f)	шам	ʃam
poste (m) de iluminação	шам	ʃam

luz (f)	жарык	dʒarık
ligar (vt)	күйгүзүү	kyjgyzyy
desligar (vt)	өчүрүү	øtʃyryy
apagar a luz	жарыкты өчүрүү	dʒarıktı øtʃyryy

fundir (vi)	күйүп кетүү	kyjyp ketyy
curto-circuito (m)	кыска туташуу	kıska tutaʃuu
rutura (f)	үзүлүү	yzylyy
contacto (m)	контакт	kontakt

interruptor (m)	өчүргүч	øtʃyrgytʃ
tomada (f)	розетка	rozetka
ficha (f)	сайгыч	sajgıtʃ
extensão (f)	узарткыч	uzartkıtʃ

fusível (m)	эриме сактагыч	erime saktagıtʃ
fio, cabo (m)	зым	zım
instalação (f) elétrica	электр зымы	elektr zımı

ampere (m)	ампер	amper
amperagem (f)	токтун күчү	toktun kytʃy
volt (m)	вольт	volʲt
voltagem (f)	чыңалуу	tʃıŋaluu

| aparelho (m) elétrico | электр алет | elektr alet |
| indicador (m) | көрсөткүч | kørsøtkytʃ |

eletricista (m)	электрик	elektrik
soldar (vt)	кандоо	kandoo
ferro (m) de soldar	кандагыч аспап	kandagıtʃ aspap
corrente (f) elétrica	электр тогу	elektr togu

168. Ferramentas

ferramenta (f)	аспап	aspap
ferramentas (f pl)	аспаптар	aspaptar
equipamento (m)	жабдуу	dʒabduu

martelo (m)	балка	balka
chave (f) de fendas	бурагыч	buragıtʃ
machado (m)	балта	balta

serra (f)	араа	araa
serrar (vt)	аралоо	araloo
plaina (f)	тактай сүргүч	taktaj syrgytʃ
aplainar (vt)	сүрүү	syryy
ferro (m) de soldar	кандагыч аспап	kaŋdagıtʃ aspap
soldar (vt)	кандоо	kaŋdoo

lima (f)	өгөө	øgøø
tenaz (f)	аттиш	attiʃ
alicate (m)	жалпак тиштүү кычкач	dʒalpak tiʃtyy kıtʃkatʃ
formão (m)	тешкич	teʃkitʃ

broca (f)	бургу	burgu
berbequim (f)	үшкү	yʃky
furar (vt)	бургулап тешүү	burgulap teʃyy

faca (f)	бычак	bıtʃak
canivete (m)	чөнтөк бычак	tʃøntøk bıtʃak
lâmina (f)	миз	miz

afiado	курч	kurtʃ
cego	мокок	mokok
embotar-se (vr)	мокотулуу	mokotuluu
afiar, amolar (vt)	курчутуу	kurtʃutuu

parafuso (m)	буроо	buroo
porca (f)	бурама	burama
rosca (f)	бураманын сайы	buramanın sajı
parafuso (m) para madeira	буроо мык	buroo mık

| prego (m) | мык | mık |
| cabeça (f) do prego | баш | baʃ |

régua (f)	сызгыч	sızgıtʃ
fita (f) métrica	рулетка	ruletka
nível (m)	деңгээл	deŋgeel
lupa (f)	чоңойтуч	tʃoŋojtutʃ

medidor (m)	ченөөчү аспап	tʃenøøtʃy aspap
medir (vt)	ченөө	tʃenøø
escala (f)	шкала	ʃkala
indicação (f), registo (m)	көрсөтүү ченем	kørsøtyy tʃenem

| compressor (m) | компрессор | kompressor |
| microscópio (m) | микроскоп | mikroskop |

bomba (f)	соргу	sorgu
robô (m)	робот	robot
laser (m)	лазер	lazer

| chave (f) de boca | гайка ачкычы | gajka atʃkıtʃı |
| fita (f) adesiva | жабышкак тасма | dʒabıʃkak tasma |

cola (f)	желим	ʤelim
lixa (f)	кум кагаз	kum kagaz
mola (f)	серпилгич	serpilgiʧ
íman (m)	магнит	magnit
luvas (f pl)	колкап	kolkap

corda (f)	аркан	arkan
cordel (m)	жип	ʤip
fio (m)	зым	zım
cabo (m)	кабель	kabelʲ

marreta (f)	барскан	barskan
pé de cabra (m)	лом	lom
escada (f) de mão	шаты	ʃatı
escadote (m)	кичинекей шаты	kitʃinekej ʃatı

enroscar (vt)	бурап бекитүү	burap bekityy
desenroscar (vt)	бурап чыгаруу	burap ʧıgaruu
apertar (vt)	кысуу	kısuu
colar (vt)	жабыштыруу	ʤabıʃtıruu
cortar (vt)	кесүү	kesyy

falha (mau funcionamento)	бузулгандык	buzulgandık
conserto (m)	оңдоо	oŋdoo
consertar, reparar (vt)	оңдоо	oŋdoo
regular, ajustar (vt)	туураалоо	tuuraloo

verificar (vt)	текшерүү	tekʃeryy
verificação (f)	текшерүү	tekʃeryy
indicação (f), registo (m)	көрсөтүү ченем	kørsøtyy ʧenem

| seguro | ишеничтүү | iʃenitʃtyy |
| complicado | кыйын | kıjın |

enferrujar (vi)	дат басуу	dat basuu
enferrujado	дат баскан	dat baskan
ferrugem (f)	дат	dat

Transportes

169. Avião

avião (m)	учак	utʃak
bilhete (m) de avião	авиабилет	aviabilet
companhia (f) aérea	авиакомпания	aviakompanija
aeroporto (m)	аэропорт	aeroport
supersónico	сверхзвуковой	sverχzvukovoj
comandante (m) do avião	кеме командири	keme komandiri
tripulação (f)	экипаж	ekipadʒ
piloto (m)	учкуч	utʃkutʃ
hospedeira (f) de bordo	стюардесса	stʉardessa
copiloto (m)	штурман	ʃturman
asas (f pl)	канаттар	kanattar
cauda (f)	куйрук	kujruk
cabine (f) de pilotagem	кабина	kabina
motor (m)	кыймылдаткыч	kɨjmɨldatkɨtʃ
trem (m) de aterragem	шасси	ʃassi
turbina (f)	турбина	turbina
hélice (f)	пропеллер	propeller
caixa-preta (f)	кара куту	kara kutu
coluna (f) de controlo	штурвал	ʃturval
combustível (m)	күйгүүчү май	kyjyytʃy may
instruções (f pl) de segurança	коопсуздук көрсөтмөсү	koopsuzduk kørsøtmøsy
máscara (f) de oxigénio	кислород чүмбөтү	kislorod tʃymbøty
uniforme (m)	бир беткей кийим	bir betkey kijim
colete (m) salva-vidas	куткаруучу курмө	kutkaruutʃu kyrmø
paraquedas (m)	парашют	paraʃʉt
descolagem (f)	учуп көтөрүлүү	utʃup køtørylyy
descolar (vi)	учуп көтөрүлүү	utʃup køtørylyy
pista (f) de descolagem	учуп чыгуу тилкеси	utʃup tʃɨguu tilkesi
visibilidade (f)	көрүнүш	kørynyʃ
voo (m)	учуу	utʃuu
altura (f)	бийиктик	bijiktik
poço (m) de ar	аба чүңкуру	aba tʃyŋkuru
assento (m)	орун	orun
auscultadores (m pl)	кулакчын	kulaktʃɨn
mesa (f) rebatível	буктөлмө стол	byktølmø stol
vigia (f)	иллюминатор	illʉminator
passagem (f)	өтмөк	øtmøk

170. Comboio

comboio (m)	поезд	poezd
comboio (m) suburbano	электричка	elektritʃka
comboio (m) rápido	бат журуучу поезд	bat dʒyryytʃy poezd
locomotiva (f) diesel	тепловоз	teplovoz
locomotiva (f) a vapor	паровоз	parovoz
carruagem (f)	вагон	vagon
carruagem restaurante (f)	вагон-ресторан	vagon-restoran
carris (m pl)	рельсалар	relʲsalar
caminho de ferro (m)	темир жолу	temir dʒolu
travessa (f)	шпала	ʃpala
plataforma (f)	платформа	platforma
linha (f)	жол	dʒol
semáforo (m)	семафор	semafor
estação (f)	бекет	beket
maquinista (m)	машинист	maʃinist
bagageiro (m)	жук ташуучу	dʒuk taʃuutʃu
hospedeiro, -a (da carruagem)	проводник	provodnik
passageiro (m)	жургунчу	dʒyrgyntʃy
revisor (m)	текшерүүчү	tekʃeryytʃy
corredor (m)	коридор	koridor
freio (m) de emergência	стоп-кран	stop-kran
compartimento (m)	купе	kupe
cama (f)	текче	tektʃe
cama (f) de cima	үстүнкү текче	ystyŋky tektʃe
cama (f) de baixo	ылдыйкы текче	ıldıjkı tektʃe
roupa (f) de cama	жууркан-төшөк	dʒuurkan-tøʃøk
bilhete (m)	билет	bilet
horário (m)	ыраattama	ıraattama
painel (m) de informação	табло	tablo
partir (vt)	женее	dʒønøø
partida (f)	женее	dʒønøø
chegar (vi)	келүү	kelyy
chegada (f)	келүү	kelyy
chegar de comboio	поезд менен келүү	poezd menen kelyy
apanhar o comboio	поездге отуруу	poezdge oturuu
sair do comboio	поездден тушуу	poezdden tyʃyy
acidente (m) ferroviário	кыйроо	kıjroo
descarrilar (vi)	рельсадан чыгып кетүү	relʲsadan tʃıgıp ketyy
locomotiva (f) a vapor	паровоз	parovoz
fogueiro (m)	от жагуучу	ot dʒaguutʃu
fornalha (f)	меш	meʃ
carvão (m)	көмүр	kømyr

151

171. Barco

navio (m)	кеме	keme
embarcação (f)	кеме	keme
vapor (m)	пароход	paroχod
navio (m)	теплоход	teploχod
transatlântico (m)	лайнер	lajner
cruzador (m)	крейсер	krejser
iate (m)	яхта	jaχta
rebocador (m)	буксир	buksir
barcaça (f)	баржа	bardʒa
ferry (m)	паром	parom
veleiro (m)	парус	parus
bergantim (m)	бригантина	brigantina
quebra-gelo (m)	муз жаргыч кеме	muz dʒargɪtʃ keme
submarino (m)	суу астында жүрүүчү кеме	suu astɪnda dʒyryytʃy keme
bote, barco (m)	кайык	kajɪk
bote, dingue (m)	шлюпка	ʃlʉpka
bote (m) salva-vidas	куткаруу шлюпкасы	kutkaruu ʃlʉpkasɪ
lancha (f)	катер	kater
capitão (m)	капитан	kapitan
marinheiro (m)	матрос	matros
marujo (m)	деңизчи	deŋiztʃi
tripulação (f)	экипаж	ekipadʒ
contramestre (m)	боцман	botsman
grumete (m)	юнга	jʉnga
cozinheiro (m) de bordo	кок	kok
médico (m) de bordo	кеме доктуру	keme dokturu
convés (m)	палуба	paluba
mastro (m)	мачта	matʃta
vela (f)	парус	parus
porão (m)	трюм	trʉm
proa (f)	тумшук	tumʃuk
popa (f)	кеменин арткы бөлүгү	kemenin artkɪ bølygy
remo (m)	калак	kalak
hélice (f)	винт	vint
camarote (m)	каюта	kajʉta
sala (f) dos oficiais	кают-компания	kajut-kompanija
sala (f) das máquinas	машина бөлүгү	maʃina bølygy
ponte (m) de comando	капитан мостиги	kapitan mostigi
sala (f) de comunicações	радиорубка	radiorubka
onda (f) de rádio	толкун	tolkun
diário (m) de bordo	кеме журналы	keme dʒurnalɪ
luneta (f)	дүрбү	dyrby

| sino (m) | коңгуроо | konguroo |
| bandeira (f) | байрак | bajrak |

| cabo (m) | аркан | arkan |
| nó (m) | түйүн | tyjyn |

| corrimão (m) | туткуч | tutkuʧ |
| prancha (f) de embarque | трап | trap |

âncora (f)	кеме казык	keme kazık
recolher a âncora	кеме казыкты көтөрүү	keme kazıktı køtøryy
lançar a âncora	кеме казыкты таштоо	keme kazıktı taʃtoo
amarra (f)	казык чынжыры	kazık ʧindʒırı

porto (m)	порт	port
cais, amarradouro (m)	причал	pritʃal
atracar (vi)	келип токтоо	kelip toktoo
desatracar (vi)	жээктен алыстоо	dʒeekten alıstoo

viagem (f)	саякат	sajakat
cruzeiro (m)	деңиз саякаты	deŋiz sajakatı
rumo (m), rota (f)	курс	kurs
itinerário (m)	каттам	kattam

canal (m) navegável	фарватер	farvater
banco (m) de areia	тайыз жер	tajız dʒer
encalhar (vt)	тайыз жерге отуруу	tajız dʒerge oturuu

tempestade (f)	бороон чапкын	boroon ʧapkın
sinal (m)	сигнал	signal
afundar-se (vr)	чөгүү	ʧøgyy
Homem ao mar!	Сууда адам бар!	suuda adam bar!
SOS	SOS	sos
boia (f) salva-vidas	куткаруучу тегерек	kutkaruuʧu tegerek

172. Aeroporto

aeroporto (m)	аэропорт	aeroport
avião (m)	учак	uʧak
companhia (f) aérea	авиакомпания	aviakompanija
controlador (m) de tráfego aéreo	авиадиспетчер	aviadispetʧer

partida (f)	учуп кетүү	uʧup ketyy
chegada (f)	учуп келүү	uʧup kelyy
chegar (~ de avião)	учуп келүү	uʧup kelyy

| hora (f) de partida | учуп кетүү убактысы | uʧup ketyy ubaktısı |
| hora (f) de chegada | учуп келүү убактысы | uʧup kelyy ubaktısı |

estar atrasado	кармалуу	karmaluu
atraso (m) de voo	учуп кетүүнүн кечигиши	uʧup ketyynyn keʧigiʃi
painel (m) de informação	маалымат таблосу	maalımat tablosu
informação (f)	маалымат	maalımat

| anunciar (vt) | кулактандыруу | kulaktandıruu |
| voo (m) | рейс | rejs |

| alfândega (f) | бажыкана | badӡıkana |
| funcionário (m) da alfândega | бажы кызматкери | badӡı kızmatkeri |

declaração (f) alfandegária	бажы декларациясы	badӡı deklaratsijası
preencher (vt)	толтуруу	tolturuu
preencher a declaração	декларация толтуруу	deklaratsija tolturuu
controlo (m) de passaportes	паспорт текшерүү	pasport tekʃeryy

bagagem (f)	жүк	dӡyk
bagagem (f) de mão	кол жүгү	kol dӡygy
carrinho (m)	араба	araba

aterragem (f)	конуу	konuu
pista (f) de aterragem	конуу тилкеси	konuu tilkesi
aterrar (vi)	конуу	konuu
escada (f) de avião	трап	trap

check-in (m)	катталуу	kattaluu
balcão (m) do check-in	каттоо стойкасы	kattoo stojkası
fazer o check-in	катталуу	kattaluu
cartão (m) de embarque	отуруу үчүн талон	oturuu ytʃyn talon
porta (f) de embarque	чыгуу	tʃıguu

trânsito (m)	транзит	tranzit
esperar (vi, vt)	күтүү	kytyy
sala (f) de espera	күтүү залы	kutyy zalı
despedir-se de ...	узатуу	uzatuu
despedir-se (vr)	коштошуу	koʃtoʃuu

173. Bicicleta. Motocicleta

bicicleta (f)	велосипед	velosiped
scotter, lambreta (f)	мотороллер	motoroller
mota (f)	мотоцикл	mototsikl

ir de bicicleta	велосипедде жүрүү	velosipedde dӡyryy
guiador (m)	руль	rulʲ
pedal (m)	педаль	pedalʲ
travões (m pl)	тормоз	tormoz
selim (m)	отургуч	oturgutʃ

| bomba (f) de ar | соркыскыч | sorkıskıtʃ |
| porta-bagagens (m) | багажник | bagadӡnik |

| lanterna (f) | фонарь | fonarʲ |
| capacete (m) | шлем | ʃlem |

roda (f)	дөңгөлөк	døŋgøløk
guarda-lamas (m)	калкан	kalkan
aro (m)	дөңгөлөктүн алкагы	døŋgøløktyn alkagı
raio (m)	чабак	tʃabak

Carros

174. Tipos de carros

carro, automóvel (m)	автоунаа	avtounaa
carro (m) desportivo	спорттук автоунаа	sporttuk avtounaa
limusine (f)	лимузин	limuzin
todo o terreno (m)	жолтандабас	dʒoltandabas
descapotável (m)	кабриолет	kabriolet
minibus (m)	микроавтобус	mikroavtobus
ambulância (f)	тез жардам	tez dʒardam
limpa-neve (m)	кар күрөөчү машина	kar kyrøøʧy maʃina
camião (m)	жүк ташуучу машина	dʒyk taʃuuʧu maʃina
camião-cisterna (m)	бензовоз	benzovoz
carrinha (f)	фургон	furgon
camião-trator (m)	тягач	tʲagaʧ
atrelado (m)	чиркегич	ʧirkegiʧ
confortável	жайлуу	dʒajluu
usado	колдонулган	koldonulgan

175. Carros. Carroçaria

capô (m)	капот	kapot
guarda-lamas (m)	калкан	kalkan
tejadilho (m)	үстү	ysty
para-brisa (m)	шамалдан тоскон айнек	ʃamaldan toskon ajnek
espelho (m) retrovisor	арткы күзгү	artkı kyzgy
lavador (m)	айнек жуугуч	ajnek dʒuuguʧ
limpa-para-brisas (m)	щётка	ʃʧotka
vidro (m) lateral	каптал айнек	kaptal ajnek
elevador (m) do vidro	айнек көтөргүч	ajnek køtørgyʧ
antena (f)	антенна	antenna
teto solar (m)	люк	lɥk
para-choques (m pl)	бампер	bamper
bagageira (f)	жүк салгыч	dʒyk salgıʧ
bagageira (f) de tejadilho	жүк салгыч	dʒyk salgıʧ
porta (f)	эшик	eʃik
maçaneta (f)	кармагыч	karmagıʧ
fechadura (f)	кулпу	kulpu
matrícula (f)	номер	nomer
silenciador (m)	глушитель	gluʃitelʲ

| tanque (m) de gasolina | бензобак | benzobak |
| tubo (m) de escape | калдыктар түтүгү | kaldıktar tytygy |

acelerador (m)	газ	gaz
pedal (m)	педаль	pedalʲ
pedal (m) do acelerador	газ педали	gaz pedali

travão (m)	тормоз	tormoz
pedal (m) do travão	тормоздун педалы	tormozdun pedalı
travar (vt)	тормоз басуу	tormoz basuu
travão (m) de mão	токтомо тормозу	toktomo tormozu

embraiagem (f)	илиштирүү	iliʃtiryy
pedal (m) da embraiagem	илиштирүү педали	iliʃtiryy pedali
disco (m) de embraiagem	илиштирүү диски	iliʃtiryy diski
amortecedor (m)	амортизатор	amortizator

roda (f)	дөңгөлөк	døŋgøløk
pneu (m) sobresselente	запас дөңгөлөгү	zapas døŋgøløgy
pneu (m)	покрышка	pokrıʃka
tampão (m) de roda	жапкыч	dʒapkıʧ

rodas (f pl) motrizes	салма дөңгөлөктөр	salma døŋgøløktør
de tração dianteira	алдыңкы дөңгөлөк салмалуу	aldıŋkı døŋgøløk salmaluu
de tração traseira	арткы дөңгөлөк салмалуу	artkı døŋgøløk salmaluu
de tração às 4 rodas	бардык дөңгөлөк салмалуу	bardık døŋgøløk salmaluu

caixa (f) de mudanças automático	бергилик куту автоматтык	bergilik kutu avtomattık
mecânico	механикалуу	meχanikaluu
alavanca (f) das mudanças	бергилик кутунун жылышуусу	bergilik kutunun dʒılıʃuusu

| farol (m) | фара | fara |
| faróis, luzes | фаралар | faralar |

médios (m pl)	жакынкы чырак	dʒakınkı ʧırak
máximos (m pl)	алыскы чырак	alıskı ʧırak
luzes (f pl) de stop	стоп-сигнал	stop-signal

mínimos (m pl)	габарит чырактары	gabarit ʧıraktarı
luzes (f pl) de emergência	авария чырактары	avarija ʧıraktarı
faróis (m pl) antinevoeiro	туманга каршы чырактар	tumanga karʃı ʧıraktar
pisca-pisca (m)	бурулуш чырагы	buruluʃ ʧıragı
luz (f) de marcha atrás	арткы чырак	artkı ʧırak

176. Carros. Habitáculo

interior (m) do carro	салон	salon
de couro, de pele	тери	teri
de veludo	велюр	velʉr
estofos (m pl)	каптоо	kaptoo

indicador (m)	алет	alet
painel (m) de instrumentos	алет панели	alet paneli
velocímetro (m)	спидометр	spidometr
ponteiro (m)	жебе	dӡebe
conta-quilómetros (m)	эсептегич	eseptegitʃ
sensor (m)	көрсөткүч	kørsøtkytʃ
nível (m)	деңгээл	deŋgeel
luz (f) avisadora	көрсөткүч	kørsøtkytʃ
volante (m)	руль	rulʲ
buzina (f)	сигнал	signal
botão (m)	баскыч	baskıtʃ
interruptor (m)	которгуч	kotorgutʃ
assento (m)	орун	orun
costas (f pl) do assento	жөлөнгүч	dӡøløngytʃ
cabeceira (f)	баш жөлөгүч	baʃ dӡøløgytʃ
cinto (m) de segurança	орундук куру	orunduk kuru
apertar o cinto	курду тагынуу	kurdu tagınuu
regulação (f)	жөндөө	dӡøndøø
airbag (m)	аба жаздыкчасы	aba dӡazdıktʃası
ar (m) condicionado	аба желдеткич	aba dӡeldetkitʃ
rádio (m)	үналгы	ynalgı
leitor (m) de CD	CD-ойноткуч	sidi-ojnotkutʃ
ligar (vt)	жүргүзүү	dӡyrgyzyy
antena (f)	антенна	antenna
porta-luvas (m)	колкап бөлүмү	kolkap bølymy
cinzeiro (m)	күл салгыч	kyl salgıtʃ

177. Carros. Motor

motor (m)	кыймылдаткыч	kıjmıldatkıtʃ
motor (m)	мотор	motor
diesel	дизель менен	dizelʲ menen
a gasolina	бензин менен	benzin menen
cilindrada (f)	кыймылдаткычтын көлөмү	kıjmıldatkıtʃtın kølømy
potência (f)	кубатуулугу	kubatuulugu
cavalo-vapor (m)	ат күчү	at kytʃy
pistão (m)	бишкек	biʃkek
cilindro (m)	цилиндр	tsılindr
válvula (f)	сарпкапкак	sarpkapkak
injetor (m)	бүрккүч	byrkkytʃ
gerador (m)	генератор	generator
carburador (m)	карбюратор	karbɵrator
óleo (m) para motor	мотор майы	motor majı
radiador (m)	радиатор	radiator
refrigerante (m)	суутуучу суюктук	suutuutʃu sujɵktuk

ventilador (m)	желдеткич	dʒeldetkitʃ
bateria (f)	аккумулятор	akkumulʲator
dispositivo (m) de arranque	стартер	starter
ignição (f)	от алдыруу	ot aldıruu
vela (f) de ignição	от алдыруу шамы	ot aldıruu ʃamı
borne (m)	клемма	klemma
borne (m) positivo	плюс	plʉs
borne (m) negativo	минус	minʉs
fusível (m)	эриме сактагыч	erime saktagıtʃ
filtro (m) de ar	аба чыпкасы	aba tʃıpkası
filtro (m) de óleo	май чыпкасы	maj tʃıpkası
filtro (m) de combustível	күйүүчү май чыпкасы	kyjyytʃy may tʃıpkası

178. Carros. Batidas. Reparação

acidente (m) de carro	авто урунушу	avto urunuʃu
acidente (m) rodoviário	жол кырсыгы	dʒol kırsıgı
ir contra ...	урунуу	urunuu
sofrer um acidente	талкалануу	talkalanuu
danos (m pl)	бузулуу	buzuluu
intato	бүтүн	bytyn
avaria (no motor, etc.)	бузулуу	buzuluu
avariar (vi)	бузулуп калуу	buzulup kaluu
cabo (m) de reboque	сүйрөө арканы	syjrøø arkanı
furo (m)	тешилип калуу	teʃilip kaluu
estar furado	желин чыгаруу	dʒelin tʃıgaruu
encher (vt)	үйлөтүү	yjløtyy
pressão (f)	басым	basım
verificar (vt)	текшерүү	tekʃeryy
reparação (f)	оңдоо	oŋdoo
oficina (f)	автосервис	avtoservis
de reparação de carros		
peça (f) sobresselente	белен тетик	belen tetik
peça (f)	тетик	tetik
parafuso (m)	буроо	buroo
parafuso (m)	буралма	buralma
porca (f)	бурама	burama
anilha (f)	эбелек	ebelek
rolamento (m)	мунакжаздам	munakdʒazdam
tubo (m)	түтүк	tytyk
junta (f)	төшөм	tøʃøm
fio, cabo (m)	зым	zım
macaco (m)	домкрат	domkrat
chave (f) de boca	гайка ачкычы	gajka atʃkıtʃı
martelo (m)	балка	balka
bomba (f)	соркыскыч	sorkıskıtʃ

chave (f) de fendas	бурагыч	buragıtʃ
extintor (m)	өрт өчүргүч	ørt øtʃyrgytʃ
triângulo (m) de emergência	эскертүү үчбурчтук	eskertyy ytʃburtʃtuk

parar (vi) (motor)	өчүп калуу	øtʃyp kaluu
paragem (f)	иштебей калуу	iʃtebej kaluu
estar quebrado	бузулуп калуу	buzulup kaluu

superaquecer-se (vr)	кайнап кетүү	kajnap ketyy
entupir-se (vr)	тыгылуу	tıgıluu
congelar-se (vr)	тоңуп калуу	toŋup kaluu
rebentar (vi)	жарылып кетүү	dʒarılıp ketyy

pressão (f)	басым	basım
nível (m)	деңгээл	deŋgeel
frouxo	бош	boʃ

mossa (f)	кабырылуу	kabırıluu
ruído (m)	такылдоо	takıldoo
fissura (f)	жарака	dʒaraka
arranhão (m)	чийилип калуу	tʃijilip kaluu

179. Carros. Estrada

estrada (f)	жол	dʒol
autoestrada (f)	кан жол	kan dʒol
rodovia (f)	шоссе	ʃosse
direção (f)	багыт	bagıt
distância (f)	аралык	aralık

ponte (f)	көпүрө	køpyrø
parque (m) de estacionamento	унаа токтоочу жай	unaa toktootʃu dʒaj
praça (f)	аянт	ajant
nó (m) rodoviário	баштан өйдө өткөн жол	baʃtan øjdø øtkøn dʒol
túnel (m)	тоннель	tonnelʲ

posto (m) de gasolina	май куюучу станция	maj kujʉutʃu stantsija
parque (m) de estacionamento	унаа токтоочу жай	unaa toktootʃu dʒaj
bomba (f) de gasolina	колонка	kolonka
oficina (f) de reparação de carros	автосервис	avtoservis
abastecer (vt)	май куюу	maj kujʉu
combustível (m)	күйүүчү май	kyjyytʃy may
bidão (m) de gasolina	канистра	kanistra

asfalto (m)	асфальт	asfalʲt
marcação (f) de estradas	салынган тамга	salıngan tamga
lancil (m)	бордюр	bordʉr
proteção (f) guard-rail	тосмо	tosmo
valeta (f)	арык	arık
berma (f) da estrada	жол чети	dʒol tʃeti
poste (m) de luz	чырак мамы	tʃırak mamı
conduzir, guiar (vt)	айдоо	ajdoo
virar (ex. ~ à direita)	бурулуу	buruluu

| dar retorno | артка кайтуу | artka kajtuu |
| marcha-atrás (f) | артка айдоо | artka ajdoo |

buzinar (vi)	сигнал берүү	signal beryy
buzina (f)	дабыш сигналы	dabıʃ signalı
atolar-se (vr)	тыгылып калуу	tıgılıp kaluu
patinar (na lama)	сүйрөө	syjrøø
desligar (vt)	басаңдатуу	basaŋdatuu

velocidade (f)	ылдамдык	ıldamdık
exceder a velocidade	ылдамдыктан ашуу	ıldamdıktan aʃuu
multar (vt)	айып салуу	ajıp saluu
semáforo (m)	светофор	svetofor
carta (f) de condução	айдоочу күбөлүгү	ajdootʃu kybølygy

passagem (f) de nível	кесип өтмө	kesip øtmø
cruzamento (m)	кесилиш	kesiliʃ
passadeira (f)	жөө жүрүүчүлөр жолу	dʒøø dʒyryytʃylør dʒolu
curva (f)	бурулуш	buruluʃ
zona (f) pedonal	жөө жүрүүчүлөр алкагы	dʒøø dʒyryytʃylør alkagı

180. Sinais de trânsito

código (m) da estrada	жол эрежеси	dʒol eredʒesi
sinal (m) de trânsito	белги	belgi
ultrapassagem (f)	озуп өтүү	ozup øtyy
curva (f)	бурулуш	buruluʃ
inversão (f) de marcha	артка кайтуу	artka kajtuu
rotunda (f)	айланма кыймыл	ajlanma kıjmıl

sentido proibido	кирүүгө болбойт	kiryygø bolbojt
trânsito proibido	жол кыймылы жок	dʒol kıjmılı dʒok
proibição de ultrapassar	озуп өтүү жок	ozup øtyy dʒok
estacionamento proibido	унаа токтотуу жок	unaa toktotuu dʒok
paragem proibida	токтолуу жок	toktoluu dʒok

curva (f) perigosa	кескин бурулуш	keskin buruluʃ
descida (f) perigosa	тик эңкейиш	tik eŋkejiʃ
trânsito de sentido único	бир тараптуу	bir taraptuu
passadeira (f)	жөө жүрүүчүлөр жолу	dʒøø dʒyryytʃylør dʒolu
pavimento (m) escorregadio	тайгалак жол	tajgalak dʒol
cedência de passagem	жолду бер	dʒoldu ber

PESSOAS. EVENTOS

Eventos

181. Férias. Evento

festa (f)	майрам	majram
festa (f) nacional	улуттук	uluttuk
feriado (m)	майрам күнү	majram kyny
festejar (vt)	майрамдоо	majramdoo
evento (festa, etc.)	окуя	okuja
evento (banquete, etc.)	иш-чара	iʃ-tʃara
banquete (m)	банкет	banket
receção (f)	кабыл алуу	kabıl aluu
festim (m)	той	toj
aniversário (m)	жылдык	dʒıldık
jubileu (m)	юбилей	jʉbilej
celebrar (vt)	белгилөө	belgiløø
Ano (m) Novo	Жаңы жыл	dʒanı dʒıl
Feliz Ano Novo!	Жаңы Жылыңар менен!	dʒanı dʒılıŋar menen!
Pai (m) Natal	Аяз ата, Санта Клаус	ajaz ata, santa klaus
Natal (m)	Рождество	rodʒdestvo
Feliz Natal!	Рождество майрамыңыз менен!	rodʒdestvo majramıŋız menen!
árvore (f) de Natal	Жаңы жылдык балаты	dʒaŋı dʒıldık balatı
fogo (m) de artifício	салют	salʉt
boda (f)	үйлөнүү той	yjlønyy toy
noivo (m)	күйөө	kyjøø
noiva (f)	колукту	koluktu
convidar (vt)	чакыруу	tʃakıruu
convite (m)	чакыруу	tʃakıruu
convidado (m)	конок	konok
visitar (vt)	конокко баруу	konokko baruu
receber os hóspedes	конок тосуу	konok tosuu
presente (m)	белек	belek
oferecer (vt)	белек берүү	belek beryy
receber presentes	белек алуу	belek aluu
ramo (m) de flores	десте	deste
felicitações (f pl)	куттуктоо	kuttuktoo
felicitar (dar os parabéns)	куттуктоо	kuttuktoo

cartão (m) de parabéns	куттуктоо ачык каты	kuttuktoo atʃık katı
enviar um postal	ачык катты жөнөтүү	atʃık kattı dʒønøtyy
receber um postal	ачык катты алуу	atʃık kattı aluu

brinde (m)	каалоо тилек	kaaloo tilek
oferecer (vt)	ооз тийгизүү	ooz tijgizyy
champanhe (m)	шампан	ʃampan

divertir-se (vr)	көңүл ачуу	køŋyl atʃuu
diversão (f)	көңүлдүүлүк	køŋyldyylyk
alegria (f)	кубаныч	kubanıtʃ

| dança (f) | бий | bij |
| dançar (vi) | бийлөө | bijløø |

| valsa (f) | вальс | valʲs |
| tango (m) | танго | tango |

182. Funerais. Enterro

cemitério (m)	мүрзө	myrzø
sepultura (f), túmulo (m)	мүрзө	myrzø
cruz (f)	крест	krest
lápide (f)	мүрзө үстүндөгү жазуу	myrzø ystyndøgy dʒazuu
cerca (f)	тосмо	tosmo
capela (f)	кичинекей чиркөө	kitʃinekej tʃirkøø

morte (f)	өлүм	ølym
morrer (vi)	өлүү	ølyy
defunto (m)	маркум	markum
luto (m)	аза	aza

enterrar, sepultar (vt)	көмүү	kømyy
agência (f) funerária	ырасым бюросу	ırasım burosu
funeral (m)	сөөк узатуу жана көмүү	søøk uzatuu dʒana kømyy
coroa (f) de flores	гүлчамбар	gyltʃambar
caixão (m)	табыт	tabıt
carro (m) funerário	катафалк	katafalk
mortalha (f)	кепин	kepin

procissão (f) funerária	узатуу жүрүшү	uzatuu dʒyryʃy
urna (f) funerária	сөөк күлдүн кутусу	søøk kyldyn kutusu
crematório (m)	крематорий	krematorij

obituário (m), necrologia (f)	некролог	nekrolog
chorar (vi)	ыйлоо	ıjloo
soluçar (vi)	боздоп ыйлоо	bozdop ıjloo

183. Guerra. Soldados

| pelotão (m) | взвод | vzvod |
| companhia (f) | рота | rota |

regimento (m)	полк	polk
exército (m)	армия	armija
divisão (f)	дивизия	divizija

destacamento (m)	отряд	otrⁱad
hoste (f)	куралдуу аскер	kuralduu asker

soldado (m)	аскер	asker
oficial (m)	офицер	ofitser

soldado (m) raso	катардагы жоокер	katardagı dʒooker
sargento (m)	сержант	serdʒant
tenente (m)	лейтенант	lejtenant
capitão (m)	капитан	kapitan
major (m)	майор	major
coronel (m)	полковник	polkovnik
general (m)	генерал	general

marujo (m)	деңизчи	deŋiztʃi
capitão (m)	капитан	kapitan
contramestre (m)	боцман	botsman

artilheiro (m)	артиллерист	artillerist
soldado (m) paraquedista	десантник	desantnik
piloto (m)	учкуч	utʃkutʃ
navegador (m)	штурман	ʃturman
mecânico (m)	механик	meχanik

sapador (m)	сапёр	sapⁱor
paraquedista (m)	парашютист	paraʃɵtist
explorador (m)	чалгынчы	tʃalgıntʃı
franco-atirador (m)	көзатар	køzatar

patrulha (f)	жол-күзөт	dʒol-kyzøt
patrulhar (vt)	жол-күзөткө чыгуу	dʒol-kyzøtkø tʃıguu
sentinela (f)	сакчы	saktʃı

guerreiro (m)	жоокер	dʒooker
patriota (m)	мекенчил	mekentʃil

herói (m)	баатыр	baatır
heroína (f)	баатыр айым	baatır ajım

traidor (m)	чыккынчы	tʃıkkıntʃı
trair (vt)	кыянаттык кылуу	kıjanattık kıluu

desertor (m)	качкын	katʃkın
desertar (vt)	качуу	katʃuu

mercenário (m)	жалданма	dʒaldanma
recruta (m)	жаңы алынган аскер	dʒaŋı alıngan asker
voluntário (m)	ыктыярчы	ıktıjartʃı

morto (m)	өлтүрүлгөн	øltyrylgøn
ferido (m)	жарадар	dʒaradar
prisioneiro (m) de guerra	туткун	tutkun

184. Guerra. Ações militares. Parte 1

guerra (f)	согуш	soguʃ
guerrear (vt)	согушуу	soguʃuu
guerra (f) civil	жарандык согуш	dʒarandık soguʃ
perfidamente	жүзү каралык менен кол салуу	dʒyzy karalık menen kol saluu
declaração (f) de guerra	согушту жарыялоо	soguʃtu dʒarıjaloo
declarar (vt) guerra	согуш жарыялоо	soguʃ dʒarıjaloo
agressão (f)	агрессия	agressija
atacar (vt)	кол салуу	kol saluu
invadir (vt)	басып алуу	basıp aluu
invasor (m)	баскынчы	baskıntʃı
conquistador (m)	басып алуучу	basıp aluutʃu
defesa (f)	коргонуу	korgonuu
defender (vt)	коргоо	korgoo
defender-se (vr)	коргонуу	korgonuu
inimigo (m)	душман	duʃman
adversário (m)	каршылаш	karʃilaʃ
inimigo	душмандын	duʃmandın
estratégia (f)	стратегия	strategija
tática (f)	тактика	taktika
ordem (f)	буйрук	bujruk
comando (m)	команда	komanda
ordenar (vt)	буйрук берүү	bujruk beryy
missão (f)	тапшырма	tapʃırma
secreto	жашыруун	dʒaʃıruun
batalha (f)	согуш	soguʃ
combate (m)	салгылаш	salgılaʃ
ataque (m)	чабуул	tʃabuul
assalto (m)	чабуул	tʃabuul
assaltar (vt)	чабуул жасоо	tʃabuul dʒasoo
assédio, sítio (m)	тегеректеп курчоо	tegerektep kurtʃoo
ofensiva (f)	чабуул	tʃabuul
passar à ofensiva	чабуул салуу	tʃabuul saluu
retirada (f)	чегинүү	tʃeginyy
retirar-se (vr)	чегинүү	tʃeginyy
cerco (m)	курчоо	kurtʃoo
cercar (vt)	курчоого алуу	kurtʃoogo aluu
bombardeio (m)	бомба жаадыруу	bomba dʒaadıruu
lançar uma bomba	бомба таштоо	bomba taʃtoo
bombardear (vt)	бомба жаадыруу	bomba dʒaadıruu
explosão (f)	жарылуу	dʒarıluu

tiro (m)	атылуу	atıluu
disparar um tiro	атуу	atuu
tiroteio (m)	атуу	atuu

apontar para ...	мээлөө	meeløø
apontar (vt)	мээлөө	meeløø
acertar (vt)	тийүү	tijyy

afundar (um navio)	чөктүрүү	tʃøktyryy
brecha (f)	тешик	teʃik
afundar-se (vr)	суу астына кетүү	suu astına ketyy

frente (m)	майдан	majdan
evacuação (f)	эвакуация	evakuaʦija
evacuar (vt)	эвакуациялоо	evakuaʦijaloo

trincheira (f)	окоп	okop
arame (m) farpado	тикендүү зым	tikendyy zım
obstáculo (m) anticarro	тосмо	tosmo
torre (f) de vigia	мунара	munara

hospital (m)	госпиталь	gospitalʲ
ferir (vt)	жарадар кылуу	dʒaradar kıluu
ferida (f)	жара	dʒara
ferido (m)	жарадар	dʒaradar
ficar ferido	жаракат алуу	dʒarakat aluu
grave (ferida ~)	оор жаракат	oor dʒarakat

185. Guerra. Ações militares. Parte 2

cativeiro (m)	туткун	tutkun
capturar (vt)	туткунга алуу	tutkunga aluu
estar em cativeiro	туткунда болуу	tutkunda boluu
ser aprisionado	туткунга түшүү	tutkunga tyʃyy

campo (m) de concentração	концлагерь	konʦlagerʲ
prisioneiro (m) de guerra	туткун	tutkun
escapar (vi)	качуу	katʃuu

trair (vt)	кыянаттык кылуу	kıjanattık kıluu
traidor (m)	чыккынчы	tʃıkkıntʃı
traição (f)	чыккынчылык	tʃıkkıntʃılık

fuzilar, executar (vt)	атып өлтүрүү	atıp øltyryy
fuzilamento (m)	атып өлтүрүү	atıp øltyryy

equipamento (m)	аскер кийими	asker kijimi
platina (f)	погон	pogon
máscara (f) antigás	противогаз	protivogaz

rádio (m)	рация	raʦija
cifra (f), código (m)	шифр	ʃifr
conspiração (f)	жекеликте сактоо	dʒekelikte saktoo
senha (f)	сырсөз	sırsøz

165

mina (f)	мина	mina
minar (vt)	миналоо	minaloo
campo (m) minado	мина талаасы	mina talaası

alarme (m) aéreo	аба айгайы	aba ajgajı
alarme (m)	айгай	ajgaj
sinal (m)	сигнал	signal
sinalizador (m)	сигнал ракетасы	signal raketası

estado-maior (m)	штаб	ʃtab
reconhecimento (m)	чалгын	tʃalgın
situação (f)	кырдаал	kırdaal
relatório (m)	рапорт	raport
emboscada (f)	буктурма	bukturma
reforço (m)	кошумча күч	koʃumtʃa kytʃ

alvo (m)	бута	buta
campo (m) de tiro	полигон	poligon
manobras (f pl)	манервлер	manervler

pânico (m)	дүрбөлөң	dyrbøløŋ
devastação (f)	кыйроо	kıjroo
ruínas (f pl)	кыйроо	kıjroo
destruir (vt)	кыйратуу	kıjratuu

sobreviver (vi)	тирүү калуу	tiryy kaluu
desarmar (vt)	куралсыздандыруу	kuralsızdandıruu
manusear (vt)	мамиле кылуу	mamile kıluu

| Firmes! | Түз тур! | tyz tur! |
| Descansar! | Эркин! | erkin! |

façanha (f)	эрдик	erdik
juramento (m)	ант	ant
jurar (vi)	ант берүү	ant beryy

condecoração (f)	сыйлык	sıjlık
condecorar (vt)	сыйлоо	sıjloo
medalha (f)	медаль	medalʲ
ordem (f)	орден	orden

vitória (f)	жеңиш	dʒeŋiʃ
derrota (f)	жеңилүү	dʒeŋilyy
armistício (m)	жарашуу	dʒaraʃuu

bandeira (f)	байрак	bajrak
glória (f)	даңк	daŋk
desfile (m) militar	парад	parad
marchar (vi)	маршта басуу	marʃta basuu

186. Armas

| arma (f) | курал | kural |
| arma (f) de fogo | курал жарак | kural dʒarak |

arma (f) branca	атылбас курал	atılbas kural
arma (f) química	химиялык курал	χimijalık kural
nuclear	ядерлүү	jaderlyy
arma (f) nuclear	ядерлүү курал	jaderlyy kural
bomba (f)	бомба	bomba
bomba (f) atómica	атом бомбасы	atom bombası
pistola (f)	тапанча	tapanʧa
caçadeira (f)	мылтык	mıltık
pistola-metralhadora (f)	автомат	avtomat
metralhadora (f)	пулемёт	pulemʲot
boca (f)	мылтыктын оозу	mıltıktın oozu
cano (m)	ствол	stvol
calibre (m)	калибр	kalibr
gatilho (m)	курок	kurok
mira (f)	кароолго алуу	karoolgo aluu
carregador (m)	магазин	magazin
coronha (f)	күндак	kyndak
granada (f) de mão	граната	granata
explosivo (m)	жарылуучу зат	dʒarıluutʃu zat
bala (f)	ок	ok
cartucho (m)	патрон	patron
carga (f)	дүрмөк	dyrmøk
munições (f pl)	ок-дары	ok-darı
bombardeiro (m)	бомбалоочу	bombalootʃu
avião (m) de caça	кыйраткыч учак	kıjratkıʧ utʃak
helicóptero (m)	вертолёт	vertolʲot
canhão (m) antiaéreo	зенитка	zenitka
tanque (m)	танк	tank
canhão (de um tanque)	замбирек	zambirek
artilharia (f)	артиллерия	artillerija
canhão (m)	замбирек	zambirek
fazer a pontaria	мээлөө	meeløø
obus (m)	снаряд	snarʲad
granada (f) de morteiro	мина	mina
morteiro (m)	миномёт	minomʲot
estilhaço (m)	сыныктар	sınıktar
submarino (m)	суу астында жүрүүчү кеме	suu astında dʒyryytʃy keme
torpedo (m)	торпеда	torpeda
míssil (m)	ракета	raketa
carregar (uma arma)	октоо	oktoo
atirar, disparar (vi)	атуу	atuu
apontar para ...	мээлөө	meeløø
baioneta (f)	найза	najza

espada (f)	шпага	ʃpaga
sabre (m)	кылыч	kılıtʃ
lança (f)	найза	najza
arco (m)	жаа	dʒaa
flecha (f)	жебе	dʒebe
mosquete (m)	мушкет	muʃket
besta (f)	арбалет	arbalet

187. Povos da antiguidade

primitivo	алгачкы	algatʃkı
pré-histórico	тарыхтан илгери	tarıxtan ilgeri
antigo	байыркы	bajırkı

Idade (f) da Pedra	Таш доору	taʃ dooru
Idade (f) do Bronze	Коло доору	kolo dooru
período (m) glacial	Муз доору	muz dooru

tribo (f)	уруу	uruu
canibal (m)	адам жегич	adam dʒegitʃ
caçador (m)	анчы	aŋtʃı
caçar (vi)	анчылык кылуу	aŋtʃılık kıluu
mamute (m)	мамонт	mamont

caverna (f)	үнкүр	yŋkyr
fogo (m)	от	ot
fogueira (f)	от	ot
pintura (f) rupestre	ташка чегерилген сүрөт	taʃka tʃegerilgen syrøt

ferramenta (f)	эмгек куралы	emgek kuralı
lança (f)	найза	najza
machado (m) de pedra	таш балта	taʃ balta
guerrear (vt)	согушуу	soguʃuu
domesticar (vt)	колго көндүрүү	kolgo køndyryy

ídolo (m)	бут	but
adorar, venerar (vt)	сыйынуу	sıjınuu
superstição (f)	жок нерсеге ишенүү	dʒok nersege iʃenyy
ritual (m)	ырым-жырым	ırım-dʒırım

| evolução (f) | эволюция | evolʉtsija |
| desenvolvimento (m) | өнүгүү | ønygyy |

| desaparecimento (m) | жок болуу | dʒok boluu |
| adaptar-se (vr) | ылайыкташуу | ılajıktaʃuu |

arqueologia (f)	археология	arχeologija
arqueólogo (m)	археолог	arχeolog
arqueológico	археологиялык	arχeologijalık

local (m) das escavações	казуу жери	kazuu dʒeri
escavações (f pl)	казуу иштери	kazuu iʃteri
achado (m)	табылга	tabılga
fragmento (m)	фрагмент	fragment

188. Idade média

povo (m)	эл	el
povos (m pl)	элдер	elder
tribo (f)	уруу	uruu
tribos (f pl)	уруулар	uruular

bárbaros (m pl)	варварлар	varvarlar
gauleses (m pl)	галлдар	galldar
godos (m pl)	готтор	gottor
eslavos (m pl)	славяндар	slavʲandar
víquingues (m pl)	викингдер	vikingder

| romanos (m pl) | римдиктер | rimdikter |
| romano | римдик | rimdik |

bizantinos (m pl)	византиялыктар	vizantijalıktar
Bizâncio	Византия	vizantija
bizantino	византиялык	vizantijalık

imperador (m)	император	imperator
líder (m)	башчы	baʃʧı
poderoso	кудуреттүү	kudurettyy
rei (m)	король, падыша	korolʲ, padıʃa
governante (m)	башкаруучу	baʃkaruuʧu

cavaleiro (m)	рыцарь	rıtsarʲ
senhor feudal (m)	феодал	feodal
feudal	феодалдуу	feodalduu
vassalo (m)	вассал	vassal

duque (m)	герцог	gertsog
conde (m)	граф	graf
barão (m)	барон	baron
bispo (m)	епископ	episkop

armadura (f)	курал жана соот-шайман	kural dʒana soot-ʃajman
escudo (m)	калкан	kalkan
espada (f)	кылыч	kılıʧ
viseira (f)	туулганын бет калканы	tuulganın bet kalkanı
cota (f) de malha	зоот	zoot

| cruzada (f) | крест астындагы черүү | krest astındagı ʧeryy |
| cruzado (m) | черүүгө чыгуучу | ʧeryygø ʧıguuʧu |

território (m)	аймак	ajmak
atacar (vt)	кол салуу	kol saluu
conquistar (vt)	ээ болуу	ee boluu
ocupar, invadir (vt)	басып алуу	basıp aluu

assédio, sítio (m)	тегеректеп курчоо	tegerektep kurʧoo
sitiado	курчалган	kurʧalgan
assediar, sitiar (vt)	курчоого алуу	kurʧoogo aluu
inquisição (f)	инквизиция	inkvizitsija
inquisidor (m)	инквизитор	inkvizitor

tortura (f)	кыйноо	kıjnoo
cruel	ырайымсыз	ırajımsız
herege (m)	еретик	eretik
heresia (f)	ересь	eresʲ

navegação (f) marítima	деңизде сүзүү	deŋizde syzyy
pirata (m)	деңиз каракчысы	deŋiz karaktʃısı
pirataria (f)	деңиз каракчылыгы	deŋiz karaktʃılıgı
abordagem (f)	абордаж	abordadʒ
presa (f), butim (m)	олжо	oldʒo
tesouros (m pl)	казына	kazına

descobrimento (m)	ачылыш	atʃılıʃ
descobrir (novas terras)	таап ачуу	taap atʃuu
expedição (f)	экспедиция	ekspeditsija

mosqueteiro (m)	мушкетёр	muʃketʲor
cardeal (m)	кардинал	kardinal
heráldica (f)	геральдика	geralʲdika
heráldico	гералдык	geraldık

189. Líder. Chefe. Autoridades

rei (m)	король, падыша	korolʲ, padıʃa
rainha (f)	ханыша	χanıʃa
real	падышалык	padıʃalık
reino (m)	падышалык	padıʃalık

| príncipe (m) | канзаада | kanzaada |
| princesa (f) | ханбийке | χanbijke |

presidente (m)	президент	prezident
vice-presidente (m)	вице-президент	vitse-prezident
senador (m)	сенатор	senator

monarca (m)	монарх	monarχ
governante (m)	башкаруучу	baʃkaruutʃu
ditador (m)	диктатор	diktator
tirano (m)	зулум	zulum
magnata (m)	магнат	magnat

diretor (m)	директор	direktor
chefe (m)	башчы	baʃtʃı
dirigente (m)	башкаруучу	baʃkaruutʃu
patrão (m)	шеф	ʃef
dono (m)	кожоюн	kodʒodʒʉn

líder, chefe (m)	алдыңкы катардагы	aldıŋkı katardagı
chefe (~ de delegação)	башчы	baʃtʃı
autoridades (f pl)	бийликтер	bijlikter
superiores (m pl)	башчылар	baʃtʃılar

| governador (m) | губернатор | gubernator |
| cônsul (m) | консул | konsul |

diplomata (m)	дипломат	diplomat
Presidente (m) da Câmara	мэр	mer
xerife (m)	шериф	ʃerif

imperador (m)	император	imperator
czar (m)	падыша	padıʃa
faraó (m)	фараон	faraon
cã (m)	хан	χan

190. Estrada. Caminho. Direções

| estrada (f) | жол | ʤol |
| caminho (m) | жол | ʤol |

rodovia (f)	шоссе	ʃosse
autoestrada (f)	кан жол	kan ʤol
estrada (f) nacional	улуттук жол	uluttuk ʤol

| estrada (f) principal | негизги жол | negizgi ʤol |
| caminho (m) de terra batida | кыштактар арасындагы жол | kıʃtaktar arasındagı ʤol |

| trilha (f) | чыйыр жол | ʧıjır ʤol |
| vereda (f) | чыйыр жол | ʧıjır ʤol |

Onde?	Каерде?	kaerde?
Para onde?	Каяка?	kajaka?
De onde?	Каяктан?	kajaktan?

| direção (f) | багыт | bagıt |
| indicar (orientar) | көрсөтүү | kørsøtyy |

para esquerda	солго	solgo
para direita	оңго	oŋgo
em frente	түз	tyz
para trás	артка	artka

curva (f)	бурулуш	buruluʃ
virar (ex. ~ à direita)	бурулуу	buruluu
dar retorno	артка кайтуу	artka kajtuu

| estar visível | көрүнүп туруу | kørynyp turuu |
| aparecer (vi) | көрүнүү | kørynyy |

paragem (pausa)	токтоо	toktoo
descansar (vi)	эс алуу	es aluu
descanso (m)	эс алуу	es aluu

perder-se (vr)	адашып кетүү	adaʃıp ketyy
conduzir (caminho)	...га алып баруу	...ga alıp baruu
chegar a ...	...га чыгуу	...ga ʧıguu
trecho (m)	жолдун бир бөлүгү	ʤoldun bir bølygy
asfalto (m)	асфальт	asfalʲt
lancil (m)	бордюр	bordʉr

valeta (f)	арык	arık
tampa (f) de esgoto	люк	lʉk
berma (f) da estrada	жол чети	dʒol tʃeti
buraco (m)	чуңкур	tʃuŋkur

| ir (a pé) | жөө басуу | dʒøø basuu |
| ultrapassar (vt) | ашып кетүү | aʃıp ketyy |

| passo (m) | кадам | kadam |
| a pé | жөө | dʒøø |

bloquear (vt)	тосуу	tosuu
cancela (f)	шлагбаум	ʃlagbaum
beco (m) sem saída	туюк көчө	tujʉk køtʃø

191. Viloação da lei. Criminosos. Parte 1

bandido (m)	ууру-кески	uuru-keski
crime (m)	кылмыш	kılmıʃ
criminoso (m)	кылмышкер	kılmıʃker

ladrão (m)	ууру	uuru
roubar (vt)	уурдоо	uurdoo
furto (m)	уруулук	uruuluk
furto (m)	уурдоо	uurdoo

raptar (ex. ~ uma criança)	ала качуу	ala katʃuu
rapto (m)	ала качуу	ala katʃuu
raptor (m)	ала качуучу	ala katʃuutʃu

resgate (m)	кутказуу акчасы	kutkazuu aktʃası
pedir resgate	кутказуу акчага	kutkazuu aktʃaga
	талап коюу	talap kojʉu

roubar (vt)	тоноо	tonoo
assalto, roubo (m)	тоноо	tonoo
assaltante (m)	тоноочу	tonootʃu

extorquir (vt)	опузалоо	opuzaloo
extorsionário (m)	опузалоочу	opuzalootʃu
extorsão (f)	опуза	opuza

matar, assassinar (vt)	өлтүрүү	øltyryy
homicídio (m)	өлтүрүү	øltyryy
homicida, assassino (m)	киши өлтүргүч	kiʃi øltyrgytʃ

tiro (m)	атылуу	atıluu
dar um tiro	атуу	atuu
matar a tiro	атып салуу	atıp saluu
atirar, disparar (vi)	атуу	atuu
tiroteio (m)	атышуу	atıʃuu

| incidente (m) | окуя | okuja |
| briga (~ de rua) | уруш | uruʃ |

| Socorro! | Жардамга! | dʒardamga! |
| vítima (f) | жапа чеккен | dʒapa tʃekken |

danificar (vt)	зыян келтирүү	zıjan keltiryy
dano (m)	залал	zalal
cadáver (m)	өлүк	ølyk
grave	оор	oor

atacar (vt)	кол салуу	kol saluu
bater (espancar)	уруу	uruu
espancar (vt)	ур-токмокко алуу	ur-tokmokko aluu
tirar, roubar (dinheiro)	тартып алуу	tartıp aluu
esfaquear (vt)	союп өлтүрүү	sojup øltyryy
mutilar (vt)	майып кылуу	majıp kıluu
ferir (vt)	жарадар кылуу	dʒaradar kıluu

chantagem (f)	шантаж кылуу	ʃantadʒ kıluu
chantagear (vt)	шантаждоо	ʃantadʒdoo
chantagista (m)	шантажист	ʃantadʒist

extorsão (em troca de proteção)	рэкет	reket
extorsionário (m)	рэкетир	reketir
gângster (m)	гангстер	gangster
máfia (f)	мафия	mafija

carteirista (m)	чөнтөк ууру	tʃøntøk uuru
assaltante, ladrão (m)	бузуп алуучу ууру	buzup aluutʃu uuru
contrabando (m)	контрабанда	kontrabanda
contrabandista (m)	контрабандачы	kontrabandatʃı

falsificação (f)	окшотуп жасоо	okʃotup dʒasoo
falsificar (vt)	жасалмалоо	dʒasalmaloo
falsificado	жасалма	dʒasalma

192. Violação da lei. Criminosos. Parte 2

violação (f)	зордуктоо	zorduktoo
violar (vt)	зордуктоо	zorduktoo
violador (m)	зордукчул	zorduktʃul
maníaco (m)	маньяк	manjak

prostituta (f)	сойку	sojku
prostituição (f)	сойкучулук	sojkutʃuluk
chulo (m)	жак бакты	dʒak baktı

| toxicodependente (m) | баңги | baŋgi |
| traficante (m) | баңгизат сатуучу | baŋgizat satuutʃu |

explodir (vt)	жардыруу	dʒardıruu
explosão (f)	жарылуу	dʒarıluu
incendiar (vt)	өрттөө	ørttøø
incendiário (m)	өрттөөчү	ørttøøtʃy
terrorismo (m)	терроризм	terrorizm

| terrorista (m) | террорист | terrorist |
| refém (m) | заложник | zalodʒnik |

enganar (vt)	алдоо	aldoo
engano (m)	алдамчылык	aldamtʃılık
vigarista (m)	алдамчы	aldamtʃı

subornar (vt)	сатып алуу	satıp aluu
suborno (atividade)	сатып алуу	satıp aluu
suborno (dinheiro)	пара	para

veneno (m)	уу	uu
envenenar (vt)	ууландыруу	uulandıruu
envenenar-se (vr)	уулануу	uulanuu

| suicídio (m) | жанын кыюу | dʒanın kıdʒuu |
| suicida (m) | жанын кыйгыч | dʒanın kıjgıtʃ |

ameaçar (vt)	коркутуу	korkutuu
ameaça (f)	коркунуч	korkunutʃ
atentar contra a vida de ...	кол салуу	kol saluu
atentado (m)	кол салуу	kol saluu

| roubar (o carro) | айдап кетүү | ajdap ketyy |
| desviar (o avião) | ала качуу | ala katʃuu |

| vingança (f) | кек | kek |
| vingar (vt) | өч алуу | øtʃ aluu |

torturar (vt)	кыйноо	kıjnoo
tortura (f)	кыйноо	kıjnoo
atormentar (vt)	азапка салуу	azapka saluu

pirata (m)	деңиз каракчысы	deŋiz karaktʃısı
desordeiro (m)	бейбаш	bejbaʃ
armado	куралданган	kuraldangan
violência (f)	зордук	zorduk
ilegal	мыйзамдан тыш	mıjzamdan tıʃ

| espionagem (f) | тыңчылык | tıŋtʃılık |
| espionar (vi) | тыңчылык кылуу | tıŋtʃılık kıluu |

193. Polícia. Lei. Parte 1

| justiça (f) | адилеттүү сот | adilettyy sot |
| tribunal (m) | сот | sot |

juiz (m)	сот	sot
jurados (m pl)	сот калыстары	sot kalıstarı
tribunal (m) do júri	калыстар соту	sot
julgar (vt)	сотко тартуу	sotko tartuu
advogado (m)	жактоочу	dʒaktootʃu
réu (m)	сот жообуна тартылган киши	sot dʒoobuna tartılgan kiʃi

banco (m) dos réus	соттуулар отуруучу орун	sottuular oturuutʃu orun
acusação (f)	айыптоо	ajıptoo
acusado (m)	айыпталуучу	ajıptaluutʃu

sentença (f)	өкүм	økym
sentenciar (vt)	өкүм чыгаруу	økym tʃıgaruu

culpado (m)	күнөөкөр	kynøøkør
punir (vt)	жазалоо	dʒazaloo
punição (f)	жаза	dʒaza

multa (f)	айып	ajıp
prisão (f) perpétua	өмүр бою	ømyr boju
pena (f) de morte	өлүм жазасы	ølym dʒazası
cadeira (f) elétrica	электр столу	elektr stolu
forca (f)	дарга	darga

executar (vt)	өлүм жазасын аткаруу	ølym dʒazasın atkaruu
execução (f)	өлүм жазасын аткаруу	ølym dʒazasın atkaruu

prisão (f)	түрмө	tyrmø
cela (f) de prisão	камера	kamera

escolta (f)	конвой	konvoj
guarda (m) prisional	түрмө сакчысы	tyrmø saktʃısı
preso (m)	камактагы адам	kamaktagı adam

algemas (f pl)	кишен	kiʃen
algemar (vt)	кишен кийгизүү	kiʃen kijgizyy

fuga, evasão (f)	качуу	katʃuu
fugir (vi)	качуу	katʃuu
desaparecer (vi)	жоголуп кетүү	dʒogolup ketyy

soltar, libertar (vt)	бошотуу	boʃotuu
amnistia (f)	амнистия	amnistija

polícia (instituição)	полиция	politsija
polícia (m)	полиция кызматкери	politsija kızmatkeri
esquadra (f) de polícia	полиция бөлүмү	politsija bølymy

cassetete (m)	резина союлчасы	rezina sojultʃası
megafone (m)	керней	kernej

carro (m) de patrulha	жол күзөт машинасы	dʒol kyzøt maʃinası
sirene (f)	сирена	sirena

ligar a sirene	сирананы басуу	sirenanı basuu
toque (m) da sirene	сиренанын боздошу	sirenanın bozdoʃu

cena (f) do crime	кылмыш болгон жер	kılmıʃ bolgon dʒer
testemunha (f)	күбө	kybø
liberdade (f)	эркиндик	erkindik
cúmplice (m)	шерик	ʃerik
escapar (vi)	из жашыруу	iz dʒaʃıruu
traço (não deixar ~s)	из	iz

194. Polícia. Lei. Parte 2

procura (f)	издөө	izdøø
procurar (vt)	... издөө	... izdøø
suspeita (f)	шек	ʃek
suspeito	шектүү	ʃektyy
parar (vt)	токтотуу	toktotuu
deter (vt)	кармоо	karmoo

caso (criminal)	иш	iʃ
investigação (f)	териштирүү	teriʃtiryy
detetive (m)	аңдуучу	aŋduutʃu
investigador (m)	тергөөчү	tergøøtʃy
versão (f)	жоромол	dʒoromol

motivo (m)	себеп	sebep
interrogatório (m)	сурак	surak
interrogar (vt)	суракка алуу	surakka aluu
questionar (vt)	сураштыруу	suraʃtıruu
verificação (f)	текшерүү	tekʃeryy

batida (f) policial	тегеректөө	tegerektøø
busca (f)	тинтүү	tintyy
perseguição (f)	куу	kuu
perseguir (vt)	изине түшүү	izine tyʃyy
seguir (vt)	изине түшүү	izine tyʃyy

prisão (f)	камак	kamak
prender (vt)	камакка алуу	kamakka aluu
pegar, capturar (vt)	кармоо	karmoo
captura (f)	колго түшүрүү	kolgo tyʃyryy

documento (m)	документ	dokument
prova (f)	далил	dalil
provar (vt)	далилдөө	dalildøø
pegada (f)	из	iz
impressões (f pl) digitais	манжанын изи	mandʒanın izi
prova (f)	далил	dalil

álibi (m)	алиби	alibi
inocente	бейкүнөө	bejkynøø
injustiça (f)	адилетсиздик	adiletsizdik
injusto	адилетсиз	adiletsiz

criminal	кылмыштуу	kılmıʃtuu
confiscar (vt)	тартып алуу	tartıp aluu
droga (f)	баңгизат	baŋgizat
arma (f)	курал	kural
desarmar (vt)	куралсыздандыруу	kuralsızdandıruu
ordenar (vt)	буйрук берүү	bujruk beryy
desaparecer (vi)	жоголуп кетүү	dʒogolup ketyy

lei (f)	мыйзам	mıjzam
legal	мыйзамдуу	mıjzamduu
ilegal	мыйзамдан тыш	mıjzamdan tıʃ

| responsabilidade (f) | жоопкерчилик | ʤoopkerʧilik |
| responsável | жоопкерчиликтүү | ʤoopkerʧiliktyy |

NATUREZA

A Terra. Parte 1

195. Espaço sideral

cosmos (m)	космос	kosmos
cósmico	космос	kosmos
espaço (m) cósmico	космос мейкиндиги	kosmos mejkindigi

mundo (m)	дүйнө	dyjnø
universo (m)	аалам	aalam
galáxia (f)	галактика	galaktika

estrela (f)	жылдыз	dʒıldız
constelação (f)	жылдыздар	dʒıldızdar
planeta (m)	планета	planeta
satélite (m)	жолдош	dʒoldoʃ

meteorito (m)	метеорит	meteorit
cometa (m)	комета	kometa
asteroide (m)	астероид	asteroid

órbita (f)	орбита	orbita
girar (vi)	айлануу	ajlanuu
atmosfera (f)	атмосфера	atmosfera

Sol (m)	күн	kyn
Sistema (m) Solar	күн системасы	kyn sisteması
eclipse (m) solar	күндүн тутулушу	kyndyn tutuluʃu

| Terra (f) | Жер | dʒer |
| Lua (f) | Ай | aj |

Marte (m)	Марс	mars
Vénus (f)	Венера	venera
Júpiter (m)	Юпитер	jupiter
Saturno (m)	Сатурн	saturn

Mercúrio (m)	Меркурий	merkurij
Urano (m)	Уран	uran
Neptuno (m)	Нептун	neptun
Plutão (m)	Плутон	pluton

Via Láctea (f)	Саманчынын жолу	samantʃının dʒolu
Ursa Maior (f)	Чоң Жетиген	tʃoŋ dʒetigen
Estrela Polar (f)	Полярдык Жылдыз	polʲardık dʒıldız
marciano (m)	марсианин	marsianin
extraterrestre (m)	инопланетянин	inoplanetʲanin

| alienígena (m) | келгин | kelgin |
| disco (m) voador | учуучу табак | utʃuutʃu tabak |

nave (f) espacial	космос кемеси	kosmos kemesi
estação (f) orbital	орбитадагы станция	orbitadagı stantsija
lançamento (m)	старт	start

motor (m)	кыймылдаткыч	kıjmıldatkıtʃ
bocal (m)	сопло	soplo
combustível (m)	күйгүчү май	kyjyytʃy may

cabine (f)	кабина	kabina
antena (f)	антенна	antenna
vigia (f)	иллюминатор	illuminator
bateria (f) solar	күн батареясы	kyn batarejası
traje (m) espacial	скафандр	skafandr

| imponderabilidade (f) | салмаксыздык | salmaksızdık |
| oxigénio (m) | кислород | kislorod |

| acoplagem (f) | жалгаштыруу | dʒalgaʃtıruu |
| fazer uma acoplagem | жалгаштыруу | dʒalgaʃtıruu |

observatório (m)	обсерватория	observatorija
telescópio (m)	телескоп	teleskop
observar (vt)	байкоо	bajkoo
explorar (vt)	изилдее	izildøø

196. A Terra

Terra (f)	Жер	dʒer
globo terrestre (Terra)	жер шары	dʒer ʃarı
planeta (m)	планета	planeta

atmosfera (f)	атмосфера	atmosfera
geografia (f)	география	geografija
natureza (f)	табийгат	tabijgat

globo (mapa esférico)	глобус	globus
mapa (m)	карта	karta
atlas (m)	атлас	atlas

| Europa (f) | Европа | evropa |
| Ásia (f) | Азия | azija |

| África (f) | Африка | afrika |
| Austrália (f) | Австралия | avstralija |

América (f)	Америка	amerika
América (f) do Norte	Северная Америка	severnaja amerika
América (f) do Sul	Южная Америка	judʒnaja amerika

| Antártida (f) | Антарктида | antarktida |
| Ártico (m) | Арктика | arktika |

197. Pontos cardeais

norte (m)	түндүк	tyndyk
para norte	түндүккө	tyndykkø
no norte	түндүктө	tyndyktø
do norte	түндүк	tyndyk
sul (m)	түштүк	tyʃtyk
para sul	түштүккө	tyʃtykkø
no sul	түштүктө	tyʃtyktø
do sul	түштүк	tyʃtyk
oeste, ocidente (m)	батыш	batıʃ
para oeste	батышка	batıʃka
no oeste	батышта	batıʃta
ocidental	батыш	batıʃ
leste, oriente (m)	чыгыш	ʧıgıʃ
para leste	чыгышка	ʧıgıʃka
no leste	чыгышта	ʧıgıʃta
oriental	чыгыш	ʧıgıʃ

198. Mar. Oceano

mar (m)	деңиз	deŋiz
oceano (m)	мухит	muχit
golfo (m)	булуң	buluŋ
estreito (m)	кысык	kısık
terra (f) firme	жер	dʒer
continente (m)	материк	materik
ilha (f)	арал	aral
península (f)	жарым арал	dʒarım aral
arquipélago (m)	архипелаг	arχipelag
baía (f)	булуң	buluŋ
porto (m)	гавань	gavanʲ
lagoa (f)	лагуна	laguna
cabo (m)	тумшук	tumʃuk
atol (m)	атолл	atoll
recife (m)	риф	rif
coral (m)	маржан	mardʒan
recife (m) de coral	маржан рифи	mardʒan rifi
profundo	терең	tereŋ
profundidade (f)	тереңдик	tereŋdik
abismo (m)	түбү жок	tyby dʒok
fossa (f) oceânica	ойдуң	ojduŋ
corrente (f)	агым	agım
banhar (vt)	курчап туруу	kurʧap turuu

litoral (m)	жээк	ʤeek
costa (f)	жээк	ʤeek
maré (f) alta	суунун көтөрүлүшү	suunun køtørylyʃy
refluxo (m), maré (f) baixa	суунун тартылуусу	suunun tartıluusu
restinga (f)	тайыздык	tajızdık
fundo (m)	суунун түбү	suunun tyby
onda (f)	толкун	tolkun
crista (f) da onda	толкундун кыры	tolkundun kırı
espuma (f)	көбүк	købyk
tempestade (f)	бороон чапкын	boroon ʧapkın
furacão (m)	бороон	boroon
tsunami (m)	цунами	tsunami
calmaria (f)	штиль	ʃtilʲ
calmo	тынч	tınʧ
polo (m)	уюл	ujʉl
polar	полярдык	polʲardık
latitude (f)	кеңдик	keŋdik
longitude (f)	узундук	uzunduk
paralela (f)	параллель	parallelʲ
equador (m)	экватор	ekvator
céu (m)	асман	asman
horizonte (m)	горизонт	gorizont
ar (m)	аба	aba
farol (m)	маяк	majak
mergulhar (vi)	сүңгүү	syŋgyy
afundar-se (vr)	чөгүп кетүү	ʧøgyp ketyy
tesouros (m pl)	казына	kazına

199. Nomes de Mares e Oceanos

Oceano (m) Atlântico	Атлантика мухити	atlantika muχiti
Oceano (m) Índico	Индия мухити	indija muχiti
Oceano (m) Pacífico	Тынч мухити	tınʧ muχiti
Oceano (m) Ártico	Түндүк Муз мухити	tyndyk muz muχiti
Mar (m) Negro	Кара деңиз	kara deŋiz
Mar (m) Vermelho	Кызыл деңиз	kızıl deŋiz
Mar (m) Amarelo	Сары деңиз	sarı deŋiz
Mar (m) Branco	Ак деңиз	ak deŋiz
Mar (m) Cáspio	Каспий деңизи	kaspij deŋizi
Mar (m) Morto	Өлүк деңиз	ølyk deŋiz
Mar (m) Mediterrâneo	Жер Ортолук деңиз	ʤer ortoluk deŋiz
Mar (m) Egeu	Эгей деңизи	egej deŋizi
Mar (m) Adriático	Адриатика деңизи	adriatika deŋizi
Mar (m) Arábico	Аравия деңизи	aravija deŋizi

Mar (m) do Japão	Япон деңизи	japon deŋizi
Mar (m) de Bering	Беринг деңизи	bering deŋizi
Mar (m) da China Meridional	Түштүк-Кытай деңизи	tyʃtyk-kıtaj deŋizi

Mar (m) de Coral	Маржан деңизи	mardʒan deŋizi
Mar (m) de Tasman	Тасман деңизи	tasman deŋizi
Mar (m) do Caribe	Кариб деңизи	karib deŋizi

| Mar (m) de Barents | Баренц деңизи | barents deŋizi |
| Mar (m) de Kara | Карск деңизи | karsk deŋizi |

Mar (m) do Norte	Түндүк деңиз	tyndyk deŋiz
Mar (m) Báltico	Балтика деңизи	baltika deŋizi
Mar (m) da Noruega	Норвегиялык деңизи	norvegijalık deŋizi

200. Montanhas

montanha (f)	тоо	too
cordilheira (f)	тоо тизмеги	too tizmegi
serra (f)	тоо кыркалары	too kırkaları

cume (m)	чоку	tʃoku
pico (m)	чоку	tʃoku
sopé (m)	тоо этеги	too etegi
declive (m)	эңкейиш	eŋkejiʃ

vulcão (m)	вулкан	vulkan
vulcão (m) ativo	күйүп жаткан	kyjyp dʒatkan
vulcão (m) extinto	өчүп калган вулкан	øtʃyp kalgan vulkan

erupção (f)	атырылып чыгуу	atırılıp tʃıguu
cratera (f)	кратер	krater
magma (m)	магма	magma
lava (f)	лава	lava
fundido (lava ~a)	кызыган	kızıgan

desfiladeiro (m)	каньон	kanion
garganta (f)	капчыгай	kaptʃıgaj
fenda (f)	жарака	dʒaraka
precipício (m)	жар	dʒar

passo, colo (m)	ашуу	aʃuu
planalto (m)	дөңсөө	døŋsøø
falésia (f)	зоока	zooka
colina (f)	дөбө	døbø

glaciar (m)	муз	muz
queda (f) d'água	шаркыратма	ʃarkıratma
géiser (m)	гейзер	gejzer
lago (m)	көл	køl

planície (f)	түздүк	tyzdyk
paisagem (f)	теребел	terebel
eco (m)	жаңырык	dʒaŋırık

alpinista (m)	альпинист	al'pinist
escalador (m)	скалолаз	skalolaz
conquistar (vt)	багындыруу	bagındıruu
subida, escalada (f)	тоонун чокусуна чыгуу	toonun ʧokusuna ʧıguu

201. Nomes de montanhas

Alpes (m pl)	Альп тоолору	al'p tooloru
monte Branco (m)	Монблан	monblan
Pirineus (m pl)	Пиреней тоолору	pirenej tooloru

Cárpatos (m pl)	Карпат тоолору	karpat tooloru
montes (m pl) Urais	Урал тоолору	ural tooloru
Cáucaso (m)	Кавказ тоолору	kavkaz tooloru
Elbrus (m)	Эльбрус	el'brus

Altai (m)	Алтай тоолору	altaj tooloru
Tian Shan (m)	Тянь-Шань	tjanʲ-ʃanʲ
Pamir (m)	Памир тоолору	pamir tooloru
Himalaias (m pl)	Гималай тоолору	gimalaj tooloru
monte (m) Everest	Эверест	everest

| Cordilheira (f) dos Andes | Анд тоолору | and tooloru |
| Kilimanjaro (m) | Килиманджаро | kilimandʒaro |

202. Rios

rio (m)	дарыя	darıja
fonte, nascente (f)	булак	bulak
leito (m) do rio	сай	saj
bacia (f)	бассейн	bassejn
desaguar no ...	... куюу	... kujʉu

| afluente (m) | куйма | kujma |
| margem (do rio) | жээк | dʒeek |

corrente (f)	агым	agım
rio abaixo	агым боюнча	agım bojʉnʧa
rio acima	агымга каршы	agımga karʃı

inundação (f)	ташкын	taʃkın
cheia (f)	суу ташкыны	suu taʃkını
transbordar (vi)	дайранын ташышы	dajranın taʃıʃı
inundar (vt)	суу каптоо	suu kaptoo

| banco (m) de areia | тайыздык | tajızdık |
| rápidos (m pl) | босого | bosogo |

barragem (f)	тогоон	togoon
canal (m)	канал	kanal
reservatório (m) de água	суу сактагыч	suu saktagıʧ
eclusa (f)	шлюз	ʃlʉz

corpo (m) de água	кѳлмѳ	kølmø
pântano (m)	саз	saz
tremedal (m)	баткак	batkak
remoinho (m)	айлампа	ajlampa

arroio, regato (m)	суу	suu
potável	ичилчу суу	itʃiltʃy suu
doce (água)	тузсуз	tuzsuz

| gelo (m) | муз | muz |
| congelar-se (vr) | тоңуп калуу | toŋup kaluu |

203. Nomes de rios

| rio Sena (m) | Сена | sena |
| rio Loire (m) | Луара | luara |

rio Tamisa (m)	Темза	temza
rio Reno (m)	Рейн	rejn
rio Danúbio (m)	Дунай	dunaj

rio Volga (m)	Волга	volga
rio Don (m)	Дон	don
rio Lena (m)	Лена	lena

rio Amarelo (m)	Хуанхэ	χuanχe
rio Yangtzé (m)	Янцзы	jantszı
rio Mekong (m)	Меконг	mekong
rio Ganges (m)	Ганг	gang

rio Nilo (m)	Нил	nil
rio Congo (m)	Конго	kongo
rio Cubango (m)	Окаванго	okavango
rio Zambeze (m)	Замбези	zambezi
rio Limpopo (m)	Лимпопо	limpopo
rio Mississípi (m)	Миссисипи	missisipi

204. Floresta

| floresta (f), bosque (m) | токой | tokoj |
| florestal | токойлуу | tokojluu |

mata (f) cerrada	чытырман токой	tʃıtırman tokoj
arvoredo (m)	токойчо	tokojtʃo
clareira (f)	аянт	ajant

| matagal (m) | бадал | badal |
| mato (m) | бадал | badal |

vereda (f)	чыйыр жол	tʃıjır dʒol
ravina (f)	жар	dʒar
árvore (f)	дарак	darak

folha (f)	жалбырак	ʤalbırak
folhagem (f)	жалбырак	ʤalbırak

queda (f) das folhas	жалбырак түшүү мезгили	ʤalbırak tyʃyy mezgili
cair (vi)	түшүү	tyʃyy
topo (m)	чоку	ʧoku

ramo (m)	бутак	butak
galho (m)	бутак	butak
botão, rebento (m)	бүчүр	bytʃyr
agulha (f)	ийне	ijne
pinha (f)	тобурчак	toburtʃak

buraco (m) de árvore	кеңдей	køŋdøj
ninho (m)	уя	uja
toca (f)	ийин	ijin

tronco (m)	сеңгек	søŋgøk
raiz (f)	тамыр	tamır
casca (f) de árvore	кыртыш	kırtıʃ
musgo (m)	мох	moχ

arrancar pela raiz	дүмүрүн казуу	dymyryn kazuu
cortar (vt)	кыюу	kıjʉu
desflorestar (vt)	токойду кыюу	tokojdu kıjʉu
toco, cepo (m)	дүмүр	dymyr

fogueira (f)	от	ot
incêndio (m) florestal	өрт	ørt
apagar (vt)	өчүрүү	øʧyryy

guarda-florestal (m)	токойчу	tokojʧu
proteção (f)	өсүмдүктөрдү коргоо	øsymdyktørdy korgoo
proteger (a natureza)	сактоо	saktoo
caçador (m) furtivo	браконьер	brakonjer
armadilha (f)	капкан	kapkan

colher (cogumelos)	терүү	teryy
colher (bagas)	терүү	teryy
perder-se (vr)	адашып кетүү	adaʃıp ketyy

205. Recursos naturais

recursos (m pl) naturais	жаратылыш байлыктары	ʤaratılıʃ bajlıktarı
minerais (m pl)	пайдалуу кендер	pajdaluu kender
depósitos (m pl)	кен	ken
jazida (f)	кендүү жер	kendyy ʤer

extrair (vt)	казуу	kazuu
extração (f)	казуу	kazuu
minério (m)	кен	ken
mina (f)	шахта	ʃaχta
poço (m) de mina	шахта	ʃaχta
mineiro (m)	кенчи	kenʧi

gás (m)	газ	gaz
gasoduto (m)	газопровод	gazoprovod
petróleo (m)	мунайзат	munajzat
oleoduto (m)	мунайзар түтүгү	munajzar tytygy
poço (m) de petróleo	мунайзат скважинасы	munajzat skvadʒinasɪ
torre (f) petrolífera	мунайзат мунарасы	munajzat munarasɪ
petroleiro (m)	танкер	tanker
areia (f)	кум	kum
calcário (m)	акиташ	akitaʃ
cascalho (m)	шагыл	ʃagɪl
turfa (f)	торф	torf
argila (f)	ылай	ɪlaj
carvão (m)	көмүр	kømyr
ferro (m)	темир	temir
ouro (m)	алтын	altɪn
prata (f)	күмүш	kymyʃ
níquel (m)	никель	nikelʲ
cobre (m)	жез	dʒez
zinco (m)	цинк	tsɪnk
manganês (m)	марганец	marganets
mercúrio (m)	сымап	sɪmap
chumbo (m)	коргошун	korgoʃun
mineral (m)	минерал	mineral
cristal (m)	кристалл	kristall
mármore (m)	мрамор	mramor
urânio (m)	уран	uran

A Terra. Parte 2

206. Tempo

tempo (m)	аба-ырайы	aba-ırajı
previsão (f) do tempo	аба-ырайы боюнча маалымат	aba-ırajı bojuntʃa maalımat
temperatura (f)	температура	temperatura
termómetro (m)	термометр	termometr
barómetro (m)	барометр	barometr
húmido	нымдуу	nımduu
humidade (f)	ным	nım
calor (m)	ысык	ısık
cálido	кыйын ысык	kıjın ısık
está muito calor	ысык	ısık
está calor	жылуу	dʒıluu
quente	жылуу	dʒıluu
está frio	суук	suuk
frio	суук	suuk
sol (m)	күн	kyn
brilhar (vi)	күн тийүү	kyn tijyy
de sol, ensolarado	күн ачык	kyn atʃık
nascer (vi)	чыгуу	tʃıguu
pôr-se (vr)	батуу	batuu
nuvem (f)	булут	bulut
nublado	булуттуу	buluttuu
nuvem (f) preta	булут	bulut
escuro, cinzento	күн бүркөк	kyn byrkøk
chuva (f)	жамгыр	dʒamgır
está a chover	жамгыр жаап жатат	dʒamgır dʒaap dʒatat
chuvoso	жаандуу	dʒaanduu
chuviscar (vi)	дыбыратуу	dıbıratuu
chuva (f) torrencial	нөшөрлөгөн жаан	nøʃørløgøn dʒaan
chuvada (f)	нөшөр	nøʃør
forte (chuva)	катуу	katuu
poça (f)	көлчүк	køltʃyk
molhar-se (vr)	суу болуу	suu boluu
nevoeiro (m)	туман	tuman
de nevoeiro	тумандуу	tumanduu
neve (f)	кар	kar
está a nevar	кар жаап жатат	kar dʒaap dʒatat

207. Tempo extremo. Catástrofes naturais

trovoada (f)	чагылгандуу жаан	tʃagɪlganduu dʒaan
relâmpago (m)	чагылган	tʃagɪlgan
relampejar (vi)	жарк этүү	dʒark etyy
trovão (m)	күн күркүрөө	kyn kyrkyrøø
trovejar (vi)	күн күркүрөө	kyn kyrkyrøø
está a trovejar	күн күркүрөп жатат	kyn kyrkyrøp dʒatat
granizo (m)	мөндүр	møndyr
está a cair granizo	мөндүр түшүп жатат	møndyr tyʃyp dʒatat
inundar (vt)	суу каптоо	suu kaptoo
inundação (f)	ташкын	taʃkɪn
terremoto (m)	жер титирөө	dʒer titirøø
abalo, tremor (m)	жердин силкиниши	dʒerdin silkiniʃi
epicentro (m)	эпицентр	epitsentr
erupção (f)	атырылып чыгуу	atɪrɪlɪp tʃɪguu
lava (f)	лава	lava
turbilhão (m)	куюн	kujʉn
tornado (m)	торнадо	tornado
tufão (m)	тайфун	tajfun
furacão (m)	бороон	boroon
tempestade (f)	бороон чапкын	boroon tʃapkɪn
tsunami (m)	цунами	tsunami
ciclone (m)	циклон	tsɪklon
mau tempo (m)	жаан-чачындуу күн	dʒaan-tʃatʃɪnduu kyn
incêndio (m)	өрт	ørt
catástrofe (f)	кыйроо	kɪjroo
meteorito (m)	метеорит	meteorit
avalanche (f)	көчкү	køtʃky
deslizamento (m) de neve	кар көчкүсү	kar køtʃkysy
nevasca (f)	кар бороону	kar boroonu
tempestade (f) de neve	бурганак	burganak

208. Ruídos. Sons

silêncio (m)	жымжырттык	dʒɪmdʒɪrttɪk
som (m)	добуш	dobuʃ
ruído, barulho (m)	ызы-чуу	ɪzɪ-tʃuu
fazer barulho	чуулдоо	tʃuuldoo
ruidoso, barulhento	дуулдаган	duuldagan
alto (adv)	катуу	katuu
alto (adj)	катуу	katuu
constante (ruído, etc.)	үзгүлтүксүз	yzgyltyksyz

grito (m)	кыйкырык	kıjkırık
gritar (vi)	кыйкыруу	kıjkıruu
sussurro (m)	шыбыр	ʃıbır
sussurrar (vt)	шыбырап айтуу	ʃıbırap ajtuu

| latido (m) | үрүү | yryy |
| latir (vi) | үрүү | yryy |

gemido (m)	онтоо	ontoo
gemer (vi)	онтоо	ontoo
tosse (f)	жөтөл	dʒøtøl
tossir (vi)	жөтөлүү	dʒøtølyy

assobio (m)	ышкырык	ıʃkırık
assobiar (vi)	ышкыруу	ıʃkıruu
batida (f)	такылдатуу	takıldatuu
bater (vi)	такылдатуу	takıldatuu

| estalar (vi) | чыртылдоо | tʃırtıldoo |
| estalido (m) | чыртылдоо | tʃırtıldoo |

sirene (f)	сирена	sirena
apito (m)	гудок	gudok
apitar (vi)	гудок чалуу	gudok tʃaluu
buzina (f)	сигнал	signal
buzinar (vi)	сигнал басуу	signal basuu

209. Inverno

inverno (m)	кыш	kıʃ
de inverno	кышкы	kıʃkı
no inverno	кышында	kıʃında

neve (f)	кар	kar
está a nevar	кар жаап жатат	kar dʒaap dʒatat
queda (f) de neve	кар жаашы	kar dʒaaʃı
amontoado (m) de neve	күрткү	kyrtky

floco (m) de neve	кар учкуну	kar utʃkunu
bola (f) de neve	томолоктолгон кар	tomoloktolgon kar
boneco (m) de neve	кар адам	kar adam
sincelo (m)	тоңгон муз	toŋgon muz

dezembro (m)	декабрь	dekabrʲ
janeiro (m)	январь	janvarʲ
fevereiro (m)	февраль	fevralʲ

| gelo (m) | аяз | ajaz |
| gelado, glacial | аяздуу | ajazduu |

abaixo de zero	нольдон төмөн	nolʲdon tømøn
geada (f)	үшүк	yʃyk
geada (f) branca	кыроо	kıroo
frio (m)	суук	suuk

está frio	суук	suuk
casaco (m) de peles	тон	ton
mitenes (f pl)	мээлей	meelej
adoecer (vi)	ооруп калуу	oorup kaluu
constipação (f)	суук тийүү	suuk tijyy
constipar-se (vr)	суук тийгизип алуу	suuk tijgizip aluu
gelo (m)	муз	muz
gelo (m) na estrada	кара тоҥголок	kara toŋgolok
congelar-se (vr)	тоҥуп калуу	toŋup kaluu
bloco (m) de gelo	муздун чоҥ сыныгы	muzdun ʧoŋ sınıgı
esqui (m)	чаҥгы	ʧaŋgı
esquiador (m)	чаҥычы	ʧaŋıʧı
esquiar (vi)	чаҥгы тебүү	ʧaŋgı tebyy
patinar (vi)	коньки тебүү	konⁱki tebyy

Fauna

210. Mamíferos. Predadores

predador (m)	жырткыч	dʒɪrtkɪtʃ
tigre (m)	жолборс	dʒolbors
leão (m)	арстан	arstan
lobo (m)	карышкыр	karɪʃkɪr
raposa (f)	түлкү	tylky

jaguar (m)	ягуар	jaguar
leopardo (m)	леопард	leopard
chita (f)	гепард	gepard

pantera (f)	пантера	pantera
puma (m)	пума	puma
leopardo-das-neves (m)	илбирс	ilbirs
lince (m)	сүлөөсүн	syløøsyn

coiote (m)	койот	kojot
chacal (m)	чөө	tʃøø
hiena (f)	гиена	giena

211. Animais selvagens

| animal (m) | жаныбар | dʒanıbar |
| besta (f) | жапайы жаныбар | dʒapajı dʒanıbar |

esquilo (m)	тыйын чычкан	tıjın tʃɪtʃkan
ouriço (m)	кирпичечен	kirpitʃetʃen
lebre (f)	коен	koen
coelho (m)	коен	koen

texugo (m)	кашкулак	kaʃkulak
guaxinim (m)	енот	enot
hamster (m)	хомяк	χomʲak
marmota (f)	суур	suur

toupeira (f)	момолой	momoloj
rato (m)	чычкан	tʃɪtʃkan
ratazana (f)	келемиш	kelemiʃ
morcego (m)	жарганат	dʒarganat

arminho (m)	арс чычкан	ars tʃɪtʃkan
zibelina (f)	киш	kiʃ
marta (f)	суусар	suusar
doninha (f)	ласка	laska
vison (m)	норка	norka

castor (m)	кемчет	kemtʃet
lontra (f)	кундуз	kunduz
cavalo (m)	жылкы	dʒılkı
alce (m)	багыш	bagıʃ
veado (m)	бугу	bugu
camelo (m)	төө	tøø
bisão (m)	бизон	bizon
auroque (m)	зубр	zubr
búfalo (m)	буйвол	bujvol
zebra (f)	зебра	zebra
antílope (m)	антилопа	antilopa
corça (f)	элик	elik
gamo (m)	лань	lanʲ
camurça (f)	жейрен	dʒejren
javali (m)	каман	kaman
baleia (f)	кит	kit
foca (f)	тюлень	tɵlenʲ
morsa (f)	морж	mordʒ
urso-marinho (m)	деңиз мышыгы	deŋiz mıʃıgı
golfinho (m)	дельфин	delʲfin
urso (m)	аюу	ajʉu
urso (m) branco	ак аюу	ak ajʉu
panda (m)	панда	panda
macaco (em geral)	маймыл	majmıl
chimpanzé (m)	шимпанзе	ʃimpanze
orangotango (m)	орангутанг	orangutang
gorila (m)	горилла	gorilla
macaco (m)	макака	makaka
gibão (m)	гиббон	gibbon
elefante (m)	пил	pil
rinoceronte (m)	керик	kerik
girafa (f)	жираф	dʒiraf
hipopótamo (m)	бегемот	begemot
canguru (m)	кенгуру	kenguru
coala (m)	коала	koala
mangusto (m)	мангуст	mangust
chinchila (m)	шиншилла	ʃinʃilla
doninha-fedorenta (f)	скунс	skuns
porco-espinho (m)	чүткөр	tʃytkør

212. Animais domésticos

gata (f)	ургаачы мышык	urgaatʃı mıʃık
gato (m) macho	эркек мышык	erkek mıʃık
cão (m)	ит	it

cavalo (m)	жылкы	ʤɪlkɪ
garanhão (m)	айгыр	ajgɪr
égua (f)	бээ	bee

vaca (f)	уй	uj
touro (m)	бука	buka
boi (m)	өгүз	øgyz

ovelha (f)	кой	koj
carneiro (m)	кочкор	kotʃkor
cabra (f)	эчки	etʃki
bode (m)	теке	teke

| burro (m) | эшек | eʃek |
| mula (f) | качыр | katʃɪr |

porco (m)	чочко	tʃotʃko
leitão (m)	торопой	toropoj
coelho (m)	коен	koen

| galinha (f) | тоок | took |
| galo (m) | короз | koroz |

pata (f)	өрдөк	ørdøk
pato (macho)	эркек өрдөк	erkek ørdøk
ganso (m)	каз	kaz

| peru (m) | күрп | kyrp |
| perua (f) | ургаачы күрп | urgaatʃɪ kyrp |

animais (m pl) domésticos	үй жаныбарлары	yj ʤanɪbarlarɪ
domesticado	колго үйрөтүлгөн	kolgo yjrøtylgøn
domesticar (vt)	колго үйрөтүү	kolgo yjrøtyy
criar (vt)	өстүрүү	østyryy

quinta (f)	ферма	ferma
aves (f pl) domésticas	үй канаттулары	yj kanattularɪ
gado (m)	мал	mal
rebanho (m), manada (f)	бада	bada

estábulo (m)	аткана	atkana
pocilga (f)	чочкокана	tʃotʃkokana
estábulo (m)	уйкана	ujkana
coelheira (f)	коенкана	koenkana
galinheiro (m)	тоокана	tookana

213. Cães. Raças de cães

cão (m)	ит	it
cão pastor (m)	овчарка	ovtʃarka
pastor-alemão (m)	немис овчаркасы	nemis ovtʃarkasɪ
caniche (m)	пудель	pudelʲ
teckel (m)	такса	taksa
buldogue (m)	бульдог	bulʲdog

boxer (m)	боксёр	boks¹or
mastim (m)	мастиф	mastif
rottweiler (m)	ротвейлер	rotvejler
dobermann (m)	доберман	doberman

basset (m)	бассет	basset
pastor inglês (m)	бобтейл	bobtejl
dálmata (m)	далматинец	dalmatinets
cocker spaniel (m)	кокер-спаниэль	koker-spaniel¹

| terra-nova (m) | ньюфаундленд | njʉfaundlend |
| são-bernardo (m) | сенбернар | senbernar |

husky (m)	хаски	χaski
Chow-chow (m)	чау-чау	ʧau-ʧau
spitz alemão (m)	шпиц	ʃpits
carlindogue (m)	мопс	mops

214. Sons produzidos pelos animais

latido (m)	үрүү	yryy
latir (vi)	үрүү	yryy
miar (vi)	миёлоо	mijoloo
ronronar (vi)	мырылдоо	mırıldoo

mugir (vaca)	маароо	maaroo
bramir (touro)	өкүрүү	økyryy
rosnar (vi)	ырылдоо	ırıldoo

uivo (m)	уулуу	uuluu
uivar (vi)	уулуу	uuluu
ganir (vi)	кыңшылоо	kıɳʃıloo

balir (vi)	маароо	maaroo
grunhir (porco)	коркулдоо	korkuldoo
guinchar (vi)	чаңыруу	ʧaɳıruu

coaxar (sapo)	чардоо	ʧardoo
zumbir (inseto)	зыңылдоо	zıɳıldoo
estridular, ziziar (vi)	чырылдоо	ʧırıldoo

215. Animais jovens

cria (f), filhote (m)	жаныбарлардын баласы	dʒanıbarlardın balası
gatinho (m)	мышыктын баласы	mıʃıktın balası
ratinho (m)	чычкандын баласы	ʧıʧkandın balası
cãozinho (m)	күчүк	kyʧyk

filhote (m) de lebre	бөжөк	bødʒøk
coelhinho (m)	бөжөк	bødʒøk
lobinho (m)	бөлтүрүк	bøltyryk
raposinho (m)	түлкү баласы	tylky balası

ursinho (m)	мамалак	mamalak
leãozinho (m)	арстан баласы	arstan balası
filhote (m) de tigre	жолборс баласы	dʒolbors balası
filhote (m) de elefante	пилдин баласы	pildin balası

leitão (m)	торопой	toropoj
bezerro (m)	музоо	muzoo
cabrito (m)	улак	ulak
cordeiro (m)	козу	kozu
cria (f) de veado	бугунун музоосу	bugunun muzoosu
cria (f) de camelo	бото	boto

| filhote (m) de serpente | жылан баласы | dʒılan balası |
| cria (f) de rã | бака баласы | baka balası |

cria (f) de ave	балапан	balapan
pinto (m)	балапан	balapan
patinho (m)	өрдөктүн баласы	ørdøktyn balası

216. Pássaros

pássaro (m), ave (f)	куш	kuʃ
pombo (m)	көгүчкөн	køgytʃkøn
pardal (m)	таранчы	tarantʃı
chapim-real (m)	синица	sinitsa
pega-rabuda (f)	сагызган	sagızgan

corvo (m)	кузгун	kuzgun
gralha (f) cinzenta	карга	karga
gralha-de-nuca-cinzenta (f)	таан	taan
gralha-calva (f)	чаркарга	tʃarkarga

pato (m)	өрдөк	ørdøk
ganso (m)	каз	kaz
faisão (m)	кыргоол	kırgool

águia (f)	бүркүт	byrkyt
açor (m)	ителги	itelgi
falcão (m)	шумкар	ʃumkar
abutre (m)	жору	dʒoru
condor (m)	кондор	kondor

cisne (m)	аккуу	akkuu
grou (m)	турна	turna
cegonha (f)	илегилек	ilegilek

papagaio (m)	тотукуш	totukuʃ
beija-flor (m)	колибри	kolibri
pavão (m)	тоос	toos

avestruz (m)	төө куш	tøø kuʃ
garça (f)	көк кытан	køk kıtan
flamingo (m)	фламинго	flamingo
pelicano (m)	биргазан	birgazan

| rouxinol (m) | булбул | bulbul |
| andorinha (f) | чабалекей | ʧabalekej |

tordo-zornal (m)	таркылдак	tarkıldak
tordo-músico (m)	сайрагыч таркылдак	sajragıʧ tarkıldak
melro-preto (m)	кара таңдай таркылдак	kara taŋdaj tarkıldak

andorinhão (m)	кардыгач	kardıgaʧ
cotovia (f)	торгой	torgoj
codorna (f)	бөдөнө	bødønø

pica-pau (m)	тоңкулдак	toŋkuldak
cuco (m)	күкүк	kykyk
coruja (f)	мыкый үкү	mıkıj yky
corujão, bufo (m)	үкү	yky
tetraz-grande (m)	керең кур	kereŋ kur
tetraz-lira (m)	кара кур	kara kur
perdiz-cinzenta (f)	кекилик	kekilik

estorninho (m)	чыйырчык	ʧıjırʧık
canário (m)	канарейка	kanarejka
galinha-do-mato (f)	токой чили	tokoj ʧili
tentilhão (m)	зяблик	zʲablik
dom-fafe (m)	снегирь	snegirʲ

gaivota (f)	ак чардак	ak ʧardak
albatroz (m)	альбатрос	alʲbatros
pinguim (m)	пингвин	pingvin

217. Pássaros. Canto e sons

cantar (vi)	сайроо	sajroo
gritar (vi)	кыйкыруу	kıjkıruu
cantar (o galo)	"күкирику" деп кыйкыруу	kykiriky' dep kıjkıruu
cocorocó (m)	күкирику	kykiriky

cacarejar (vi)	какылдоо	kakıldoo
crocitar (vi)	каркылдоо	karkıldoo
grasnar (vi)	бакылдоо	bakıldoo
piar (vi)	чыйылдоо	ʧıjıldoo
chilrear, gorjear (vi)	чырылдоо	ʧırıldoo

218. Peixes. Animais marinhos

brema (f)	лещ	leʃʧ
carpa (f)	карп	karp
perca (f)	окунь	okunʲ
siluro (m)	жаян	dʒajan
lúcio (m)	чортон	ʧorton

| salmão (m) | лосось | lososʲ |
| esturjão (m) | осётр | osʲotr |

arenque (m)	сельдь	selʲdʲ
salmão (m)	сёмга	sʲomga
cavala, sarda (f)	скумбрия	skumbrija
solha (f)	камбала	kambala

lúcio perca (m)	судак	sudak
bacalhau (m)	треска	treska
atum (m)	тунец	tunets
truta (f)	форель	forelʲ

enguia (f)	угорь	ugorʲ
raia elétrica (f)	скат	skat
moreia (f)	мурена	murena
piranha (f)	пиранья	piranja

tubarão (m)	акула	akula
golfinho (m)	дельфин	delʲfin
baleia (f)	кит	kit

caranguejo (m)	краб	krab
medusa, alforreca (f)	медуза	meduza
polvo (m)	сегиз бут	segiz but

estrela-do-mar (f)	деңиз жылдызы	deŋiz dʒıldızı
ouriço-do-mar (m)	деңиз кирписи	deŋiz kirpisi
cavalo-marinho (m)	деңиз тайы	deŋiz tajı

ostra (f)	устрица	ustritsa
camarão (m)	креветка	krevetka
lavagante (m)	омар	omar
lagosta (f)	лангуст	langust

219. Amfíbios. Répteis

| serpente, cobra (f) | жылан | dʒılan |
| venenoso | уулуу | uuluu |

víbora (f)	кара чаар жылан	kara tʃaar dʒılan
cobra-capelo, naja (f)	кобра	kobra
pitão (m)	питон	piton
jiboia (f)	удав	udav

cobra-de-água (f)	сары жылан	sarı dʒılan
cascavel (f)	шакылдак жылан	ʃakıldak dʒılan
anaconda (f)	анаконда	anakonda

lagarto (m)	кескелдирик	keskeldirik
iguana (f)	игуана	iguana
varano (m)	эчкемер	etʃkemer
salamandra (f)	саламандра	salamandra
camaleão (m)	хамелеон	χameleon
escorpião (m)	чаян	tʃajan
tartaruga (f)	ташбака	taʃbaka
rã (f)	бака	baka

| sapo (m) | курбака | kurbaka |
| crocodilo (m) | крокодил | krokodil |

220. Insetos

inseto (m)	курт-кумурска	kurt-kumurska
borboleta (f)	көпөлөк	køpøløk
formiga (f)	кумурска	kumurska
mosca (f)	чымын	ʧımın
mosquito (m)	чиркей	ʧirkej
escaravelho (m)	коңуз	koŋuz

vespa (f)	аары	aarı
abelha (f)	бал аары	bal aarı
mamangava (f)	жапан аары	dʒapan aarı
moscardo (m)	көгөөн	køgøøn

| aranha (f) | жөргөмүш | dʒørgømyʃ |
| teia (f) de aranha | желе | dʒele |

libélula (f)	ийнелик	ijnelik
gafanhoto-do-campo (m)	чегиртке	ʧegirtke
traça (f)	көпөлөк	køpøløk

barata (f)	таракан	tarakan
carraça (f)	кене	kene
pulga (f)	бүргө	byrgø
borrachudo (m)	майда чымын	majda ʧımın

gafanhoto (m)	чегиртке	ʧegirtke
caracol (m)	үлүл	ylyl
grilo (m)	кара чегиртке	kara ʧegirtke
pirilampo (m)	жалтырак коңуз	dʒaltırak koŋuz
joaninha (f)	айланкөчөк	ajlankøʧøk
besouro (m)	саратан коңуз	saratan koŋuz

sanguessuga (f)	сүлүк	sylyk
lagarta (f)	каз таман	kaz taman
minhoca (f)	жер курту	dʒer kurtu
larva (f)	курт	kurt

221. Animais. Partes do corpo

bico (m)	тумшук	tumʃuk
asas (f pl)	канаттар	kanattar
pata (f)	чеңгел	ʧeŋgel
plumagem (f)	куштун жүнү	kuʃtun dʒyny
pena, pluma (f)	канат	kanat
crista (f)	көкүлчө	køkylʧø

| brânquias, guelras (f pl) | бакалоор | bakaloor |
| ovas (f pl) | балык уругу | balık urugu |

larva (f)	курт	kurt
barbatana (f)	сүзгүч	syzgytʃ
escama (f)	кабырчык	kabırtʃık

canino (m)	азуу тиш	azuu tiʃ
pata (f)	таман	taman
focinho (m)	тумшук	tumʃuk
boca (f)	ооз	ooz
cauda (f), rabo (m)	куйрук	kujruk
bigodes (m pl)	мурут	murut

| casco (m) | туяк | tujak |
| corno (m) | мүйүз | myjyz |

carapaça (f)	калканч	kalkantʃ
concha (f)	үлүл кабыгы	ylyl kabıgı
casca (f) de ovo	кабык	kabık

| pelo (m) | жүн | dʒyn |
| pele (f), couro (m) | тери | teri |

222. Ações dos animais

| voar (vi) | учуу | utʃuu |
| dar voltas | айлануу | ajlanuu |

| voar (para longe) | учуп кетүү | utʃup ketyy |
| bater as asas | канаттарын кагуу | kanattarın kaguu |

| bicar (vi) | чукуу | tʃukuu |
| incubar (vt) | жумуртка басуу | dʒumurtka basuu |

| sair do ovo | жумурткадан чыгуу | dʒumurtkadan tʃiguu |
| fazer o ninho | уя токуу | uja tokuu |

rastejar (vi)	сойлоо	sojloo
picar (vt)	чагуу	tʃaguu
morder (vt)	каап алуу	kaap aluu

cheirar (vt)	жыттоо	dʒıttoo
latir (vi)	үрүү	yryy
silvar (vi)	ышкыруу	ıʃkıruu

| assustar (vt) | коркутуу | korkutuu |
| atacar (vt) | тап берүү | tap beryy |

roer (vt)	кемирүү	kemiryy
arranhar (vt)	тытуу	tıtuu
esconder-se (vr)	жашынуу	dʒaʃınuu

brincar (vi)	ойноо	ojnoo
caçar (vi)	аңчылык кылуу	aŋtʃılık kıluu
hibernar (vi)	чээнге кирүү	tʃeenge kiryy
extinguir-se (vr)	кырылуу	kırıluu

223. Animais. Habitats

| hábitat | жашоо чөйрөсү | dʒaʃoo ʧøjrøsy |
| migração (f) | миграция | migratsija |

montanha (f)	тоо	too
recife (m)	риф	rif
falésia (f)	зоока	zooka

floresta (f)	токой	tokoj
selva (f)	джунгли	dʒungli
savana (f)	саванна	savanna
tundra (f)	тундра	tundra

estepe (f)	талаа	talaa
deserto (m)	чөл	ʧøl
oásis (m)	оазис	oazis

mar (m)	деңиз	deŋiz
lago (m)	көл	køl
oceano (m)	мухит	muχit

pântano (m)	саз	saz
de água doce	тузсуз суулу көл	tuzsuz suulu køl
lagoa (f)	жасалма көлмө	dʒasalma kølmø
rio (m)	дарыя	darıja

toca (f) do urso	ийин	ijin
ninho (m)	уя	uja
buraco (m) de árvore	кеңдей	køŋdøj
toca (f)	ийин	ijin
formigueiro (m)	кумурска уюгу	kumurska ujʉgu

224. Cuidados com os animais

| jardim (m) zoológico | зоопарк | zoopark |
| reserva (f) natural | корук | koruk |

viveiro (m)	питомник	pitomnik
jaula (f) de ar livre	вольер	voljer
jaula, gaiola (f)	капас	kapas
casinha (f) de cão	иттин кепеси	ittin kepesi

pombal (m)	кептеркана	kepterkana
aquário (m)	аквариум	akvarium
delfinário (m)	дельфинарий	delʲfinarij

criar (vt)	багуу	baguu
ninhada (f)	тукум	tukum
domesticar (vt)	колго үйрөтүү	kolgo yjrøtyy
adestrar (vt)	үйрөтүү	yjrøtyy
ração (f)	жем, чөп	dʒem, ʧøp
alimentar (vt)	жем берүү	dʒem beryy

loja (f) de animais	зоодүкөн	zoodykøn
açaime (m)	тумшук кап	tumʃuk kap
coleira (f)	ит каргысы	it kargısı
nome (m)	лакап ат	lakap at
pedigree (m)	мал теги	mal tegi

225. Animais. Diversos

alcateia (f)	үйүр	yjyr
bando (pássaros)	топ	top
cardume (peixes)	топ	top
manada (cavalos)	үйүр	yjyr

| macho (m) | эркек | erkek |
| fêmea (f) | ургаачы | urgaatʃı |

faminto	ачка	atʃka
selvagem	жапайы	dʒapajı
perigoso	коркунучтуу	korkunutʃtuu

226. Cavalos

| cavalo (m) | жылкы | dʒılkı |
| raça (f) | тукум | tukum |

| potro (m) | кулун | kulun |
| égua (f) | бээ | bee |

mustangue (m)	мустанг	mustang
pónei (m)	пони	poni
cavalo (m) de tiro	жүк ташуучу ат	dʒyk taʃuutʃu at

| crina (f) | жал | dʒal |
| cauda (f) | куйрук | kujruk |

casco (m)	туяк	tujak
ferradura (f)	така	taka
ferrar (vt)	такалоо	takaloo
ferreiro (m)	темирчи	temirtʃi

sela (f)	ээр	eer
estribo (m)	үзөнгү	yzøngy
brida (f)	жүгөн	dʒygøn
rédeas (f pl)	тизгин	tizgin
chicote (m)	камчы	kamtʃı

cavaleiro (m)	чабандес	tʃabandes
colocar sela	ээр токуу	eer tokuu
montar no cavalo	ээрге отуруу	eerge oturuu

| galope (m) | текирең-таскак | tekireŋ-taskak |
| galopar (vi) | таскактатуу | taskaktatuu |

trote (m)	таскак	taskak
a trote	таскактап	taskaktap
ir a trote	таскактатуу	taskaktatuu
cavalo (m) de corrida	күлүк ат	kylyk at
corridas (f pl)	ат чабыш	at ʧabıʃ
estábulo (m)	аткана	atkana
alimentar (vt)	жем берүү	dʒem beryy
feno (m)	чөп	ʧøp
dar água	сугаруу	sugaruu
limpar (vt)	тазалоо	tazaloo
carroça (f)	араба	araba
pastar (vi)	оттоо	ottoo
relinchar (vi)	кишенөө	kiʃenøø
dar um coice	тээп жиберүү	teep dʒiberyy

Flora

227. Árvores

árvore (f)	дарак	darak
decídua	жалбырактуу	dʒalbɯraktuu
conífera	ийне жалбырактуулар	ijne dʒalbɯraktuular
perene	дайым жашыл	dajɯm dʒaʃɯl
macieira (f)	алма бак	alma bak
pereira (f)	алмурут бак	almurut bak
cerejeira (f)	гилас	gilas
ginjeira (f)	алча	altʃa
ameixeira (f)	кара өрүк	kara øryk
bétula (f)	ак кайың	ak kajɯŋ
carvalho (m)	эмен	emen
tília (f)	жөкө дарак	dʒøkø darak
choupo-tremedor (m)	бай терек	baj terek
bordo (m)	клён	klʲon
espruce-europeu (m)	кара карагай	kara karagaj
pinheiro (m)	карагай	karagaj
alerce, lariço (m)	лиственница	listvennitsa
abeto (m)	пихта	piχta
cedro (m)	кедр	kedr
choupo, álamo (m)	терек	terek
tramazeira (f)	четин	tʃetin
salgueiro (m)	мажүрүм тал	madʒyrym tal
amieiro (m)	ольха	olʲχa
faia (f)	бук	buk
ulmeiro (m)	кара жыгач	kara dʒɯgatʃ
freixo (m)	ясень	jasenʲ
castanheiro (m)	каштан	kaʃtan
magnólia (f)	магнолия	magnolija
palmeira (f)	пальма	palʲma
cipreste (m)	кипарис	kiparis
mangue (m)	мангро дарагы	mangro daragɯ
embondeiro, baobá (m)	баобаб	baobab
eucalipto (m)	эвкалипт	evkalipt
sequoia (f)	секвойя	sekvoja

228. Arbustos

arbusto (m)	бадал	badal
arbusto (m), moita (f)	бадал	badal

| videira (f) | жүзүм | ʤyzym |
| vinhedo (m) | жүзүмдүк | ʤyzymdyk |

framboeseira (f)	дан куурай	dan kuuraj
groselheira-preta (f)	кара карагат	kara karagat
groselheira-vermelha (f)	кызыл карагат	kızıl karagat
groselheira (f) espinhosa	крыжовник	krıʤovnik

acácia (f)	акация	akaʦija
bérberis (f)	бөрү карагат	børy karagat
jasmim (m)	жасмин	ʤasmin

junípero (m)	кара арча	kara arʧa
roseira (f)	роза бадалы	roza badalı
roseira (f) brava	ит мурун	it murun

229. Cogumelos

cogumelo (m)	козу карын	kozu karın
cogumelo (m) comestível	желе турган козу карын	ʤele turgan kozu karın
cogumelo (m) venenoso	уулуу козу карын	uuluu kozu karın
chapéu (m)	козу карындын телпеги	kozu karındın telpegi
pé, caule (m)	аякчасы	ajakʧası

boleto (m)	ак козу карын	ak kozu karın
boleto (m) alaranjado	подосиновик	podosinovik
míscaro (m) das bétulas	подберёзовик	podberiozovik
cantarela (f)	лисичка	lisiʧka
rússula (f)	сыроежка	sıroeʤka

morchella (f)	сморчок	smorʧok
agário-das-moscas (m)	мухомор	muχomor
cicuta (f) verde	поганка	poganka

230. Frutos. Bagas

| fruta (f) | мөмө-жемиш | mømø-ʤemiʃ |
| frutas (f pl) | мөмө-жемиш | mømø-ʤemiʃ |

maçã (f)	алма	alma
pera (f)	алмурут	almurut
ameixa (f)	кара өрүк	kara øryk

morango (m)	кулпунай	kulpunaj
ginja (f)	алча	alʧa
cereja (f)	гилас	gilas
uva (f)	жүзүм	ʤyzym

framboesa (f)	дан куурай	dan kuuraj
groselha (f) preta	кара карагат	kara karagat
groselha (f) vermelha	кызыл карагат	kızıl karagat
groselha (f) espinhosa	крыжовник	krıʤovnik

oxicoco (m)	клюква	klʉkva
laranja (f)	апельсин	apelʹsin
tangerina (f)	мандарин	mandarin
ananás (m)	ананас	ananas
banana (f)	банан	banan
tâmara (f)	курма	kurma

limão (m)	лимон	limon
damasco (m)	өрүк	øryk
pêssego (m)	шабдаалы	ʃabdaalı
kiwi (m)	киви	kivi
toranja (f)	грейпфрут	grejpfrut

baga (f)	жер жемиш	dʒer dʒemiʃ
bagas (f pl)	жер жемиштер	dʒer dʒemiʃter
arando (m) vermelho	брусника	brusnika
morango-silvestre (m)	кызылгат	kızılgat
mirtilo (m)	кара моюл	kara mojʉl

231. Flores. Plantas

flor (f)	гүл	gyl
ramo (m) de flores	десте	deste

rosa (f)	роза	roza
tulipa (f)	жоогазын	dʒoogazın
cravo (m)	гвоздика	gvozdika
gladíolo (m)	гладиолус	gladiolus

centáurea (f)	ботокөз	botokøz
campânula (f)	коңгуроо гүл	koŋguroo gyl
dente-de-leão (m)	каакым-кукум	kaakım-kukum
camomila (f)	ромашка	romaʃka

aloé (m)	алоэ	aloe
cato (m)	кактус	kaktus
fícus (m)	фикус	fikus

lírio (m)	лилия	lilija
gerânio (m)	герань	geranʲ
jacinto (m)	гиацинт	giatsint

mimosa (f)	мимоза	mimoza
narciso (m)	нарцисс	nartsiss
capuchinha (f)	настурция	nasturtsija

orquídea (f)	орхидея	orχideja
peónia (f)	пион	pion
violeta (f)	бинапша	binapʃa

amor-perfeito (m)	алагүл	alagyl
não-me-esqueças (m)	незабудка	nezabudka
margarida (f)	маргаритка	margaritka
papoula (f)	кызгалдак	kızgaldak

| cânhamo (m) | наша | naʃa |
| hortelã (f) | жалбыз | dʒalbız |

| lírio-do-vale (m) | ландыш | landıʃ |
| campânula-branca (f) | байчечекей | bajʧeʧekej |

urtiga (f)	чалкан	ʧalkan
azeda (f)	ат кулак	at kulak
nenúfar (m)	чемуч баш	ʧømyʧ baʃ
feto (m), samambaia (f)	папоротник	paporotnik
líquen (m)	лишайник	liʃajnik

estufa (f)	күнескана	kynøskana
relvado (m)	газон	gazon
canteiro (m) de flores	клумба	klumba

planta (f)	өсүмдүк	øsymdyk
erva (f)	чөп	ʧøp
folha (f) de erva	бир тал чөп	bir tal ʧøp

folha (f)	жалбырак	dʒalbırak
pétala (f)	гүлдүн желекчеси	gyldyn dʒelekʧesi
talo (m)	сабак	sabak
tubérculo (m)	жемиш тамыр	dʒemiʃ tamır

| broto, rebento (m) | өсмө | øsmø |
| espinho (m) | тикен | tiken |

florescer (vi)	гүлдөө	gyldøø
murchar (vi)	соолуу	sooluu
cheiro (m)	жыт	dʒıt
cortar (flores)	кесүү	kesyy
colher (uma flor)	үзүү	yzyy

232. Cereais, grãos

grão (m)	дан	dan
cereais (plantas)	дан эгиндери	dan eginderi
espiga (f)	машак	maʃak

trigo (m)	буудай	buudaj
centeio (m)	кара буудай	kara buudaj
aveia (f)	сулу	sulu
milho-miúdo (m)	таруу	taruu
cevada (f)	арпа	arpa
milho (m)	жүгөрү	dʒygøry
arroz (m)	күрүч	kyryʧ
trigo-sarraceno (m)	гречиха	greʧiχa

ervilha (f)	нокот	nokot
feijão (m)	төө буурчак	tøø buurʧak
soja (f)	соя	soja
lentilha (f)	жасмык	dʒasmık
fava (f)	буурчак	buurʧak

233. Vegetais. Verduras

| legumes (m pl) | жашылча | ʤaʃɪltʃa |
| verduras (f pl) | көк чөп | køk tʃøp |

tomate (m)	помидор	pomidor
pepino (m)	бадыраң	badɯraŋ
cenoura (f)	сабиз	sabiz
batata (f)	картошка	kartoʃka
cebola (f)	пияз	pijaz
alho (m)	сарымсак	sarɯmsak

couve (f)	капуста	kapusta
couve-flor (f)	гүлдүү капуста	gyldyy kapusta
couve-de-bruxelas (f)	брюссель капустасы	brʉsselʲ kapustasɯ
brócolos (m pl)	брокколи капустасы	brokkoli kapustasɯ

beterraba (f)	кызылча	kɯzɪltʃa
beringela (f)	баклажан	bakladʒan
curgete (f)	кабачок	kabatʃok
abóbora (f)	ашкабак	aʃkabak
nabo (m)	шалгам	ʃalgam

salsa (f)	петрушка	petruʃka
funcho, endro (m)	укроп	ukrop
alface (f)	салат	salat
aipo (m)	сельдерей	selʲderej
espargo (m)	спаржа	spardʒa
espinafre (m)	шпинат	ʃpinat

ervilha (f)	нокот	nokot
fava (f)	буурчак	buurtʃak
milho (m)	жүгөрү	dʒygøry
feijão (m)	төө буурчак	tøø buurtʃak

pimentão (m)	калемпир	kalempir
rabanete (m)	шалгам	ʃalgam
alcachofra (f)	артишок	artiʃok

GEOGRAFIA REGIONAL

Países. Nacionalidades

234. Europa Ocidental

Europa (f)	Европа	evropa
União (f) Europeia	Европа Биримдиги	evropa birimdigi
europeu (m)	европалык	evropalık
europeu	европалык	evropalık
Áustria (f)	Австрия	avstrija
austríaco (m)	австриялык	avstrijalık
austríaca (f)	австриялык аял	avstrijalık ajal
austríaco	австриялык	avstrijalık
Grã-Bretanha (f)	Улуу Британия	uluu britanija
Inglaterra (f)	Англия	anglija
inglês (m)	англичан	anglitʃan
inglesa (f)	англичан аял	anglitʃan ajal
inglês	англиялык	anglijalık
Bélgica (f)	Бельгия	belʲgija
belga (m)	бельгиялык	belʲgijalık
belga (f)	бельгиялык аял	belʲgijalık ajal
belga	бельгиялык	belʲgijalık
Alemanha (f)	Германия	germanija
alemão (m)	немис	nemis
alemã (f)	немис аял	nemis ajal
alemão	Германиялык	germanijalık
Países (m pl) Baixos	Нидерланддар	niderlanddar
Holanda (f)	Голландия	gollandija
holandês (m)	голландиялык	gollandijalık
holandesa (f)	голландиялык аял	gollandijalık ajal
holandês	голландиялык	gollandijalık
Grécia (f)	Греция	gretsija
grego (m)	грек	grek
grega (f)	грек аял	grek ajal
grego	грециялык	gretsijalık
Dinamarca (f)	Дания	danija
dinamarquês (m)	даниялык	danijalık
dinamarquesa (f)	даниялык аял	danijalık ajal
dinamarquês	даниялык	danijalık
Irlanda (f)	Ирландия	irlandija
irlandês (m)	ирландиялык	irlandijalık

irlandesa (f)	ирланд аял	irland ajal
irlandês	ирландиялык	irlandijalık
Islândia (f)	Исландия	islandija
islandês (m)	исландиялык	islandijalık
islandesa (f)	исланд аял	island ajal
islandês	исландиялык	islandijalık
Espanha (f)	Испания	ispanija
espanhol (m)	испаниялык	ispanijalık
espanhola (f)	испан аял	ispan ajal
espanhol	испаниялык	ispanijalık
Itália (f)	Италия	italija
italiano (m)	итальялык	italjalık
italiana (f)	итальялык аял	italjalık ajal
italiano	итальялык	italjalık
Chipre (m)	Кипр	kipr
cipriota (m)	киприик	kiprlik
cipriota (f)	киприик аял	kiprlik ajal
cipriota	киприик	kiprlik
Malta (f)	Мальта	malᶦta
maltês (m)	мальталык	malᶦtalık
maltesa (f)	мальталык аял	malᶦtalık ajal
maltês	мальталык	malᶦtalık
Noruega (f)	Норвегия	norvegija
norueguês (m)	норвегиялык	norvegijalık
norueguesa (f)	норвегиялык аял	norvegijalık ajal
norueguês	норвегиялык	norvegijalık
Portugal (m)	Португалия	portugalija
português (m)	португал	portugal
portuguesa (f)	португал аял	portugal ajal
português	португалиялык	portugalijalık
Finlândia (f)	Финляндия	finlᶦandija
finlandês (m)	финн	finn
finlandesa (f)	финн аял	finn ajal
finlandês	финляндиялык	finlᶦandijalık
França (f)	Франция	franʦija
francês (m)	француз	franʦuz
francesa (f)	француз аял	franʦuz ajal
francês	француз	franʦuz
Suécia (f)	Швеция	ʃveʦija
sueco (m)	швед	ʃved
sueca (f)	швед аял	ʃved ajal
sueco	швед	ʃved
Suíça (f)	Швейцария	ʃvejʦarija
suíço (m)	швейцариялык	ʃvejʦarijalık
suíça (f)	швейцар аял	ʃvejʦar ajal

suíço	швейцариялык	ʃvejtsarijalık
Escócia (f)	Шотландия	ʃotlandija
escocês (m)	шотландиялык	ʃotlandijalık
escocesa (f)	шотланд аял	ʃotland ajal
escocês	шотландиялык	ʃotlandijalık

Vaticano (m)	Ватикан	vatikan
Liechtenstein (m)	Лихтенштейн	liχtenʃtejn
Luxemburgo (m)	Люксембург	lʉksemburg
Mónaco (m)	Монако	monako

235. Europa Central e de Leste

Albânia (f)	Албания	albanija
albanês (m)	албан	alban
albanesa (f)	албаниялык аял	albanijalık ajal
albanês	албаниялык	albanijalık

Bulgária (f)	Болгария	bolgarija
búlgaro (m)	болгар	bolgar
búlgara (f)	болгар аял	bolgar ajal
búlgaro	болгар	bolgar

Hungria (f)	Венгрия	vengrija
húngaro (m)	венгр	vengr
húngara (f)	венгр аял	vengr ajal
húngaro	венгр	vengr

Letónia (f)	Латвия	latvija
letão (m)	латыш	latıʃ
letã (f)	латыш аял	latıʃ ajal
letão	латвиялык	latvijalık

Lituânia (f)	Литва	litva
lituano (m)	литвалык	litvalık
lituana (f)	литвалык аял	litvalık ajal
lituano	литвалык	litvalık

Polónia (f)	Польша	polʲʃa
polaco (m)	поляк	polʲak
polaca (f)	поляк аял	polʲak ajal
polaco	польшалык	polʲʃalık

Roménia (f)	Румыния	rumınija
romeno (m)	румын	rumın
romena (f)	румын аял	rumın ajal
romeno	румын	rumın

Sérvia (f)	Сербия	serbija
sérvio (m)	серб	serb
sérvia (f)	серб аял	serb ajal
sérvio	сербиялык	serbijalık
Eslováquia (f)	Словакия	slovakija
eslovaco (m)	словак	slovak

| eslovaca (f) | словак аял | slovak ajal |
| eslovaco | словакиялык | slovakijalık |

Croácia (f)	Хорватия	χorvatija
croata (m)	хорват	χorvat
croata (f)	хорват аял	χorvat ajal
croata	хорватиялык	χorvatijalık

República (f) Checa	Чехия	ʧeχija
checo (m)	чех	ʧeχ
checa (f)	чех аял	ʧeχ ajal
checo	чех	ʧeχ

Estónia (f)	Эстония	estonija
estónio (m)	эстон	eston
estónia (f)	эстон аял	eston ajal
estónio	эстониялык	estonijalık

Bósnia e Herzegovina (f)	Босния жана	bosnija dʒana
Macedónia (f)	Македония	makedonija
Eslovénia (f)	Словения	slovenija
Montenegro (m)	Черногория	ʧernogorija

236. Países da ex-URSS

Azerbaijão (m)	Азербайжан	azerbajdʒan
azeri (m)	азербайжан	azerbajdʒan
azeri (f)	азербайжан аял	azerbajdʒan ajal
azeri, azerbaijano	азербайжан	azerbajdʒan

Arménia (f)	Армения	armenija
arménio (m)	армян	armian
arménia (f)	армян аял	armian ajal
arménio	армениялык	armenijalık

Bielorrússia (f)	Беларусь	belarusi
bielorrusso (m)	белорус	belorus
bielorrussa (f)	белорус аял	belorus ajal
bielorrusso	белорус	belorus

Geórgia (f)	Грузия	gruzija
georgiano (m)	грузин	gruzin
georgiana (f)	грузин аял	gruzin ajal
georgiano	грузин	gruzin

Cazaquistão (m)	Казакстан	kazakstan
cazaque (m)	казак	kazak
cazaque (f)	казак аял	kazak ajal
cazaque	казак	kazak

Quirguistão (m)	Кыргызстан	kırgızstan
quirguiz (m)	кыргыз	kırgız
quirguiz (f)	кыргыз аял	kırgız ajal
quirguiz	кыргыз	kırgız

Moldávia (f)	Молдова	moldova
moldavo (m)	молдаван	moldavan
moldava (f)	молдаван аял	moldavan ajal
moldavo	молдовалык	moldovalık
Rússia (f)	Россия	rossija
russo (m)	орус	orus
russa (f)	орус аял	orus ajal
russo	орус	orus
Tajiquistão (m)	Тажикистан	tadʒikistan
tajique (m)	тажик	tadʒik
tajique (f)	тажик аял	tadʒik ajal
tajique	тажик	tadʒik
Turquemenistão (m)	Туркмения	turkmenija
turcomeno (m)	түркмөн	tyrkmøn
turcomena (f)	түркмөн аял	tyrkmøn ajal
turcomeno	түркмөн	tyrkmøn
Uzbequistão (f)	Өзбекистан	øzbekistan
uzbeque (m)	өзбек	øzbek
uzbeque (f)	өзбек аял	øzbek ajal
uzbeque	өзбек	øzbek
Ucrânia (f)	Украина	ukraina
ucraniano (m)	украин	ukrain
ucraniana (f)	украин аял	ukrain ajal
ucraniano	украиналык	ukrainalık

237. Asia

Ásia (f)	Азия	azija
asiático	азиаттык	aziattık
Vietname (m)	Вьетнам	vjetnam
vietnamita (m)	вьетнамдык	vjetnamdık
vietnamita (f)	вьетнам аял	vjetnam ajal
vietnamita	вьетнамдык	vjetnamdık
Índia (f)	Индия	indija
indiano (m)	индиялык	indijalık
indiana (f)	индиялык аял	indijalık ajal
indiano	индиялык	indijalık
Israel (m)	Израиль	izrailʲ
israelita (m)	израильдик	izrailʲdik
israelita (f)	израильдик аял	izrailʲdik ajal
israelita	израильдик	izrailʲdik
judeu (m)	еврей	evrej
judia (f)	еврей аял	evrej ajal
judeu	еврей	evrej
China (f)	Кытай	kıtaj

chinês (m)	кытай	kıtaj
chinesa (f)	кытай аял	kıtaj ajal
chinês	кытай	kıtaj

coreano (m)	кореялык	korejalık
coreana (f)	кореялык аял	korejalık ajal
coreano	кореялык	korejalık

Líbano (m)	Ливан	livan
libanês (m)	ливан	livan
libanesa (f)	ливан аял	livan ajal
libanês	ливандык	livandık

Mongólia (f)	Монголия	mongolija
mongol (m)	монгол	mongol
mongol (f)	монгол аял	mongol ajal
mongol	монгол	mongol

Malásia (f)	Малазия	malazija
malaio (m)	малазиялык	malazijalık
malaia (f)	малазиялык аял	malazijalık ajal
malaio	малазиялык	malazijalık

Paquistão (m)	Пакистан	pakistan
paquistanês (m)	пакистандык	pakistandık
paquistanesa (f)	пакистан аял	pakistan ajal
paquistanês	пакистан	pakistan

Arábia (f) Saudita	Сауд Аравиясы	saud aravijası
árabe (m)	араб	arab
árabe (f)	араб аял	arab ajal
árabe	араб	arab

Tailândia (f)	Таиланд	tailand
tailandês (m)	таиландык	tailandık
tailandesa (f)	таиландык аял	tailandık ajal
tailandês	таиланд	tailand

Taiwan (m)	Тайвань	tajvanʲ
taiwanês (m)	тайвандык	tajvandık
taiwanesa (f)	тайвандык аял	tajvandık ajal
taiwanês	тайван	tajvan

Turquia (f)	Түркия	tyrkija
turco (m)	түрк	tyrk
turca (f)	түрк аял	tyrk ajal
turco	түрк	tyrk

Japão (m)	Япония	japonija
japonês (m)	япондук	japonduk
japonesa (f)	япондук аял	japonduk ajal
japonês	япондук	japonduk

Afeganistão (m)	Ооганстан	ooganstan
Bangladesh (m)	Бангладеш	bangladeʃ
Indonésia (f)	Индонезия	indonezija

Jordânia (f)	Иордания	iordanija
Iraque (m)	Ирак	irak
Irão (m)	Иран	iran
Camboja (f)	Камбожа	kambodʒa
Kuwait (m)	Кувейт	kuvejt

Laos (m)	Лаос	laos
Myanmar (m), Birmânia (f)	Мьянма	mjanma
Nepal (m)	Непал	nepal
Emirados Árabes Unidos	Бириккен Араб Эмираттары	birikken arab emirattarı

Síria (f)	Сирия	sirija
Palestina (f)	Палестина	palestina
Coreia do Sul (f)	Түштүк Корея	tyʃtyk koreja
Coreia do Norte (f)	Түндүк Корея	tundyk koreja

238. América do Norte

Estados Unidos da América	Америка Кошмо Штаттары	amerika koʃmo ʃtattarı
americano (m)	америкалык	amerikalık
americana (f)	америкалык аял	amerikalık ajal
americano	америкалык	amerikalık

Canadá (m)	Канада	kanada
canadiano (m)	канадалык	kanadalık
canadiana (f)	канадалык аял	kanadalık ajal
canadiano	канадалык	kanadalık

México (m)	Мексика	meksika
mexicano (m)	мексикалык	meksikalık
mexicana (f)	мексикалык аял	meksikalık ajal
mexicano	мексикалык	meksikalık

239. América Central do Sul

Argentina (f)	Аргентина	argentina
argentino (m)	арген721налык	argentinalık
argentina (f)	аргентиналык аял	argentinalık ajal
argentino	аргентиналык	argentinalık

Brasil (m)	Бразилия	brazilija
brasileiro (m)	бразилиялык	brazilijalık
brasileira (f)	бразилиялык аял	brazilijalık ajal
brasileiro	бразилиялык	brazilijalık

Colômbia (f)	Колумбия	kolumbija
colombiano (m)	колумбиялык	kolumbijalık
colombiana (f)	колумбиялык аял	kolumbijalık ajal
colombiano	колумбиялык	kolumbijalık
Cuba (f)	Куба	kuba

cubano (m)	кубалык	kubalık
cubana (f)	кубалык аял	kubalık ajal
cubano	кубалык	kubalık

Chile (m)	Чили	tʃili
chileno (m)	чилилик	tʃililik
chilena (f)	чилилик аял	tʃililik ajal
chileno	чилилик	tʃililik

Bolívia (f)	Боливия	bolivija
Venezuela (f)	Венесуэла	venesuela
Paraguai (m)	Парагвай	paragvaj
Peru (m)	Перу	peru
Suriname (m)	Суринам	surinam
Uruguai (m)	Уругвай	urugvaj
Equador (m)	Эквадор	ekvador

Bahamas (f pl)	Багам аралдары	bagam araldarı
Haiti (m)	Гаити	gaiti
República (f) Dominicana	Доминикан Республикасы	dominikan respublikası
Panamá (m)	Панама	panama
Jamaica (f)	Ямайка	jamajka

240. Africa

Egito (m)	Египет	egipet
egípcio (m)	египтик мырза	egiptik mırza
egípcia (f)	египтик аял	egiptik ajal
egípcio	египеттик	egipettik

Marrocos	Марокко	marokko
marroquino (m)	марокколук	marokkoluk
marroquina (f)	марокколук аял	marokkoluk ajal
marroquino	марокколук	marokkoluk

Tunísia (f)	Тунис	tunis
tunisino (m)	тунистик	tunistik
tunisina (f)	тунистик аял	tunistik ajal
tunisino	тунистик	tunistik

Gana (f)	Гана	gana
Zanzibar (m)	Занзибар	zanzibar
Quénia (f)	Кения	kenija
Líbia (f)	Ливия	livija
Madagáscar (m)	Мадагаскар	madagaskar

Namíbia (f)	Намибия	namibija
Senegal (m)	Сенегал	senegal
Tanzânia (f)	Танзания	tanzanija
África do Sul (f)	ТАР	tar

africano (m)	африкалык	afrikalık
africana (f)	африкалык аял	afrikalık ajal
africano	африкалык	afrikalık

241. Austrália. Oceania

Austrália (f)	Австралия	avstralija
australiano (m)	австралиялык	avstralijalık
australiana (f)	австралиялык аял	avstralijalık ajal
australiano	австралиялык	avstralijalık
Nova Zelândia (f)	Жаңы Зеландия	ʤaŋı zelandija
neozelandês (m)	жаңы зеландиялык	ʤaŋı zelandijalık
neozelandesa (f)	жаңы зеландиялык аял	ʤaŋı zelandijalık ajal
neozelandês	жаңы зеландиялык	ʤaŋı zelandijalık
Tasmânia (f)	Тасмания	tasmanija
Polinésia Francesa (f)	Француз Полинезиясы	frantsuz polinezijası

242. Cidades

Amesterdão	Амстердам	amsterdam
Ancara	Анкара	ankara
Atenas	Афина	afina
Bagdade	Багдад	bagdad
Banguecoque	Бангкок	bangkok
Barcelona	Барселона	barselona
Beirute	Бейрут	bejrut
Berlim	Берлин	berlin
Bombaim	Бомбей	bombej
Bona	Бонн	bonn
Bordéus	Бордо	bordo
Bratislava	Братислава	bratislava
Bruxelas	Брюссель	brusselʲ
Bucareste	Бухарест	buxarest
Budapeste	Будапешт	budapeʃt
Cairo	Каир	kair
Calcutá	Калькутта	kalʲkutta
Chicago	Чикаго	ʧikago
Cidade do México	Мехико	meҳiko
Copenhaga	Копенгаген	kopengagen
Dar es Salaam	Дар-эс-Салам	dar-es-salam
Deli	Дели	deli
Dubai	Дубай	dubaj
Dublin, Dublim	Дублин	dublin
Düsseldorf	Дюссельдорф	dusselʲdorf
Estocolmo	Стокгольм	stokgolʲm
Florença	Флоренция	florentsija
Frankfurt	Франкфурт	frankfurt
Genebra	Женева	ʤeneva
Haia	Гаага	gaaga
Hamburgo	Гамбург	gamburg

| Hanói | Ханой | χanoj |
| Havana | Гавана | gavana |

Helsínquia	Хельсинки	χelʲsinki
Hiroshima	Хиросима	χirosima
Hong Kong	Гонконг	gonkong
Istambul	Стамбул	stambul
Jerusalém	Иерусалим	ierusalim
Kiev	Киев	kiev
Kuala Lumpur	Куала-Лумпур	kuala-lumpur
Lisboa	Лиссабон	lissabon
Londres	Лондон	london
Los Angeles	Лос-Анджелес	los-andʒeles
Lion	Лион	lion

Madrid	Мадрид	madrid
Marselha	Марсель	marselʲ
Miami	Майями	majami
Montreal	Монреаль	monrealʲ
Moscovo	Москва	moskva
Munique	Мюнхен	munχen

Nairóbi	Найроби	najrobi
Nápoles	Неаполь	neapolʲ
Nice	Ницца	nitstsa
Nova York	Нью-Йорк	nju-jork

Oslo	Осло	oslo
Ottawa	Оттава	ottava
Paris	Париж	paridʒ
Pequim	Пекин	pekin
Praga	Прага	praga

Rio de Janeiro	Рио-де-Жанейро	rio-de-dʒanejro
Roma	Рим	rim
São Petersburgo	Санкт-Петербург	sankt-peterburg
Seul	Сеул	seul
Singapura	Сингапур	singapur
Sydney	Сидней	sidnej

Taipé	Тайпей	tajpej
Tóquio	Токио	tokio
Toronto	Торонто	toronto
Varsóvia	Варшава	varʃava
Veneza	Венеция	venetsija
Viena	Вена	vena

| Washington | Вашингтон | waʃington |
| Xangai | Шанхай | ʃanχaj |

243. Política. Governo. Parte 1

| política (f) | саясат | sajasat |
| político | саясий | sajasij |

político (m)	саясатчы	sajasattʃı
estado (m)	мамлекет	mamleket
cidadão (m)	жаран	dʒaran
cidadania (f)	жарандык	dʒarandık

| brasão (m) de armas | улуттук герб | uluttuk gerb |
| hino (m) nacional | мамлекеттик гимн | mamlekettik gimn |

governo (m)	өкмөт	økmøt
Chefe (m) de Estado	мамлекет башчысы	mamleket baʃʧısı
parlamento (m)	парламент	parlament
partido (m)	партия	partija

| capitalismo (m) | капитализм | kapitalizm |
| capitalista | капиталистик | kapitalistik |

| socialismo (m) | социализм | sotsializm |
| socialista | социалистик | sotsialistik |

comunismo (m)	коммунизм	kommunizm
comunista	коммунистик	kommunistik
comunista (m)	коммунист	kommunist

democracia (f)	демократия	demokratija
democrata (m)	демократ	demokrat
democrático	демократиялык	demokratijalık
Partido (m) Democrático	демократиялык партия	demokratijalık partija

| liberal (m) | либерал | liberal |
| liberal | либералдык | liberaldık |

| conservador (m) | консерватор | konservator |
| conservador | консервативдик | konservativdik |

república (f)	республика	respublika
republicano (m)	республикачы	respublikaʧı
Partido (m) Republicano	республикалык	respublikalık

eleições (f pl)	шайлоо	ʃajloo
eleger (vt)	шайлоо	ʃajloo
eleitor (m)	шайлоочу	ʃajlooʧu
campanha (f) eleitoral	шайлоо кампаниясы	ʃajloo kampanijası

votação (f)	добуш	dobuʃ
votar (vi)	добуш берүү	dobuʃ beryy
direito (m) de voto	добуш берүү укугу	dobuʃ beryy ukugu

candidato (m)	талапкер	talapker
candidatar-se (vi)	талапкерлигин көрсөтүү	talapkerligin kørsøtyy
campanha (f)	кампания	kampanija

| da oposição | оппозициялык | oppozitsijalık |
| oposição (f) | оппозиция | oppozitsija |

| visita (f) | визит | vizit |
| visita (f) oficial | расмий визит | rasmij vizit |

internacional	эл аралык	el aralık
negociações (f pl)	сүйлөшүүлөр	syjløʃyylør
negociar (vi)	сүйлөшүүлөр жүргүзүү	syjløʃyylør ʤyrgyzyy

244. Política. Governo. Parte 2

sociedade (f)	коом	koom
constituição (f)	конституция	konstitutsija
poder (ir para o ~)	бийлик	bijlik
corrupção (f)	коррупция	korruptsija

| lei (f) | мыйзам | mıjzam |
| legal | мыйзамдуу | mıjzamduu |

| justiça (f) | адилеттик | adilettik |
| justo | адилеттүү | adilettyy |

comité (m)	комитет	komitet
projeto-lei (m)	мыйзам долбоору	mıjzam dolbooru
orçamento (m)	бюджет	bɥdʒet
política (f)	саясат	sajasat
reforma (f)	реформа	reforma
radical	радикалдуу	radikalduu

força (f)	күч	kytʃ
poderoso	кудуреттүү	kudurettyy
partidário (m)	жактоочу	ʤaktootʃu
influência (f)	таасир	taasir

regime (m)	түзүм	tyzym
conflito (m)	чыр-чатак	tʃır-tʃatak
conspiração (f)	заговор	zagovor
provocação (f)	айгак аракети	ajgak araketi

derrubar (vt)	кулатуу	kulatuu
derrube (m), queda (f)	кулатуу	kulatuu
revolução (f)	ыңкылап	ıŋkılap

| golpe (m) de Estado | төңкөрүш | tøŋkøryʃ |
| golpe (m) militar | аскердик төңкөрүш | askerdik tøŋkøryʃ |

crise (f)	каатчылык	kaattʃılık
recessão (f) económica	экономикалык төмөндөө	ekonomikalık tømøndøø
manifestante (m)	демонстрант	demonstrant
manifestação (f)	демонстрация	demonstratsija
lei (f) marcial	согуш абалында	soguʃ abalında
base (f) militar	аскер базасы	asker bazası

| estabilidade (f) | туруктуулук | turuktuuluk |
| estável | туруктуу | turuktuu |

exploração (f)	эзүү	ezyy
explorar (vt)	эзүү	ezyy
racismo (m)	расизм	rasizm

racista (m)	расист	rasist
fascismo (m)	фашизм	faʃizm
fascista (m)	фашист	faʃist

245. Países. Diversos

estrangeiro (m)	чет өлкөлүк	ʧet ølkølyk
estrangeiro	чет өлкөлүк	ʧet ølkølyk
no estrangeiro	чет өлкөдө	ʧet ølkødø

emigrante (m)	эмигрант	emigrant
emigração (f)	эмиграция	emigratsija
emigrar (vi)	башка өлкөгө көчүү	baʃka ølkøgø køʧyy

Ocidente (m)	Батыш	batıʃ
Oriente (m)	Чыгыш	ʧıgıʃ
Extremo Oriente (m)	Алыскы Чыгыш	alıskı ʧıgıʃ
civilização (f)	цивилизация	tsıvilizatsija
humanidade (f)	адамзат	adamzat
mundo (m)	аалам	aalam
paz (f)	тынчтык	tınʧtık
mundial	дүйнөлүк	dyjnølyk

pátria (f)	мекен	meken
povo (m)	эл	el
população (f)	калк	kalk
gente (f)	адамдар	adamdar
nação (f)	улут	ulut
geração (f)	муун	muun
território (m)	аймак	ajmak
região (f)	регион	region
estado (m)	штат	ʃtat

tradição (f)	салт	salt
costume (m)	үрп-адат	yrp-adat
ecologia (f)	экология	ekologija

índio (m)	индеец	indeets
cigano (m)	цыган	tsıgan
cigana (f)	цыган аял	tsıgan ajal
cigano	цыгандык	tsıgandık

império (m)	империя	imperija
colónia (f)	колония	kolonija
escravidão (f)	кулчулук	kulʧuluk
invasão (f)	басып келүү	basıp kelyy
fome (f)	ачарчылык	aʧarʧılık

246. Grupos religiosos mais importantes. Confissões

| religião (f) | дин | din |
| religioso | диний | dinij |

crença (f)	диний ишеним	dinij iʃenim
crer (vt)	ишенүү	iʃenyy
crente (m)	динчил	dintʃil
ateísmo (m)	атеизм	ateizm
ateu (m)	атеист	ateist
cristianismo (m)	Христианчылык	χristiantʃılık
cristão (m)	христиан	χristian
cristão	христиандык	χristiandık
catolicismo (m)	Католицизм	katoliʦizm
católico (m)	католик	katolik
católico	католиктер	katolikter
protestantismo (m)	Протестантизм	protestantizm
Igreja (f) Protestante	Протестанттык чиркөө	protestanttık tʃirkøø
protestante (m)	протестанттар	protestanttar
ortodoxia (f)	Православие	pravoslavie
Igreja (f) Ortodoxa	Православдык чиркөө	pravoslavdık tʃirkøø
ortodoxo (m)	православдык	pravoslavdık
presbiterianismo (m)	Пресвитерианчылык	presviteriantʃılık
Igreja (f) Presbiteriana	Пресвитериандык чиркөө	presviteriandık tʃirkøø
presbiteriano (m)	пресвитериандык	presviteriandık
Igreja (f) Luterana	Лютерандык чиркөө	luterandık tʃirkøø
luterano (m)	лютерандык	luterandık
Igreja (f) Batista	Баптизм	baptizm
batista (m)	баптист	baptist
Igreja (f) Anglicana	Англикан чиркөөсү	anglikan tʃirkøøsy
anglicano (m)	англикан	anglikan
mormonismo (m)	Мормондук	mormonduk
mórmon (m)	мормон	mormon
Judaísmo (m)	Иудаизм	iudaizm
judeu (m)	иудей	iudej
budismo (m)	Буддизм	buddizm
budista (m)	буддист	buddist
hinduísmo (m)	Индуизм	induizm
hindu (m)	индуист	induist
Islão (m)	Ислам	islam
muçulmano (m)	мусулман	musulman
muçulmano	мусулмандык	musulmandık
Xiismo (m)	Шиизм	ʃiizm
xiita (m)	шиит	ʃiit
sunismo (m)	Суннизм	sunnizm
sunita (m)	суннит	sunnit

247. Religiões. Padres

| padre (m) | поп | pop |
| Papa (m) | Рим Папасы | rim papası |

monge (m)	кечил	ketʃil
freira (f)	кечил аял	ketʃil ajal
pastor (m)	пастор	pastor

abade (m)	аббат	abbat
vigário (m)	викарий	vikarij
bispo (m)	епископ	episkop
cardeal (m)	кардинал	kardinal

pregador (m)	диний үгүттөөчү	dinij ygyttøøʧy
sermão (m)	үгүт	ygyt
paroquianos (pl)	чиркөө коомунун мүчөлөрү	ʧirkøø koomunun myʧøløry

| crente (m) | динчил | dinʧil |
| ateu (m) | атеист | ateist |

248. Fé. Cristianismo. Islão

| Adão | Адам ата | adam ata |
| Eva | Обо эне | obo ene |

Deus (m)	Кудай	kudaj
Senhor (m)	Алла талаа	alla talaa
Todo Poderoso (m)	Кудуреттүү	kudurettyy

pecado (m)	күнөө	kynøø
pecar (vi)	күнөө кылуу	kynøø kıluu
pecador (m)	күнөөкөр	kynøøkør
pecadora (f)	күнөөкөр аял	kynøøkør ajal

| inferno (m) | тозок | tozok |
| paraíso (m) | бейиш | bejiʃ |

| Jesus | Иса | isa |
| Jesus Cristo | Иса Пайгамбар | isa pajgambar |

Espírito (m) Santo	Ыйык Рух	ıjık ruχ
Salvador (m)	Куткаруучу	kutkaruuʧu
Virgem Maria (f)	Бүбү Мариям	byby marijam

Diabo (m)	Шайтан	ʃajtan
diabólico	шайтан	ʃajtan
Satanás (m)	Шайтан	ʃajtan
satânico	шайтандык	ʃajtandık

| anjo (m) | периште | periʃte |
| anjo (m) da guarda | сактагыч периште | saktagıʧ periʃte |

angélico	периште	periʃte
apóstolo (m)	апостол	apostol
arcanjo (m)	архангель	arχangelʲ
anticristo (m)	антихрист	antiχrist

Igreja (f)	Чиркөө	tʃirkøø
Bíblia (f)	библия	biblija
bíblico	библиялык	biblijalık

Velho Testamento (m)	Эзелки осуят	ezelki osujat
Novo Testamento (m)	Жаңы осуят	dʒaŋı osujat
Evangelho (m)	Евангелие	evangelie
Sagradas Escrituras (f pl)	Ыйык	ijık
Céu (m)	Жаннат ·	dʒannat

mandamento (m)	парз	parz
profeta (m)	пайгамбар	pajgambar
profecia (f)	пайгамбар сөзү	pajgambar søzy

Alá	Аллах	allaχ
Maomé	Мухаммед	muχammed
Corão, Alcorão (m)	Куран	kuran

mesquita (f)	мечит	metʃit
mulá (m)	мулла	mulla
oração (f)	дуба	duba
rezar, orar (vi)	дуба кылуу	duba kıluu

peregrinação (f)	зыярат	zıjarat
peregrino (m)	зыяратчы	zıjarattʃı
Meca (f)	Мекке	mekke

igreja (f)	чиркөө	tʃirkøø
templo (m)	ибадаткана	ibadatkana
catedral (f)	чоң чиркөө	tʃoŋ tʃirkøø
gótico	готикалуу	gotikaluu
sinagoga (f)	синагога	sinagoga
mesquita (f)	мечит	metʃit

capela (f)	кичинекей чиркөө	kitʃinekej tʃirkøø
abadia (f)	аббаттык	abbattık
mosteiro (m)	монастырь	monastırʲ

sino (m)	коңгуроо	koŋguroo
campanário (m)	коңгуроо мунарасы	koŋguroo munarası
repicar (vi)	коңгуроо кагуу	koŋguroo kaguu

cruz (f)	крест	krest
cúpula (f)	купол	kupol
ícone (m)	икона	ikona

alma (f)	жан	dʒan
destino (m)	тагдыр	tagdır
mal (m)	жамандык	dʒamandık
bem (m)	жакшылык	dʒakʃılık
vampiro (m)	кан соргуч	kan sorgutʃ

bruxa (f)	жез тумшук	ʤez tumʃuk
demónio (m)	шайтан	ʃajtan
espírito (m)	арбак	arbak
redenção (f)	күнөөнү жуу	kynøøny ʤuu
redimir (vt)	күнөөнү жуу	kynøøny ʤuu
missa (f)	ибадат	ibadat
celebrar a missa	ибадат кылуу	ibadat kıluu
confissão (f)	сыр төгүү	sır tøgyy
confessar-se (vr)	сыр төгүү	sır tøgyy
santo (m)	ыйык	ıjık
sagrado	ыйык	ıjık
água (f) benta	ыйык суу	ıjık suu
ritual (m)	диний ырым-жырым	dinij ırım-ʤırım
ritual	диний ырым-жырым	dinij ırım-ʤırım
sacrifício (m)	курмандык	kurmandık
superstição (f)	ырым-жырым	ırım-ʤırım
supersticioso	ырымчыл	ırımʧıl
vida (f) depois da morte	тиги дүйнө	tigi dyjnø
vida (f) eterna	түбөлүк жашоо	tybølyk ʤaʃoo

TEMAS DIVERSOS

249. Várias palavras úteis

ajuda (f)	жардам	dӡardam
barreira (f)	тоскоолдук	toskoolduk
base (f)	түп	typ
categoria (f)	категория	kategorija
causa (f)	себеп	sebep
coincidência (f)	дал келгендик	dal kelgendik
coisa (f)	буюм	bujum
começo (m)	башталыш	baʃtalıʃ
cómodo (ex. poltrona ~a)	ынгайлуу	ıngajluu
comparação (f)	салыштырма	salıʃtırma
compensação (f)	ордун толтуруу	ordun tolturuu
crescimento (m)	өсүү	øsyy
desenvolvimento (m)	өнүгүү	ønygyy
diferença (f)	айырма	ajırma
efeito (m)	таасир	taasir
elemento (m)	элемент	element
equilíbrio (m)	теңдем	teŋdem
erro (m)	ката	kata
esforço (m)	күч аракет	kytʃ araket
estilo (m)	стиль	stilʲ
exemplo (m)	мисал	misal
facto (m)	далил	dalil
fim (m)	бүтүү	bytyy
forma (f)	тариз	tariz
frequente	бат-бат	bat-bat
fundo (ex. ~ verde)	фон	fon
género (tipo)	түр	tyr
grau (m)	даража	daradӡa
ideal (m)	идеал	ideal
labirinto (m)	лабиринт	labirint
modo (m)	ыкма	ıkma
momento (m)	учур	utʃur
objeto (m)	объект	obʰjekt
obstáculo (m)	тоскоолдук	toskoolduk
original (m)	түпнуска	typnuska
padrão	стандарттуу	standarttuu
padrão (m)	стандарт	standart
paragem (pausa)	токтотуу	toktotuu
parte (f)	бөлүгү	bølygy

partícula (f)	бөлүкчө	bølyktʃø
pausa (f)	тыныгуу	tınıguu
posição (f)	позиция	pozitsija
princípio (m)	усул	usul
problema (m)	кейгей	køjgøj
processo (m)	жараян	dʒarajan
progresso (m)	өнүгүү	ønygyy
propriedade (f)	касиет	kasiet
reação (f)	реакция	reaktsija
risco (m)	тобокел	tobokel
ritmo (m)	темп	temp
segredo (m)	сыр	sır
série (f)	катар	katar
sistema (m)	тутум	tutum
situação (f)	кырдаал	kırdaal
solução (f)	чечүү	tʃetʃyy
tabela (f)	жадыбал	dʒadıbal
termo (ex. ~ técnico)	атоо	atoo
tipo (m)	түр	tyr
urgente	шашылыш	ʃaʃılıʃ
urgentemente	шашылыш	ʃaʃılıʃ
utilidade (f)	пайда	pajda
variante (f)	вариант	variant
variedade (f)	тандоо	tandoo
verdade (f)	чындык	tʃındık
vez (f)	кезек	kezek
zona (f)	алкак	alkak

250. Modificadores. Adjetivos. Parte 1

aberto	ачык	atʃık
afiado	курч	kurtʃ
agradável	жагымдуу	dʒagımduu
agradecido	ыраазы	ıraazı
alegre	куунак	kuunak
alto (ex. voz ~a)	катуу	katuu
amargo	ачуу	atʃuu
amplo	кең	keŋ
antigo	байыркы	bajırkı
apertado (sapatos ~s)	тар	tar
apropriado	жарактуу	dʒaraktuu
arriscado	тобокелдүү	tobokeldyy
artificial	жасалма	dʒasalma
azedo	кычкыл	kıtʃkıl
baixo (voz ~a)	акырын	akırın
barato	арзан	arzan

belo	укмуштай	ukmuʃtaj
bom	жакшы	ʤakʃɪ
bondoso	боорукер	booruker
bonito	сулуу	suluu
bronzeado	күнгө күйгөн	kyngø kyjgøn
burro, estúpido	акылсыз	akɪlsɪz
calmo	тынч	tɪntʃ
cansado	чарчаңкы	tʃartʃaŋkɪ
cansativo	чарчатуучу	tʃartʃatuutʃu
carinhoso	камкор	kamkor
caro	кымбат	kɪmbat
cego	сокур	sokur
central	борбордук	borborduk
cerrado (ex. nevoeiro ~)	коюу	kojɐu
cheio (ex. copo ~)	толо	tolo
civil	жарандык	ʤarandɪk
clandestino	жашыруун	ʤaʃɪruun
claro	ачык	atʃɪk
claro (explicação ~a)	түшүнүктүү	tyʃynyktyy
compatível	сыйышкыч	sɪjɪʃkɪtʃ
comum, normal	жөнөкөй	ʤønøkøj
congelado	тоңдурулган	toŋdurulgan
conjunto	бирге	birge
considerável	маанилүү	maanilyy
contente	курсант	kursant
contínuo	узак	uzak
contrário (ex. o efeito ~)	карама-каршы	karama-karʃɪ
correto (resposta ~a)	туура	tuura
cru (não cozinhado)	чийки	tʃijki
curto	кыска	kɪska
de curta duração	кыска мөөнөттүү	kɪska møønøttyy
de sol, ensolarado	күн ачык	kyn atʃɪk
de trás	арткы	artkɪ
denso (fumo, etc.)	коюу	kojɐu
desanuviado	булутсуз	bulutsuz
descuidado	шалаакы	ʃalaakɪ
diferente	ар кандай	ar kandaj
difícil	оор	oor
difícil, complexo	кыйын	kɪjɪn
direito	оң	oŋ
distante	алыс	alɪs
diverso	түрлүү	tyrlyy
doce (açucarado)	таттуу	tattuu
doce (água)	тузсуз	tuzsuz
doente	оорулуу	ooruluu
duro (material ~)	катуу	katuu
educado	сылык	sɪlɪk

encantador	сүйкүмдүү	syjkymdyy
enigmático	сырдуу	sırduu
enorme	зор	zor
escuro (quarto ~)	караӊгы	karaŋgı
especial	атайын	atajın
esquerdo	сол	sol
estrangeiro	чет өлкөлүк	tʃet ølkølyk
estreito	кууш	kuuʃ
exato	так	tak
excelente	мыкты	mıktı
excessivo	ашыкча	aʃıktʃa
externo	тышкы	tıʃkı
fácil	женил	dʒenil
faminto	ачка	atʃka
fechado	жабык	dʒabık
feliz	бактылуу	baktıluu
fértil (terreno ~)	түшүмдүү	tyʃymdyy
forte (pessoa ~)	күчтүү	kytʃtyy
fraco (luz ~a)	күӊүрт	kyŋyrt
frágil	морт	mort
fresco	салкын	salkın
fresco (pão ~)	жаӊы	dʒaŋı
frio	муздак, суук	muzdak, suuk
gordo	майлуу	majluu
gostoso	даамдуу	daamduu
grande	чоӊ	tʃoŋ
gratuito, grátis	акысыз	akısız
grosso (camada ~a)	калыӊ	kalıŋ
hostil	кастык	kastık
húmido	нымдуу	nımduu

251. Modificadores. Adjetivos. Parte 2

igual	окшош	okʃoʃ
imóvel	кыймылсыз	kıjmılsız
importante	маанилүү	maanilyy
impossível	мүмкүн эмес	mymkyn emes
incompreensível	түшүнүксүз	tyʃynyksyz
indigente	кедей	kedej
indispensável	керектүү	kerektyy
inexperiente	тажрыйбасыз	tadʒrıjbasız
infantil	балдар	baldar
ininterrupto	үзгүлтүксүз	yzgyltyksyz
insignificante	арзыбаган	arzıbagan
inteiro (completo)	бүтүн	bytyn
inteligente	акылдуу	akılduu

interno	ички	itʃki
jovem	жаш	dʒaʃ
largo (caminho ~)	кең	keŋ
legal	мыйзамдуу	mıjzamduu
leve	жеңил	dʒeŋil

limitado	чектелген	tʃektelgen
limpo	таза	taza
líquido	суюк	sujʉk
liso	жылма	dʒılma
liso (superfície ~a)	тегиз	tegiz

livre	эркин	erkin
longo (ex. cabelos ~s)	узак	uzak
maduro (ex. fruto ~)	бышкан	bıʃkan
magro	арык	arık
magro (pessoa)	арык	arık

mais próximo	эң жакынкы	eŋ dʒakınkı
mais recente	өтүп кеткен	øtyp ketken
mate, baço	жалтырабаган	dʒaltırabagan
mau	жаман	dʒaman
meticuloso	тыкан	tıkan

míope	алыстан көрө албсо	alıstan kørø alboo
mole	жумшак	dʒumʃak
molhado	суу	suu
moreno	кара тору	kara toru
morto	өлүк	ølyk

não difícil	анчейин оор эмес	antʃejin oor emes
não é clara	ачык эмес	atʃık emes
não muito grande	анчейин эмес	antʃejin emes
natal (país ~)	өз	øz
necessário	керектүү	kerektyy

negativo	терс	ters
nervoso	тынчы кеткен	tıntʃı ketken
normal	кадимки	kadimki
novo	жаңы	dʒaŋı
o mais importante	эң маанилүү	eŋ maanilyy

obrigatório	милдеттүү	mildettyy
original	бөтөнчө	bøtøntʃø
passado	мурунку	murunku
pequeno	кичине	kitʃine
perigoso	коркунучтуу	korkunutʃtuu

permanente	туруктуу	turuktuu
perto	жакынкы	dʒakınkı
pesado	оор	oor
pessoal	жекелик	dʒekelik
plano (ex. ecrã ~ a)	жалпак	dʒalpak

| pobre | кедей | kedej |
| pontual | так | tak |

possível	мүмкүн	mymkyn
pouco fundo	тайыз	tajız
presente (ex. momento ~)	учурда	utʃurda
prévio	мурунку	murunku
primeiro (principal)	негизги	negizgi
principal	негизги	negizgi
privado	жеке	dʒeke
provável	ыктымал	ıktımal
próximo	жакын	dʒakın
público	коомдук	koomduk
quente (cálido)	ысык	ısık
quente (morno)	жылуу	dʒıluu
rápido	тез	tez
raro	сейрек	sejrek
remoto, longínquo	алыс	alıs
reto	түз	tyz
salgado	туздуу	tuzduu
satisfeito	ыраазы	ıraazı
seco	кургак	kurgak
seguinte	кийинки	kijinki
seguro	коопсуз	koopsuz
similar	окшош	okʃoʃ
simples	жөнөкөй	dʒønøkøj
soberbo	сонун	sonun
sólido	бекем	bekem
sombrio	караңгы	karaŋgı
sujo	кир	kir
superior	жогорку	dʒogorku
suplementar	кошумча	koʃumtʃa
terno, afetuoso	назик	nazik
tranquilo	тынч	tıntʃ
transparente	тунук	tunuk
triste (pessoa)	муңдуу	muŋduu
triste (um ar ~)	кайгылуу	kajgıluu
último	акыркы	akırkı
único	окшоштугу жок	okʃoʃtugu dʒok
usado	мурдагы	murdagı
vazio (meio ~)	бош	boʃ
velho	эски	eski
vizinho	коңшу	konʃu

500 VERBOS PRINCIPAIS

252. Verbos A-B

aborrecer-se (vr)	зеригүү	zerigyy
abraçar (vt)	кучакташуу	kutʃaktaʃuu
abrir (~ a janela)	ачуу	atʃuu
acalmar (vt)	тынчтандыруу	tıntʃtandıruu
acariciar (vt)	сылоо	sıloo
acenar (vt)	жаңсоо	dʒaŋsoo
acender (~ uma fogueira)	от жагуу	ot dʒaguu
achar (vt)	ойлоо	ojloo
acompanhar (vt)	жолдоо	dʒoldoo
aconselhar (vt)	кеңеш берүү	keŋeʃ beryy
acordar (despertar)	ойготуу	ojgotuu
acrescentar (vt)	кошуу	koʃuu
acusar (vt)	айыптоо	ajıptoo
adestrar (vt)	үйрөтүү	yjrøtyy
adivinhar (vt)	жандырмагын табуу	dʒandırmagın tabuu
admirar (vt)	суктануу	suktanuu
advertir (vt)	эскертүү	eskertyy
afirmar (vt)	сөзүнө туруу	søzynø turuu
afogar-se (pessoa)	чөгүү	tʃøgyy
afugentar (vt)	кубалап салуу	kubalap saluu
agir (vi)	аракет кылуу	araket kıluu
agitar, sacudir (objeto)	силкилдетүү	silkildetyy
agradecer (vt)	ыраазычылык билдирүү	ıraazıtʃılık bildiryy
ajudar (vt)	жардам берүү	dʒardam beryy
alcançar (objetivos)	жетүү	dʒetyy
alimentar (dar comida)	тамак берүү	tamak beryy
almoçar (vi)	түштөнүү	tyʃtønyy
alugar (~ o barco, etc.)	жалдап алуу	dʒaldap aluu
alugar (~ um apartamento)	батирге алуу	batirge aluu
amar (pessoa)	сүйүү	syjyy
amarrar (vt)	байлоо	bajloo
ameaçar (vt)	коркутуу	korkutuu
amputar (vt)	кесип таштоо	kesip taʃtoo
anotar (escrever)	белгилөө	belgiløø
anular, cancelar (vt)	жокко чыгаруу	dʒokko tʃıgaruu
apagar (com apagador, etc.)	өчүрүү	øtʃyryy
apagar (um incêndio)	өчүрүү	øtʃyryy
apaixonar-se de ...	сүйүп калуу	syjyp kaluu

aparecer (vi)	көрүнүү	kørynyy
aplaudir (vi)	кол чабуу	kol ʧabuu
apoiar (vt)	колдоо	koldoo
apontar para ...	мээлөө	meeløø

apresentar (alguém a alguém)	тааныштыруу	taanıʃtıruu
apresentar (Gostaria de ~)	тааныштыруу	taanıʃtıruu
apressar (vt)	шаштыруу	ʃaʃtıruu
apressar-se (vr)	шашуу	ʃaʃuu

aproximar-se (vr)	жакындоо	ʤakındoo
aquecer (vt)	ысытуу	ısıtuu
arrancar (vt)	үзүп алуу	yzyp aluu
arranhar (gato, etc.)	тытуу	tıtuu

arrepender-se (vr)	өкүнүү	økynyy
arriscar (vt)	тобокелге салуу	tobokelge saluu
arrumar, limpar (vt)	жыйнаштыруу	ʤıjnaʃtıruu
aspirar a ...	умтулуу	umtuluu
assinar (vt)	кол коюу	kol kojuu

assistir (vt)	жардам берүү	ʤardam beryy
atacar (vt)	кол салуу	kol saluu
atar (vt)	байлоо	bajloo
atirar (vi)	атуу	atuu

atracar (vi)	келип токтоо	kelip toktoo
aumentar (vi)	көбөйүү	købøjyy
aumentar (vt)	чоңойтуу	ʧoŋojtuu
avançar (sb. trabalhos, etc.)	илгерилөө	ilgeriløø

avistar (vt)	байкоо	bajkoo
baixar (guindaste)	түшүрүү	tyʃyryy
barbear-se (vr)	кырынуу	kırınuu
basear-se em ...	негиз кылуу	negiz kıluu

bastar (vi)	жетиштүү болуу	ʤetiʃtyy boluu
bater (espancar)	уруу	uruu
bater (vi)	такылдатуу	takıldatuu
bater-se (vr)	мушташуу	muʃtaʃuu

beber, tomar (vt)	ичүү	iʧyy
brilhar (vi)	жаркырап туруу	ʤarkırap turuu
brincar, jogar (crianças)	ойноо	ojnoo
buscar (vt)	... издөө	... izdøø

253. Verbos C-D

caçar (vi)	аңчылык кылуу	aŋʧılık kıluu
calar-se (parar de falar)	унчукпоо	unʧukpoo
calcular (vt)	эсептөө	eseptøø
carregar (o caminhão)	жүктөө	ʤyktøø
carregar (uma arma)	октоо	oktoo

casar-se (vr)	аял алуу	ajal aluu
causar (vt)	... себеп болуу	... sebep boluu
cavar (vt)	казуу	kazuu

ceder (não resistir)	жол берүү	dʒol beryy
cegar, ofuscar (vt)	көздү уялтуу	køzdy ujaltuu
censurar (vt)	жемелөө	dʒemeløø
cessar (vt)	токтотуу	toktotuu

chamar (~ por socorro)	чакыруу	tʃakɪruu
chamar (dizer em voz alta o nome)	чакыруу	tʃakɪruu
chegar (a algum lugar)	жетүү	dʒetyy
chegar (sb. comboio, etc.)	келүү	kelyy

cheirar (tem o cheiro)	жыттануу	dʒɪttanuu
cheirar (uma flor)	жыттоо	dʒɪttoo
chorar (vi)	ыйлоо	ijloo
citar (vt)	сөзүн келтирүү	søzyn keltiryy

colher (flores)	үзүү	yzyy
colocar (vt)	коюу	kojʉu
combater (vi, vt)	согушуу	soguʃuu
começar (vt)	баштоо	baʃtoo

comer (vt)	тамактануу	tamaktanuu
comparar (vt)	салыштыруу	salɪʃtɪruu
compensar (vt)	ордун толтуруу	ordun tolturuu
competir (vi)	атаандашуу	ataandaʃuu

complicar (vt)	татаалдантуу	tataaldantuu
compor (vt)	чыгаруу	tʃɪgaruu
comportar-se (vr)	алып жүрүү	alɪp dʒyryy
comprar (vt)	сатып алуу	satɪp aluu

compreender (vt)	түшүнүү	tyʃynyy
comprometer (vt)	беделин түшүрүү	bedelin tyʃyryy
concentrar-se (vr)	оюн топтоо	ojʉn toptoo
concordar (dizer "sim")	макул болуу	makul boluu

condecorar (dar medalha)	сыйлоо	sijloo
conduzir (~ o carro)	айдоо	ajdoo
confessar-se (criminoso)	моюнга алуу	mojʉnga aluu
confiar (vt)	ишенүү	iʃenyy

confundir (equivocar-se)	адаштыруу	adaʃtɪruu
conhecer (vt)	таануу	taanuu
conhecer-se (vr)	тааныщуу	taanɪʃuu
consertar (vt)	иретке келтирүү	iretke keltiryy

consultar ...	кеңешүү	keŋeʃyy
contagiar-se com ...	жуктуруп алуу	dʒukturup aluu
contar (vt)	айтып берүү	ajtɪp beryy
contar com ...	... ишенүү	... iʃenyy
continuar (vt)	улантуу	ulantuu
contratar (vt)	жалдоо	dʒaldoo

controlar (vt)	көзөмөлдөө	køzømøldøø
convencer (vt)	ишендирүү	iʃendiryy
convidar (vt)	чакыруу	ʧakıruu

cooperar (vi)	кызматташуу	kızmattaʃuu
coordenar (vt)	ыңтайга келтирүү	ıŋtajga keltiryy
corar (vi)	кызаруу	kızaruu
correr (vi)	чуркоо	ʧurkoo
corrigir (vt)	түзөтүү	tyzøtyy

cortar (com um machado)	чаап таштоо	ʧaap taʃtoo
cortar (vt)	кесип алуу	kesip aluu
cozinhar (vt)	даярдоо	dajardoo
crer (pensar)	ишенүү	iʃenyy
criar (vt)	жаратуу	dʒaratuu

cultivar (vt)	өстүрүү	østyryy
cuspir (vi)	түкүрүү	tykyryy
custar (vt)	туруу	turuu
dar (vt)	берүү	beryy

dar banho, lavar (vt)	сууга түшүрүү	suuga tyʃyryy
datar (vi)	күн боюнча	kyn bojunʧa
decidir (vt)	чечүү	ʧeʧyy
decorar (enfeitar)	кооздоо	koozdoo
dedicar (vt)	арноо	arnoo

defender (vt)	коргоо	korgoo
defender-se (vr)	коргонуу	korgonuu
deixar (~ a mulher)	таштап кетүү	taʃtap ketyy
deixar (esquecer)	калтыруу	kaltıruu

deixar (permitir)	уруксат берүү	uruksat beryy
deixar cair (vt)	түшүрүп алуу	tyʃyryp aluu
denominar (vt)	атоо	atoo
denunciar (vt)	чагым кылуу	ʧagım kıluu
depender de ... (vi)	... көзүн кароо	... køzyn karoo

derramar (vt)	төгүп алуу	tøgyp aluu
derramar-se (vr)	чачылуу	ʧaʧıluu
desaparecer (vi)	жоголуп кетүү	dʒogolup ketyy
desatar (vt)	чечип алуу	ʧeʧip aluu
desatracar (vi)	жөнөө	dʒønøø

descansar (um pouco)	эс алуу	es aluu
descer (para baixo)	ылдый түшүү	ıldıj tyʃyy
descobrir (novas terras)	таап ачуу	taap aʧuu
descolar (avião)	учуп чыгуу	uʧup ʧıguu

desculpar (vt)	кечирүү	ketʃiryy
desculpar-se (vr)	кечирим суроо	ketʃirim suroo
desejar (vt)	каалоо	kaaloo
desempenhar (vt)	ойноо	ojnoo

desligar (vt)	өчүрүү	øtʃyryy
desprezar (vt)	киши катарына албоо	kiʃi katarına alboo

destruir (documentos, etc.)	жок кылуу	dʒok kıluu
dever (vi)	тийиш	tijiʃ
devolver (vt)	артка жөнөтүү	artka dʒønøtyy

direcionar (vt)	багыттоо	bagıttoo
dirigir (~ uma empresa)	башкаруу	baʃkaruu
dirigir-se	кайрылуу	kajrıluu
(a um auditório, etc.)		
discutir (notícias, etc.)	талкуулоо	talkuuloo

distribuir (folhetos, etc.)	таратуу	taratuu
distribuir (vt)	таркатуу	tarkatuu
divertir (vt)	көңүл көтөрүү	køŋyl køtøryy
divertir-se (vr)	көңүл ачуу	køŋyl atʃuu

dividir (mat.)	бөлүү	bølyy
dizer (vt)	айтуу	ajtuu
dobrar (vt)	эки эселөө	eki eseløø
duvidar (vt)	күмөн саноо	kymøn sanoo

254. Verbos E-J

elaborar (uma lista)	түзүү	tyzyy
elevar-se acima de …	көтөрүлүү	køtørylyy
eliminar (um obstáculo)	жок кылуу	dʒok kıluu
embrulhar (com papel)	ороо	oroo

emergir (submarino)	калкып чыгуу	kalkıp tʃıguu
emitir (vt)	таратуу	taratuu
empreender (vt)	чара көрүү	tʃara køryy
empurrar (vt)	түртүү	tyrtyy

encabeçar (vt)	баш болуу	baʃ boluu
encher (~ a garrafa, etc.)	толтуруу	tolturuu
encontrar (achar)	таап алуу	taap aluu
enganar (vt)	алдоо	aldoo

ensinar (vt)	окутуу	okutuu
entrar (na sala, etc.)	кирүү	kiryy
enviar (uma carta)	жөнөтүү	dʒønøtyy
equipar (vt)	жабдуу	dʒabduu

errar (vi)	ката кетирүү	kata ketiryy
escolher (vt)	тандоо	tandoo
esconder (vt)	жашыруу	dʒaʃıruu
escrever (vt)	жазуу	dʒazuu

escutar (vt)	угуу	uguu
escutar atrás da porta	аңдып тыңшоо	aŋdıp tıŋʃoo
esmagar (um inseto, etc.)	тебелөө	tebeløø
esperar (contar com)	күтүү	kytyy

| esperar (o autocarro, etc.) | күтүү | kytyy |
| esperar (ter esperança) | үмүттөнүү | ymyttønyy |

espreitar (vi)	шыкалоо	ʃıkaloo
esquecer (vt)	унутуу	unutuu
estar	жатуу	dʒatuu

estar convencido	катуу ишенген	katuu iʃengen
estar deitado	жатуу	dʒatuu
estar perplexo	башы маң болуу	baʃı maŋ boluu

estar sentado	отуруу	oturuu
estremecer (vi)	селт этүү	selt etyy
estudar (vt)	окуу	okuu
evitar (vt)	качуу	katʃuu

examinar (vt)	карап чыгуу	karap tʃıguu
exigir (vt)	талап кылуу	talap kıluu
existir (vi)	чыгуу	tʃıguu
explicar (vt)	түшүндүрүү	tyʃyndyryy

expressar (vt)	сөз менен айтып берүү	søz menen ajtıp beryy
expulsar (vt)	чыгаруу	tʃıgaruu
facilitar (vt)	жеңилдентүү	dʒeŋildentyy
falar com …	… менен сүйлөшүү	… menen syjløʃyy

faltar a …	калтыруу	kaltıruu
fascinar (vt)	өзүнө тартуу	øzynø tartuu
fatigar (vt)	чарчатуу	tʃartʃatuu
fazer (vt)	жасоо	dʒasoo

fazer lembrar	… эстетүү	… estetyy
fazer piadas	тамашалоо	tamaʃaloo
fazer uma tentativa	аракет кылуу	araket kıluu
fechar (vt)	жабуу	dʒabuu
felicitar (dar os parabéns)	куттуктоо	kuttuktoo

ficar cansado	чарчоо	tʃartʃoo
ficar em silêncio	унчукпоо	untʃukpoo
ficar pensativo	ойлонуу	ojlonuu
forçar (vt)	мажбурлоо	madʒburloo
formar (vt)	түзүү	tyzyy

fotografar (vt)	сүрөткө тартуу	syrøtkø tartuu
gabar-se (vr)	мактануу	maktanuu
garantir (vt)	кепилдик берүү	kepildik beryy
gostar (apreciar)	жактыруу	dʒaktıruu

gostar (vt)	сүйүү	syjyy
gritar (vi)	кыйкыруу	kıjkıruu
guardar (cartas, etc.)	сактоо	saktoo
guardar (no armário, etc.)	катып коюу	katıp kojuu
guerrear (vt)	согушуу	soguʃuu

herdar (vt)	мураска ээ болуу	muraska ee boluu
iluminar (vt)	жарык кылуу	dʒarık kıluu
imaginar (vt)	элестетүү	elestetyy
imitar (vt)	тууроо	tuuroo
implorar (vt)	өтүнүү	øtynyy

importar (vt)	импортоо	importtoo
indicar (orientar)	көрсөтүү	kørsøtyy
indignar-se (vr)	нааразы болуу	naarazı boluu
infetar, contagiar (vt)	жуктуруу	dʒukturuu
influenciar (vt)	таасир этүү	taasir etyy
informar (fazer saber)	билдирүү	bildiryy
informar (vt)	маалымат берүү	maalımat beryy
informar-se (~ sobre)	билүү	bilyy
inscrever (na lista)	жазып коюу	dʒazıp kodʒuu
inserir (vt)	коюу	kojuu
insinuar (vt)	кыйытып айтуу	kıjıtıp aytuu
insistir (vi)	кешерүү	køʃøryy
inspirar (vt)	шыктандыруу	ʃıktandıruu
instruir (vt)	үйрөтүү	yjrøtyy
insultar (vt)	кордоо	kordoo
interessar (vt)	кызыктыруу	kızıktıruu
interessar-se (vr)	... кызыгуу	... kızıguu
intervir (vi)	кийлигишүү	kijligiʃyy
invejar (vt)	көрө албоо	kørø alboo
inventar (vt)	ойлоп табуу	ojlop tabuu
ir (a pé)	басуу	basuu
ir (de carro, etc.)	жүрүү	dʒyryy
ir nadar	сууга түшүү	suuga tyʃyy
ir para a cama	уйкуга кетүү	ujkuga ketyy
irritar (vt)	кыжырын келтирүү	kıdʒırın keltiryy
irritar-se (vr)	кыжырлануу	kıdʒırlanuu
isolar (vt)	бөлүп коюу	bølyp kojuu
jantar (vi)	кечки тамакты ичүү	ketʃki tamaktı itʃyy
jogar, atirar (vt)	ыргытуу	ırgıtuu
juntar, unir (vt)	бириктирүү	biriktiryy
juntar-se a ...	кошулуу	koʃuluu

255. Verbos L-P

lançar (novo projeto)	жандыруу	dʒandıruu
lavar (vt)	жуу	dʒuu
lavar a roupa	кир жуу	kir dʒuu
lavar-se (vr)	жуунуу	dʒuunuu
lembrar (vt)	унутпоо	unutpoo
ler (vt)	окуу	okuu
levantar-se (vr)	туруу	turuu
levar (ex. leva isso daqui)	алып кетүү	alıp ketyy
libertar (cidade, etc.)	бошотуу	boʃotuu
ligar (o radio, etc.)	жүргүзүү	dʒyrgyzyy
limitar (vt)	чектөө	tʃektøø

limpar (eliminar sujeira)	тазалоо	tazaloo
limpar (vt)	тазалоо	tazaloo
lisonjear (vt)	жасакерденүү	dʒasakerdenyy
livrar-se de ...	... кутулуу	... kutuluu
lutar (combater)	согушуу	soguʃuu
lutar (desp.)	күрөшүү	kyrøʃyy
marcar (com lápis, etc.)	белгилөө	belgiløø
matar (vt)	өлтүрүү	øltyryy
memorizar (vt)	эстеп калуу	estep kaluu
mencionar (vt)	айтып өтүү	ajtıp øtyy
mentir (vi)	калп айтуу	kalp ajtuu
merecer (vt)	акылуу болуу	akıluu boluu
mergulhar (vi)	сүңгүү	syŋgyy
misturar (combinar)	аралаштыруу	aralaʃtıruu
morar (vt)	жашоо	dʒaʃoo
mostrar (vt)	көрсөтүү	kørsøtyy
mover (arredar)	ордунан жылдыруу	ordunan dʒıldıruu
mudar (modificar)	өзгөртүү	øzgørtyy
multiplicar (vt)	көбөйтүү	købøjtyy
nadar (vi)	сүзүү	syzyy
negar (vt)	тануу, төгүндөө	tanuu, tøgyndøø
negociar (vi)	сүйлөшүүлөр жүргүзүү	syjløʃyylør dʒyrgyzyy
nomear (função)	дайындоо	dajındoo
obedecer (vt)	баш ийүү	baʃ ijyy
objetar (vt)	каршы болуу	karʃı boluu
observar (vt)	байкоо	bajkoo
ofender (vt)	көңүлгө тийүү	køŋylgø tijyy
olhar (vt)	көрүү	køryy
omitir (vt)	калтырып кетүү	kaltırıp ketyy
ordenar (mil.)	буйрук кылуу	bujruk kıluu
organizar (evento, etc.)	уюштуруу	ujuʃturuu
ousar (vt)	батынып баруу	batınıp baruu
ouvir (vt)	угуу	uguu
pagar (vt)	төлөө	tøløø
parar (para descansar)	токтоо	toktoo
parecer-se (vr)	окшош болуу	okʃoʃ boluu
participar (vi)	катышуу	katıʃuu
partir (~ para o estrangeiro)	кетүү	ketyy
passar (vt)	өтүп кетүү	øtup ketyy
passar a ferro	үтүктөө	ytyktøø
pecar (vi)	күнөө кылуу	kynøø kıluu
pedir (comida)	буйрутма кылуу	bujrutma kıluu
pedir (um favor, etc.)	суроо	suroo
pegar (tomar com a mão)	кармоо	karmoo
pegar (tomar)	алуу	aluu
pendurar (cortinas, etc.)	илүү	ilyy

penetrar (vt)	жылжып кирүү	dʒıldʒıp kiryy
pensar (vt)	ойлонуу	ojlonuu
pentear-se (vr)	тарануу	taranuu

perceber (ver)	байкоо	bajkoo
perder (o guarda-chuva, etc.)	жоготуу	dʒogotuu
perdoar (vt)	кечирүү	ketʃiryy
permitir (vt)	уруксат берүү	uruksat beryy

pertencer a ...	таандык болуу	taandık boluu
perturbar (vt)	тынчын алуу	tıntʃin aluu
pesar (ter o peso)	... салмакта болуу	... salmakta boluu
pescar (vt)	балык улоо	balık uloo

planear (vt)	пландаштыруу	plandaʃtıruu
poder (vi)	жасай алуу	dʒasaj aluu
pôr (posicionar)	жайгаштыруу	dʒajgaʃtıruu
possuir (vt)	ээ болуу	ee boluu

predominar (vi, vt)	үстөмдүк кылуу	ystømdyk kıluu
preferir (vt)	артык көрүү	artık køryy
preocupar (vt)	көңүлүн бөлүү	køŋylyn bølyy
preocupar-se (vr)	сарсанаа болуу	sarsanaa boluu
preocupar-se (vr)	толкундануу	tolkundanuu

preparar (vt)	даярдоо	dajardoo
preservar (ex. ~ a paz)	сактоо	saktoo
prever (vt)	алдын ала билүү	aldın ala bilyy
privar (vt)	ажыратуу	adʒıratuu

proibir (vt)	тыюу салуу	tıjuu saluu
projetar, criar (vt)	түзүлүшүн берүү	tyzylyʃyn beryy
prometer (vt)	убада берүү	ubada beryy
pronunciar (vt)	айтуу	ajtuu

propor (vt)	сунуштоо	sunuʃtoo
proteger (a natureza)	коргоо	korgoo
protestar (vi)	нааразычылык билдирүү	naarazıtʃılık bildiryy
provar (~ a teoria, etc.)	далилдөө	dalildøø

provocar (vt)	көкүтүү	køkytyy
publicitar (vt)	жарнамалоо	dʒarnamaloo
punir, castigar (vt)	жазалоо	dʒazaloo
puxar (vt)	тартуу	tartuu

256. Verbos Q-Z

quebrar (vt)	сындыруу	sındıruu
queimar (vt)	күйгүзүү	kyjgyzyy
queixar-se (vr)	арыздануу	arızdanuu
querer (desejar)	каалоо	kaaloo

| rachar-se (vr) | жарака кетүү | dʒaraka ketyy |
| realizar (vt) | ишке ашыруу | iʃke aʃıruu |

| recomendar (vt) | сунуштоо | sunuʃtoo |
| reconhecer (identificar) | таануу | taanuu |

reconhecer (o erro)	моюнга алуу	mojʉnga aluu
recordar, lembrar (vt)	эстөө	estøø
recuperar-se (vr)	сакаюу	sakajʉu
recusar (vt)	баш тартуу	baʃ tartuu

reduzir (vt)	кичирейтүү	kitʃirejtyy
refazer (vt)	кайра жасатуу	kajra dʒasatuu
reforçar (vt)	чындоо	tʃındoo
refrear (vt)	кармап туруу	karmap turuu

regar (plantas)	сугаруу	sugaruu
remover (~ uma mancha)	кетирүү	ketiryy
reparar (vt)	оңдоо	oŋdoo
repetir (dizer outra vez)	кайталоо	kajtaloo

reportar (vt)	билдирүү	bildiryy
repreender (vt)	урушуу	uruʃuu
reservar (~ um quarto)	камдык буйрутмалоо	kamdık bujrutmaloo
resolver (o conflito)	чечүү	tʃetʃyy
resolver (um problema)	чечүү	tʃetʃyy

respirar (vi)	дем алуу	dem aluu
responder (vt)	жооп берүү	dʒoop beryy
rezar, orar (vi)	дуба кылуу	duba kıluu
rir (vi)	күлүү	kylyy

romper-se (corda, etc.)	үзүлүү	yzylyy
roubar (vt)	уурдоо	uurdoo
saber (vt)	билүү	bilyy
sair (~ de casa)	чыгуу	tʃıguu

sair (livro)	жарык көрүү	dʒarık køryy
salvar (vt)	куткаруу	kutkaruu
satisfazer (vt)	жактыруу	dʒaktıruu
saudar (vt)	саламдашуу	salamdaʃuu
secar (vt)	кургатуу	kurgatuu

seguir ...	... ээрчүү	... eertʃyy
selecionar (vt)	ылгоо	ılgoo
semear (vt)	себүү	sebyy
sentar-se (vr)	отуруу	oturuu

sentenciar (vt)	өкүм чыгаруу	økym tʃıgaruu
sentir (~ perigo)	сезүү	sezyy
ser diferente	айырмалануу	ajırmalanuu

ser indispensável	зарыл болуу	zarıl boluu
ser necessário	керек болуу	kerek boluu
ser preservado	сакталуу	saktaluu
ser, estar	болуу	boluu

| servir (restaurant, etc.) | тейлөө | tejløø |
| servir (roupa) | ылайык келүү | ılajık kelyy |

significar (palavra, etc.)	маанини билдирүү	maanini bildiryy
significar (vt)	билдирүү	bildiryy
simplificar (vt)	жөнөкөйлөтүү	dʒønøkøjløtyy
sobrestimar (vt)	ашыра баалоо	aʃıra baaloo
sofrer (vt)	кайгыруу	kajgıruu
sonhar (vi)	түш көрүү	tyʃ køryy
sonhar (vt)	кыялдануу	kıjaldanuu
soprar (vi)	үйлөө	yjløø
sorrir (vi)	жылмаюу	dʒılmadʒuu
subestimar (vt)	баалабоо	baalaboo
sublinhar (vt)	баса белгилөө	basa belgiløø
sujar-se (vr)	булгап алуу	bulgap aluu
supor (vt)	божомолдоо	bodʒomoldoo
suportar (as dores)	чыдоо	tʃıdoo
surpreender (vt)	таң калтыруу	taŋ kaltıruu
surpreender-se (vr)	таң калуу	taŋ kaluu
suspeitar (vt)	күмөн саноо	kymøn sanoo
suspirar (vi)	дем алуу	dem aluu
tentar (vt)	аракет кылуу	araket kıluu
ter (vt)	бар болуу	bar boluu
ter medo	коркуу	korkuu
terminar (vt)	бүтүрүү	bytyryy
tirar (vt)	алып таштоо	alıp taʃtoo
tirar cópias	көбөйтүү	købøjtyy
tirar uma conclusão	тыянак чыгаруу	tıjanak tʃıgaruu
tocar (com as mãos)	тийүү	tijyy
tomar emprestado	карызга акча алуу	karızga aktʃa aluu
tomar nota	кагазга түшүрүү	kagazga tyʃyryy
tomar o pequeno-almoço	эртең менен тамактануу	erteŋ menen tamaktanuu
tornar-se (ex. ~ conhecido)	болуу	boluu
trabalhar (vi)	иштөө	iʃtøø
traduzir (vt)	которуу	kotoruu
transformar (vt)	башка түргө айлантуу	baʃka tyrgø ajlantuu
tratar (a doença)	дарылоо	darıloo
trazer (vt)	алып келүү	alıp kelyy
treinar (pessoa)	машыктыруу	maʃıktıruu
treinar-se (vr)	машыгуу	maʃıguu
tremer (de frio)	калтыроо	kaltıroo
trocar (vt)	алмашуу	almaʃuu
trocar, mudar (vt)	өзгөртүү	øzgørtyy
usar (uma palavra, etc.)	пайдалануу	pajdalanuu
utilizar (vt)	пайдалануу	pajdalanuu
vacinar (vt)	эмдөө	emdøø
vender (vt)	сатуу	satuu
verter (encher)	куюу	kujuu
vingar (vt)	өч алуу	øtʃ aluu

| virar (ex. ~ à direita) | бурулуу | buruluu |
| virar (pedra, etc.) | оодаруу | oodaruu |

virar as costas	жүз буруу	ʤyz buruu
viver (vi)	жашоо	ʤaʃoo
voar (vi)	учуу	uʧuu
voltar (vi)	кайтып келүү	kajtıp kelyy

votar (vi)	добуш берүү	dobuʃ beryy
zangar (vt)	ачуусун келтирүү	aʧuusun keltiryy
zangar-se com ...	ачуулануу	aʧuulanuu
zombar (vt)	шылдыңдоо	ʃıldıŋdoo